일본의 지역문화정책

日本의 地域文化政策

구견서(具見書) 지음

신아사

머리글

일본의 지역문화정책은 국가종합발전정책인 동시에 지역종합발전정책의 성격을 강하게 띠고 추진되고 있다. 지역문화정책이 왜 국가종합발전과 지역종합발전의 기본정책으로 자리 잡고 있는가 하는 의문이 제기된다. 문화는 국민과 지역민이 필요로 하는 종합니즈로 확대되었고, 문화정책이 국가나 지방공공단체의 중요한 정책 대상이 되었으며, 지역문화정책이 국가발전과 지방발전의 중요한 목표와 전략으로 부상하였기 때문이다.

정치적 관점에서 문화는 정권쟁취나 유지 수단으로 사용할 수 있는 정치재로 인식하고 있는 특징이 있다. 정치는 문화이고 문화는 정치이다. 정치이념이 문화이념이며, 정치공약이 문화공약이다. 정치가의 문화전략과 국민이나 주민의 문화니즈가 서로 맞아 떨어진 결과이다. 정치가는 권력을 획득하거나 유지하는데 문화전략이 필요했고, 국민과 주민은 일상생활의 질적·양적 향상을 포괄적으로 실천할 수 있는 문화정책이 필요했다. 정치가는 권력을 원했고, 국민과 주민은 문화를 원했다.

경제적 관점에서 문화는 가치와 자본을 창출하는 경제재나 자본재로서 활용되고 있다. 문화는 자본이며, 문화는 경제라는 새로운 등식이 성립되었다. 현실에서 경제와 생활문화, 경제와 창조문화, 경제와 문화산업, 경제와 예술문화, 경제와 관광문화, 경세와 문화상품 등이 밀접하게 연결되고 있다. 경제생활이 문화생활이 된 것이다. 경제사정이 좋다는 의미는 풍요로운 문화생활을 하고 있다는 의미를 함의하고 있다. 문화가 경제상황을 평가하는 중요한 척도가 된 것이다.

기존의 경제재나 자본재는 인간노동과 자본투여를 통해 상품을 생산하고, 소비자 구매로 이익을 창출하여 자본을 축적할 수 있는 중요한 요소였다. 이 개념에서 상품은 비문화적이며 기계적으로 만들어 내는 자본재로서 물질적 개념이 강하고, 대중이 필요한 상품을 산업화와 기계화를 통해서 형성된 단순한 생산양식(the mode of production) 과정에서 만들어낸 물질적 상품으로서 가치를 창출한 것이다. 물질적 상품은 기계적 노동에 의해서 창출된 자본재이다.

그러나 현대사회에 들어서 융합화, 과학화, 정보화, 대중화, 초지식화, 감성화 등이 진전되면서 육체적 노동과 정신적 노동, 기계적 노동과 융합적 노동에 의해 물질적 상품과 정신적 상품의 구분이 사라지고 있다. 기계적이며 물질적 노동에 의해 만든 상품이나 융합적이며 정신적 노동에 의해 만든 상품 모두가 문화상품으로 인식하고 있다. 문화상품은 보다 높은 가치와 자본을 창출하는 경제재와 자본재로 기능하여 문화자본주의(cultural capitalism)를 구축하는 원동력이 되었다.

정치재나 경제재로 기능하는 문화는 사회적 관점에서 생활재로서 확대되어 기능하고 있다. 생활재로서 문화는 복지, 삶의 환경, 인간관계, 인권, 사회권, 행복권, 어메니티, 교양, 지식, 놀이, 생애교육, 공동체, 노동, 소비 등과 같이 생활하는데 필요불가결한 요소를 함의하고 있다. 생활이 문화이고, 문화가 생활이 된 것이다. 문화는 과거에 생산되었거나 현대사회에서 생산되고 있거나 문화로 존재하여 인간 삶을 윤택하게 하는 생활재로 기능하고 있다. 현대인들은 문화를 삶으로 인식하여 문화생활을 중시하고 있다. 일상생활이 문화생활이 된 것이다. 따라서 생활을 영위하는데 문화는 있어도 되고 없어도 되는 선택적 존재가 아니라 있어야 하는 필연적 존재가 된 것이다.

현실에서 정치재, 경제재, 생활재 등으로 기능하고 있는 문화는 매우 다양한 모습으로 존재한다. 문화종류를 보면 다음과 같다.

〈그림〉 문화종류

물질문화	상품문화	전통문화	유형문화	과학문화
비물질문화	예술문화	대중문화	무형문화	감성문화
융합문화	생활문화	소비문화	교육문화	제도문화

문화는 물질문화, 비물질문화, 융합문화 등으로 대별할 수 있다. 또한 상품문화, 전통문화, 유형문화, 과학문화 등이 있고, 예술문화, 대중문화, 무형문화, 감성문화 등이 있으며, 생활문화, 소비문화, 교육문화, 제도문화 등이 있나. 현실에서 문화는 삶이 되고 문화 환경은 삶의 환경이 되고 있다. 문화는 인간이 태어나서 살아가고 죽는 과정에서 직·간접적으로 소요되는 모든 것이며, 인간을 떠나서 존재할 의미

가 없고 인간과 무관한 것은 문화가 아니라는 의미도 함의하고 있다.

문화는 상품으로 생산될 때 부가가치가 있고, 소비자가 선택하여 소비할 때 존재가치가 있으며, 정책에 의해서 효과를 발휘할 때 활용가치가 발생한다. 정책은 어떤 주체가 계획, 힘, 지혜, 실천, 전략 등을 통해 종합가치를 창출하는 것이다. 문화정책이란 문화소비자가 인간이 탄생하여 살고 죽는 과정에서 직·간접적으로 소요되는 문화를 수단으로 계획, 힘, 지혜, 실천, 전략 등을 통해 종합가치를 창출하는 전 과정이라고 할 수 있다.

일본에서 문화정책은 1940년대 일본해방 시대, 1950년대 일본자립 시대, 1960년대와 1970년대 경제성장 시대, 1980년대 지방시대 및 문화시대, 1990년대 생활문화시대, 2000년대 지방창생시대 등이 주창되면서 지속적으로 추진되고 있다. 문화정책이 시대적 목적을 달성하기 위해 추진되는 과정에서 도쿄도(東京都)와 같은 대도시는 폭발적으로 발전한 반면에 중소도시나 시정촌(市町村)은 낙후되어가는 양극화 현상이 벌어졌다. 국가발전의 완충지와 지원지로서 역할하면서 동반성장을 해왔던 지역이 무너지고 있는 것이다. 지역붕괴가 국가붕괴로 연결되는 심각한 상황을 극복하기 위한 지역활성화 정책이 지역문화정책으로 등장하였다.

지역문화정책은 국가, 중앙정부, 지방공공단체, 국민, 주민, 예술문화인 모두가 공통으로 인식하고 있는 국가 살리기 정책인 동시에 지역 살리기 정책이 되었다. 지역이 무너지고 있는 중요한 원인은 소자고령화, 대도시문화집중, 대도시 중심적 발전과 성장, 사회진출 기회 및 결과격차, 삶의 양적·질적 차이, 지역민의 대도시권으로 대이동, 대도시 문화와 지역문화의 격차 등이 작용했기 때문이다. 따라서 대도시와 지역 간에 벌어지고 있는 다양한 격차를 줄이지 않는 한 국가나 지역에 의한 다양한 정책이나 지역 살리기는 한계를 보일 수밖에 없다.

일본에서 삶을 살고 있는 지역주민이나 대도시 시민은 어디에서 거주하든지 삶의 환경이나 문화적 혜택이 동등해야 한다는 인식을 갖고 있다. 문화적 혜택이 동일하지 않다고 판단되면, 머뭇거리지 않고 과감하게 거주 지역을 대도시로 이동한다. 대도시가 번성하고 지역이 붕괴하는 중요한 요인 중의 하나다. 문화적 격차를 줄이는 것이 지역 살리기의 핵심이라면 격차를 줄이면 될 것이다. 대도시 문화 환경과 지역 문화 환경을 동등한 수준으로 정비하거나 구축해준다면 문제는 해결될 수 있다.

그러나 지역이 안고 있는 문화를 둘러싼 현안을 해결하기는 매우 어렵다. 문화집적, 문화원가, 문화 질과 양, 문화 인프라, 문화자산, 문화인력, 문화정책, 문화시설, 문화밀집도, 문화종류 등의 격차로 인하여 정비하거나 새롭게 구축하는 것이 용이하지 않기 때문이다. 한 예를 들면, 대도시와 지역 간 문화원가 차이가 크기 때문에 동일한 수준으로 개선하거나 정비하기가 어렵다. 문화 원가는 문화를 창출하고 향유하는데 소요되는 비용을 의미한다. 대도시의 경우, 문화원가가 싸고, 지역은 문화원가가 비싸다. 지역에서 문화 원가를 낮추는 방법은 소도시가 공유할 수 있는 문화자산을 통합하거나 공동으로 사용하여 문화원가의 차이를 개선하는 것이다. 그러나 이 방법도 지역을 활성화하고 유효한 결과를 도출하는데 한계가 있다.

현재 지역에서는 문화 환경을 인위적으로 구축하기 위해 지역에서 계승되고 있는 전통문화를 발굴하고 필요한 문화를 개발하는 방향에서 지역문화 환경을 구축하고 있다. 또한 지역특화나 지역브랜드화를 통해 지역 활성화를 추진하고 있다. 시대적 흐름으로 정착된 지방시대와 문화시대를 구축하기 위해 1억 총 활력사회구축, 지방창생, 여성인력활성화, 지역 만들기(地域づくり), 지역 부흥하기(地域起し), 지역브랜드(地域ブランド), 마을 만들기(まちづくり), 지역관광 만들기, 복지 마을 만들기, 문화예술진흥, 문화생활화, 마을네트워크구축, 어메니티(amenity), 생활환경정비, 문화정보제공, 문화시설제공, 지역문화재보호 및 개발, 지역인구유입정책 및 출산정책 등을 추진하고 있다. 그러나 지역이 안고 있는 다양한 과제를 일시에 개별적으로 해결할 수 없기 때문에 총체적으로 대응할 수 있는 '그랜드지역문화정책'이 필요한 이유이다.

이 책은 일본에서 새로운 차원으로 인식하고 있는 문화와 적극적으로 추진하고 있는 지역문화정책을 총체적으로 분석하고 파악하여, 일본과 지역을 살려 낼 수 있는 단초를 찾아내고, 21세기 미래지향적이며 새로운 일본과 지역 미래상을 구상해보는데 목적이 있다. 이 연구는 일본문화에 대해서 어떤 연구를 할 것인가, 어떤 문화정책을 할 것인가, 어떤 문화를 원할 것인가 등과 같은 질문에 대한 길라잡이가 될 것으로 확신한다. 끝으로 졸저는 많은 생각 간의 싸움이 만들어낸 결과라는 점에서 자부심을 갖고 있고, 자신을 격려해줄 기회와 힘든 작업 과정을 완성하게 해준 도서출판 정현걸 대표님과 한규갑 상무님, 그리고 편집진에게 감사의 마음을 전하고 싶다. 현재 일본과 지역이 겪고 있는 다양한 위기는 앞으로 아시아국가와 지역이 경험해야 할 미래적 현상이기 때문에, 그것을 극복할 수 있는 전략과 새로운 일본 미래상은 아시아 각국에도 적용가능하며 위기극복과 성장방안이 될 수 있다는데 가치가 있을 것으로 판단된다.

2018년 8월 20일

저자 구견서

목 차

제1장 지방자치와 행정문화

제2장 지역창생과 문화사회

제3장 문화정책과 문화창조

제4장 지역문화시대와 문화진흥

제5장 지역문화정책과 문화법

제6장 지역문화정책모델과 문화인프라

제7장 지역문화정책과 문화비전

일본의
지역문화정책

THE LOCAL-CULTURE POLICY
IN THE CONTEMPORARY JAPAN

제1장 지방자치와 행정문화

Ⅰ. 머리글

지방자치는 국가를 구성하는 지방공공단체나 지방의 운영에 대해서 헌법이나 법률로부터 권한을 위임받은 지방정부가 자주적 의사와 주민 니즈에 기초해서 자율성과 자립성을 갖고 정치, 행·재정, 사회문화정책을 수행하는 것을 의미한다. 국가는 국민권익을 위해 공정하고 보편적인 통치행위를 하는 동시에 국가전체운영에 대해서 획일적이며 통일적 운영을 행하도록 요구받고 있다. 지방공공단체는 지방의 실정이나 주민의 요구가 많아졌고, 또한 각 지방에 따라 다양하기 때문에 국가에 의한 동일하게 운영하는 것이 불가능해져 법이 정한 권한에 의거 자율적으로 지방을 운영할 책임이 있다.

지방은 위임받은 권한에 의거해서 종합적인 운영을 담당하는 역할을 하고, 국가는 국가와 관련된 근간적인 정책을 담당하고 또한 국가전체의 종합적 조정을 시도하는 역할을 분담하고 있다. 지방분권이 추진되면서 지방자치는 주민자치와 단체 자치라는 두 개의 독립적인 목적을 추구하고 있어 국가통치와 대립하는 측면이 있다. 지방자치제가 철저하게 시행되면 될수록 지방권한은 강해지고 자율적인 정책을 추구하게 된다. 그와 관련해서 국가와 지방간의 대립이 종종 격화되는 경우가 있다. 국가통치와 지방자치가 일치하지 않기 때문에 벌어지는 자연스러운 현상이다.

지방자치에 내재된 본연의 임무로서 주민자치는 민주주의적 측면이 강하고, 단체 자치는 자유주의적 측면이 강한 요소로 인식되고 있다. 주민자치는 지역자치가 지역사회의 주민의사에 의해 행해지는 것을 의미하기 때문이다. 단체 자치는 지방자치가 국가로부터 독립한 지역사회 스스로 단체를 만들어 행하는 것을 의미한다. 주민자치와 단체자치를 추구하는 지방자치는 권력분립을 통해 실현되는 측면이 있고, 권력분립은 국가전체라는 차원에서 볼 때 중앙과 지방관계에서 수직적인 권한 분배 성격이 있다. 따라서 지방이 위임받은 권한은 중앙의 권한을 초월할 수 있는 것은 아니다.

일본의 지방자치를 규정한 「일본국헌법」 제92조는 "지방공공단체의 조직 및 운영에 관한 사항을 법률로 규정" 하도록 하고 있다. 지방자치의 본지는 법률로 침해할 수 없는 지방자치의 핵심을 규정한 것이며, 구체적으로는 주민자치와 단체자치를 함의하고 있다. 지방공공단체가 스스로 지방자치를 폐지하거나 지방의회를 자문기관으로 하는 것은 위헌이 된다. 또한 지방공공단체가 도도부현이나 시정촌을 폐지하는 행정행위도 위헌이 된다. 지방자치와 관련된 법령으로는 「지방자치법」이 존재한다. 그것은 지방공공단체의 조직 및 운영, 지방공공단체가 행하는 행정 및 행정작용 등을 규정하고 있고, 지방정책의 정당성을 지탱하는 중요한 법적 근거가 된다.

지방자치단체의 법적 성격을 규정하는 논리는 다양하게 전개되어 왔다. 그 중에서 고유권설은 지방자치단체의 권한을 개인이 기본적 인권을 갖듯이 국가이전의 고유권리로 보고 있다. 고유권리 내용은 정확하게 규정하지 않고 있어 사실상 애매하지만 권한을 법률로 규정하도록 하고 있는 「일본국헌법」 제92조와 모순되고 있다. 또한 지방고유단체에 고유권한을 인정할 경우 단일성이나 불가분성을 가진 국가 주권과 모순된다는 비판이 있다. 현재 일본국헌법 규정에 근거해

본 고유권설은 비현실적이며 비합리적인 측면이 있다.

승인설은 지방자치권한을 국가로부터 전래되는 것으로 보고 있다. 지방공공단체가 행할 수 있는 권한은 국가가 부여하는 범위에서 권능을 가지기 때문에 국가는 지방자치단체의 행·재정행위, 지방자치단체의 폐지 등을 통치행위로 다양하게 규정할 수 있다고 보는 설이다. 이 경우 지방자치가 국가의 입법정책이나 통치행위에 크게 좌우되어 자립성이나 독립성을 저해 받을 수 있는 부정적인 측면이 있다. 지방자치는 국가가 정한 범위에서 권능을 부여받아 국가정책의 연속선상에서 추진될 때 정당성을 가질 수 있는 것이다.

그리고 일반적으로 인정되는 통설인 제도적 보장설이 있다. 제도적 보장설은 승인설이 주장한 내용과 유사하게 지방자치권한이 국가로부터 전래되는 것으로 보고 있다. 국가와 국민을 포함해 지방의 근본적인 권한을 규정한 헌법은 지방자치를 역사적이며 전통적이며 이념적인 제도를 통해 보장하도록 규정하고 있다. 따라서 헌법으로 보장하고 있는 지방자치를 법률에 의해 폐지 또는 제한하는 것은 위헌으로 정당성이 없는 행정행위이다. 이 경우 제도의 본질적 내용이나 핵심이 무엇인지가 명확하지 않다는 약점이 있다.

위에서 보는 것처럼, 일본에서 시행하고 있는 지방자치는 일본국헌법에 의해 근본적인 권한을 규정하고 있고, 그것에 기초해서 지방자치법으로 자치운영과 방법을 규정하고 있다. 지방공공단체와 그 구성원은 일본국헌법과 지방자치법에 근거해서 자치권과 행복권을 가질 수 있고 보호받을 수 있다. 그것은 지방정부가 국가로부터 독립해서 자주적으로 권한을 행사하고 자율적으로 추진할 때 효과적일 수 있다. 지방자치는 실현가능한 지방정책으로 구체화되어 추진하고 있다. 지방정책은 정치정책, 경제정책, 사회정책, 문화정책 등 다양한 모습으로 실시되어 체현되고, 지방정책의 질적·양적 차이에 의해 지방자치, 지방자립, 지방 살리기, 지방병합, 지방발전 등이 좌우된다. 따라서 지방시대를 맞이해서 지방정책은 어느 때보다도 중요성이 더해가고 있다. 이 책에서는 일본의 지방자치가 어떤 제도와 내용으로 추진되어 왔는지에 대해서 간단하게 고찰하고자 한다.

Ⅱ. 지방자치의 변용

1. 메이지 및 다이쇼 지방자치

일본의 지방자치제도는 도쿠카와막부(德川幕府)가 권력을 잡고 있던 에도(江戸)시대에서 메이지유신(明治維新)으로 수립된 메이지정부가 도입하면서 시작되었다. 에도에서 메이지로의 전환은 전통국가에서 근대국가로의 이행을 의미하며 근대적인 정치적·경제적·사회적·문화적 제도를 도입했다는 측면에서 혁명적인 변화이다. 정치제도로서 천황제가 성립되고 다양한 사회제도가 많이 변화하는 가운데 지방자치제도 변화하였다.

일본의 전통적인 지방자치는 에도시대에 이루어졌지만 근대적인 지방자치는 메이지에 들어서 본격적으로 추진되었다. 다음의 표는 게이오, 메이지, 다이쇼에 있어서 지방자치제도의 변화와 특징을 소개한 것이다.

〈표 1〉 게이오, 메이지, 다이쇼의 지방자치제도

시 기	지방자치제도
게이오(慶応) 4년(1868년)	정체서제정(政体書制定), 막령(幕領)을 부현(府県)으로 하는 부번현삼치제(府藩県三治の制), 지부사, 제후, 지현사(知府事, 諸侯, 知県事) 배치
메이지(明治) 2년(1869년)	판적봉환(版籍奉還), 판적봉환 제후를 지번사로 임명
1871년	- 호적법제정, 전국에 행정구역으로 구(区)설치 - 폐번치현(廃藩置県): 전국에 3부 302현을 설치하고, 부현관제 제정, 부현에 지사, 현지사 배치
1878년	삼신법제정(三新法制定): 군구정촌편제법(郡区町村編制法), 부현회규칙(府県会規則), 지방세규칙 제정
1880년	구정촌회법(区町村会法)제정: 구정촌에 구정촌회를 두고 사무 및 경비지출, 징수 의결권을 부여함
1886년	지방관제 제정: 부지사 및 현령의 명칭을 지사로 통일
1888년	시정촌제 제정: 시 및 정촌에 독립법인격을 인정하고 공공사무와 위임사무를 처리하도록 하고 조례 및 규칙 제정권부여
1890년	부현제(府県制), 군제(郡制) 제정
다이쇼(大正) 10년(1921년)	시정촌 개정: 시정촌 납세자에게 공민권(公民権)부여
1922년	부현제 제정: 부현의원 선거권 및 피선거권을 부현 내 직접국세납세자로 확대
1926년	부현제, 시정촌제 등 개정: 시정촌회 의원, 도도현회의원 선출에 보통선거제 도입

메이지시대가 성립하면서 일본적인 특징을 가진「대일본제국헌법」이 제정되어 천황제를 강조하면서 동시에 근대적 국가조직과 체제가 확립되었다. 메이지기 지방자치는 근대국가체제로 전환되는 가운데 전통적인 제도에서 근대적인 제도로 개편되면서 시행되었다. 전통적인 막부체제에서 근대적인 국가체제로 전환되는 과정에서 막령제 폐

지와 부현제 설치, 호적법 제정, 폐번치현, 구정촌회법 제정, 시정촌 제 개정 등을 통해 지방행정구역을 획정하고 지방수장제를 근대화함으로써 지방자치와 그와 관련된 지방자치제도를 적극적으로 도입하는 제도적 개혁이 이루어졌다.

민주주의가 강하게 발현된 다이쇼기에 들어서는 군부나 귀족 등에 의한 통제와 지배가 강화되는 측면이 있었지만 다른 한편으로 민주주의 운동이 활기를 띤 시기이다. 각 자치기구로서 부현시정촌 등에 사무권한을 주고, 시정촌 납세자에게 공민권을 부여하였으며, 주민 스스로 지도자를 선거로 선출하는 보통선거제도를 도입하였다. 보통선거라고 하여도 실제로는 일정하게 납세를 납부하는 자에게 부여했다는 점에서 한계가 있었지만, 근대적인 지방자치를 실현하고 제도적 변화를 촉진시키는 중요한 계기가 되었다는 점은 분명하다. 초기 지방자치제도는 근대국가체제를 구축하는 중요한 구성요소로 중시되어 개편되었고, 현재 지방자치제도의 근간이 되었다는데 의의가 있다.

2. 쇼와 지방자치

쇼와전기는 군국주의시대로 천황이나 중앙정부가 중앙집권적인 통제와 지배를 강화하고, 국가정책을 추진하기 위한 수단으로서 지방자치제도를 이용하였다고 볼 수 있다. 국가나 중앙정부가 일괄적이며 일률적으로 행사해오던 권한을 지방자치단체에 이양해서 지방의 자주성과 독립성을 높인다는 원칙과는 모순되는 상황이 지속되었다. 이 시기의 지방정부나 지방자치는 정치적 의도와 상황에 의해 좌지우지되는 산하기관으로서 역할이 부여된 기관에 불과했다. 더욱이 제국주의 발흥에 의한 전시국가체제를 운영하는 과정에서 지방자치단체의 존재와 역할은 거의 제한되고 중앙정부의 지배와 통제가 더 한층 강화되었다.

쇼와후기 시작을 알리는 1945년 태평양전쟁 종결은 국가에 의한 중앙통제나 지배 체제로부터 벗어나기 위한 지방자치제도와 내용이 충실해지고 강화되는 계기가 되었다. 국가와 지방간의 분권이 이루어지고, 지방자치는 원래의 목적과 역할을 강조하는 각종 제도와 내용이 법적으로 구체화되면서 추진되었다. 「대일본제국헌법」을 폐지하고 평화헌법으로 알져진 「일본국헌법」이 새롭게 제정되었고, 동시에 1947년 「지방자치법」이 제정되면서 본격적으로 지방자치가 시행되었던 것이다.

다음의 표는 군국주의 시대인 쇼와전기와 민주주의 시대인 쇼와후기 지방자치제도의 변화를 정리한 것이다.

〈표 2〉 쇼와기 지방자치제도

시 기	지방자치제도
1929년	- 부현제, 시제, 시정촌제 개정, 지방자치단체의 조례 및 규칙 제정권 부여 - 의원에게 발표권한 및 의회소집청구권 부여 - 지사의 원안집행권의 제한 강화, 의회의 지사에 대한 권한위임규칙정비
1943년	- 부현지사 및 시정촌장에게 국가 또는 도부현(道府県)의 사무위임처리 근거를 법률칙령에서 법률명령으로 확대 - 도쿄도 설치, 구 설치, 도의 장으로 도쿄도 장관임명
1946년	- 도쿄도제, 부현제, 시제, 정촌제개정(東京都制, 府県制, 市制, 町村制改正) - 주민 선거권과 피선거권을 확충 - 도도장관, 부현지사, 시정촌장의 공선 - 의회 권한강화 - 의회 해산권을 장에게 부여 - 선거관리위원회, 감사위원 제도창설 - 직접청구제도 창설 - 시정촌에 대한 허인가 사항부여

1947년	- 지방자치법 제정(4월17일 공포) - 도쿄도제, 도도부현, 시제, 정촌제를 통합하고 지사이하 도도부현 직원 신분을 관리에서 지방공무원으로 전환 - 일본국헌법과 함께 지방자치법이 시행됨(5월 3일 시행)
1950년	- 직접청구 수속정비
1952년	- 도도부현, 시정촌 집행기관의 조직 간소화 - 간이 공동처리방식도입 - 내각총리대신, 도도부현 지사에게 권고권 부여 - 특별구장(特別区長) 공선제 폐지
1956년	- 도도부현과 시정촌간 지위 및 기능 명확화 - 의회 정례화와 상임위원회수 제한 - 도도부현 부국 제한 - 지정도시제도창설 - 내각총리대신, 도도부현 지사의 적정한 사무처리 확보조치에 관한 규정
1963년	- 지방재무회계제도정비 및 지방개발 사업단 창설
1974년	- 도쿄도 특별구장 공선제 채용 - 도와 특별구의 사무배분, 도의 배속직원제도폐지

쇼와후기 지방자치제도의 특징은 국가나 중앙정부가 강한 권한을 가지고 추진해온 중앙통제체제와 지배구조에서 벗어나 대폭적으로 지방에게 권한을 이양하는 지방자치제가 강화되었다는 점이다. 특히 일본국헌법이 제정되면서 동시에 하위법으로서 지방자치법이 1947년 공포되고 시행되면서 본격적인 지방자치를 위한 제도와 내용이 구체화되었다. 따라서 쇼와후기 지방자치제도는 제도의 부재가 발목을 잡는다는 문제인식에서 지방자치를 위한 지방운영과 정책이 문제라는 인식으로 크게 전환되는 계기가 되었다.

이 시기에는 지방자치를 본격적으로 추진하기 위한 제도적 보완이 이루어지고, 동시에 지방자치에 필요한 각종 법률, 조례 등이 제정 및 개정되어 시행되었다. 즉 지방지치단체에게 조례 및 규칙 제정권 부여, 상위 지방자치기관의 하위지방자치단체에 대한 위임사항확대, 지방자치단체의 권한 확대, 지방자치단체 소속주민의 권한강화, 의회권한강화, 일본국헌법제정에 따른 지방자치법제정 및 시행, 도도부현 및 시정촌의 기능과 역할 명확화, 지방자치단체의 자립능력강화, 회계행정 독립 등 지방이 자주적으로 행정을 수행하도록 권한을 대폭적으로 강화하는 방향으로 선회하였다. 지방자율성과 자립성을 강조하는 지방자치시대가 개막하면서 지방자치를 위한 다양한 지방정책이 지방 살리기와 지역부흥이라는 차원에서 적극적으로 추진되었다.

3. 헤이세이 지방자치

헤이세이 지방자치제도는 국가역할의 변화에 맞춰 지방역할과 기능을 한층 중시하는 방향으로 강화되었다. 더욱이 국가나 지방공공단체의 역할변화와 동시에 다양한 행정니즈가 생겨났을 뿐 아니라 적절하게 대응하기 위한 전문 인력과 각종 인프라 구축을 요구하면서 행정내용과 재정을 필요로 하는 국가정책과 지방정책이 동시다발적으로 시행되었다. 그 결과 정책의 질과 양에 따라 지방간 격차가 커지게 되고, 그 격차는 지방 발전과 쇠퇴의 원인이 되는 역할을 하였다. 따라서 지방자치나 행정은 단순한 서비스차원을 넘어 지방과 지방구성원의 생존으로 이어졌다.

그런 특징을 가진 헤이세이 지방자치는 정치, 경제, 사회, 문화 영역에서 지방 특화를 추구하는 내용과 방향으로 진행되고 있고, 동시에 좀 더 세밀한 전략과 정책이 요구되고 있다. 또한 국가 발전과 성장이 지방발전과 성장으로 이어지기 보다는 역으로 지방 발전과 성장이 국가의 그것에 영향을 주는 지방주도형발전과 성장이 주창되고 있어 국가와 지방의 역할과 관계가 새롭게 형성되고 있다.

그럼에도 불구하고 지방자치단체 간 성장과 발전의 차이가 현저하게 드러나고 있는 것이 현실이다. 대도시는 더욱 도시화되고 팽창되어 대도시 번영시대를 맞이하였고, 시정촌이나 중소지방도시를 잠식하는 거대한 공룡으로 성장하였다. 반대로 작은 도시나 시정촌은 성장해온 구성요소들이 점차 붕괴되면서 존립을 걱정해야 하는 시정촌 붕괴시대를 맞이하였다. 현재 국가나 지방공공단체는 지방 생존과 활성화를 위해서 다양한 극약처방을 내놓고 실천하고 있는 상황이다.

다음의 표는 헤이세이 지방자치제도의 변화를 나타낸 것이다. 지방자치제도는 지방 성장과 활성화, 자립화와 효율화, 자주성과 독립성 등을 목적으로 하고 있다.

〈표 3〉 헤이세이 지방자치제도

시 기	지방자치제도
1991년	- 기관위임사무제도 수정(직무집행명령소송제도, 장 파면폐지) - 도의회운영위원회 설치 - 공공시설 관리위탁제도 충실
1993년	지방6단체 의견구신청(地方六団体の意見具申権)
1994년	중핵시제도 및 광역연합제도 창설
1997년	외부감사제도 도입
1998년	- 특별구에 기초한 지방공공단체 자리매김 - 특별구의 자주성, 자립성 강화 - 도로부터 특별구로의 사무이양

1999년	- 기관위임제도폐지, 자치사무 및 법정 수탁사무 창설: 지방공공단체 역할과 국가의 배려에 관한 규정창설, 자치사무 및 법정 수탁사무 창설, 조례제정권, 의회검사 및 조사, 감사위원의 감사규정정비, 수수료 조례화, 국가 재원조치의무규정 정비 - 지방공공단체에 대한 국가 또는 도도부현의 관여 원칙 규정: 관여 법정주의, 관여 필요최소한 원칙, 지방자치법에 기초해서 행할 수 있는 관여에 대한 규정정비, 법정 수탁사무에 관련한 처리기준 설정, 관여 수속 원칙 정비 - 국가 및 도도부현의 관여에 대한 계쟁처리제도(係争処理制度) 창설 - 지방분쟁조정제도 확충, 자치분쟁처리제도 재구성, 관여에 관한 소송제도 창설 - 도도부현과 시정촌의 새로운 관계: 도도부현 처리할 사무 재구성, 조례에 의한 사무처리 특례제도창설 - 지방행정체제 정비: 의원정수 수정, 의안제출요건 및 수정동의 발의요건완화, 중핵시 요건완화, 특례시 제도 창설
2002년	- 직접청구요건완화: 해산 및 해직의 직접청구와 서명수집요건완화 - 주민소송제도 충실: 소송유형 재구성 - 중핵시 지정요건완화 - 지방의회제도충실
2003년	- 지정관리자제도 도입 - 도도부현 국부수 법정제도 폐지
2004년	- 지역자치구 창설 - 도도부현의 자주적 합병수속 정비 - 의회 정례회 소집회수 자유화 - 조례에 의한 사무처리 특례 확충 - 회계제도 수정
2006년	- 출납장, 수입역제도 폐지 - 감사위원 정수 증가 자유화 - 지방6단체에 대한 정보제공제도 도입 - 사원(吏員)폐지 - 재무회계제도 수정 - 중핵시 요건완화

헤이세이 지방자치제도는 지방을 동일한 조건이나 환경으로 구분하는 것이 아니라 각 도시가 갖고 있는 특징을 고려해서 광역도시, 중핵도시, 특별구 등으로 구분하여 기능과 역할을 달리하는 한편 지방자치단체 성장을 제도적으로 유도하는 방향에서 지방 활성화와 자립성을 강조하는 정책이 이루어지고 있다.

그러나 정부의 강력하고 세심한 지방분권 및 자립정책은 국내외적인 변화, 지방구성원의 가치관변화, 국민의 상향심리, 지방보유자원 및 권능 차이, 생산성 차이, 지방이동과 인구감소 등과 같은 지방소멸요인을 극복하는데 한계를 보이고 있다. 앞으로도 지방소멸요인을 극복하기 위해 시행되고 있는 다양한 전략과 정책이 실효를 거두지 못한다면 지방축소와 폐지가 이어지는 지방고사현상은 지속적으로 발생할 것으로 보인다.

현재 일본에서 지방 살리기와 지방 만들기가 국가 정책적 차원에서 전투적으로 실시되고 있다. 예를 들면, 지방창생, 1억 총 활약사회, 여성인력활용 등과 같은 국가정책으로 나타났다. 이제 지방은 지방운명으로 끝나는 것이 아니라 국가운명으로 인식되고 있다. 국가정책과 지방정책이 분리되던 독립시대에서 일치하거나 연속선상에서 추진하는 협력시대로 전환되고 있다. 지방 살리기는 일본 살리기로 연결되고, 국가정책의 핵심부분으로 부각되어 지방성장을 국가성장으로 자리매김하고 있어 지방자치 역할과 기능이 더욱 중시되고 있다.

Ⅲ. 지방자치법과 지방공공단체

1. 지방자치법의 체계

일본은 1946년 11월 3일 「일본국헌법」을 제정하여 공포하고, 1947년 5월 3일부터 시행하였다. 일본국헌법을 제정하면서 동시에 「지방자치법」에 대한 규정을 두었다. 헌법규정에 의해 1947년 4월 17일 지방자치법을 제정하고 공포하여 본격적으로 지방자치제를 실시하는 계기가 마련하였다. 지방자치제도 도입은 중앙과 지방 발전을 동시에 추구하는 의미도 있지만 중앙집권적 체제를 전환하여 지방에 권한을 이양하고 역할을 강화하려는 의도가 있다. 또한 지방공공단체가 지역발전을 통해 자립성을 높이는 가운데 주민행복을 전담하는 책임정책을 주도적으로 추진하는 지방시대를 촉진시켰다는 데 의의가 있다.

일본국헌법 제93조에서 "지방공공단체에 대해서는 법률로 규정하고, 의사기관으로서 의회를 설립한다"라고 규정하고 있다. 또한 "지방공공단체의 장, 의회 의원 및 법률이 규정한 사원(吏員)은 지방공공단체 주민이 직접 선거한다"라고 규정하였다. 그것은 지방자치의 실시주체인 지방공공단체에 대해서 수장제도에 의한 통치기구 구축과 통치와 관련된 자의 선임을 규정하여 지방자치를 실시하는데 민주주의에 기초해서 추진할 것을 요구하고 있다. 그리고 지방공공단체 권능을 규정한 일본국헌법 제94조에서 "지방공공단체는 재산을 관리하고, 사무를 처리하며 행정을 집행하는 권능을 갖고, 법률 범위에서 조례를 제정할 수 있다"라고 규정하고 있다. 그와 동반해서 지방공공단체가 지방에 관련된 재산권, 행정권, 입법권 등을 보유하도록 규정하고 있다.

1947년에 시행된 지방자치법은 제1편 총칙 제1조-제4조, 제2편 보통지방공공단체 제1장-제14장, 제3편 특별지방공공단체 제1장-제4장, 제4편 보칙 및 부칙 등으로 구성되었다. 지방자치법의 구성을 보면 다음과 같다.

〈표 4〉 지방자치법의 구성

구 분	지방자치법의 조항 및 내용	
제1편 총칙	제1조-제4조	
제2편 보통지방 공공단체	제1장 통칙, 제2장 주민, 제3장 조례 및 규칙, 제4장 선거	
	제5장 직접청구	제1절 조례제정 및 감사청구, 제2절 해산 및 해산청구
	제6장 의회	제1절 조직, 제2절 권한, 제3절 소집 및 회기, 제4절 의장 및 부의장, 제5절 위원회, 제6절 회의, 제7절 청원, 제8절 의원사직 및 자격결정, 제9절 기율, 제10절 징벌, 제11절 의회사무국 및 사무국장, 서기장, 서기 외 직원
	제7장 집행기관	제1절 통칙, 제2절 보통지방공공단체장, 제3절 위원회 및 위원, 제4절 지역자치구
	제8장 급여 및 기타 급부	
	제9장 재무	제1절 회계연도 및 회계구분, 제2절 예산, 제3절 수입, 제4절 지출, 제5절 결산, 제6절 계약, 제7절 현금 및 유가증권, 제8절 시효, 제9절 재산, 제10절 주민 감사청구 및 소송, 제11절 잡칙
	제10장 공공시설	
	제11장 국가와 보통지방공공단체관계	제1절 보통지방공공단체에 대한 국가 또는 도도부현의 관여, 제2절 국가와 지방공공단체가 협동해서 보통지방공공단체 상호간 및 보통지방공공단체 상호간 분쟁처리, 제3절 보통지방공공단체 상호간 협력, 제4절 조례에 의한 사무처리 특례, 제5절 잡칙

<table>
<tr><td rowspan="3"></td><td>제12장
대도시 특례</td><td>제1절 대도시에 관한 특례, 제2절 중핵시에 관한 특례</td></tr>
<tr><td>제13장 외부감사</td><td>제1절 통칙, 제2절 포괄외부감사계약에 기초한 감사, 제3절 개별외부감사계약에 기초한 감사, 제4절 잡칙</td></tr>
<tr><td colspan="2">제14장 보 칙</td></tr>
<tr><td rowspan="3">제3편
특별지방
공공단체</td><td colspan="2">제1장 삭제, 제2장 특별구</td></tr>
<tr><td>제3장
지방공공단체의
조합</td><td>제1절 총칙, 제2절 일부사무조합, 제3절 광역연합, 제4절 잡칙</td></tr>
<tr><td colspan="2">제4장 재산구(財産区)</td></tr>
<tr><td rowspan="2">제4편
보칙</td><td colspan="2">보 칙</td></tr>
<tr><td colspan="2">부 칙</td></tr>
</table>

지방자치법의 총칙에는 지방자치단체 대강을 규정하고 지방공공단체가 지방자치를 추진해서 지방 발전을 도모할 것을 규정하고 있다. 제2편 보통 지방공공단체에서는 지방공공단체의 종류와 역할을 구분하여 국가와 국가 역할을 구분하였다. 제3편 특별 지방공공단체는 국가와 보통 지방공공단체의 기능과 역할을 구분하였다. 제4편에는 보칙과 부칙을 두고 필요한 사항을 보완하고 있다.

지방자치법은 국가와 지방을 분리해서 국가산하기관으로서 지방의 순기능적 역할을 부여하고 지역주민 니즈를 충족시키는 동시에 지방을 활성화하도록 책임을 부여하고 있다. 특히 지방공공단체장과 담당자에게 법적 의무와 책임행정을 하도록 강제하고 있다. 지방자치법의 주요내용을 보면 다음의 표와 같다.

〈표 5〉 지방자치법의 주요내용

구 분	내 용
지방자치단체 대강	이 법률은 지방자치 본지에 기초해서, 지방공공단체 구분, 지방공공단체의 조직 및 운영에 관한 사항의 대강을 규정하고, 병행해서 국가와 지방공공단체간의 기본적인 관계를 확립하여, 지방공공단체에 있어서 민주적이며 능률적인 행정을 확보함과 동시에, 지방공공단체의 건전한 발전을 보장하는 것을 목적으로 한다.
지방자치단체의 역할	- 지방공공단체는 주민의 행복증진추구를 기본으로 하고, 지역에 있어서 행정을 자주적이며 종합적으로 실시하는 역할을 폭넓게 담당한다. - 국가는 전항의 규정취지를 달성하기 위해 국가와 국제사회에 있어서 국가의 존립과 관련된 사무, 전국 통일적으로 규정하는 것이 바람직한 국민 활동 또는 지방자치에 관한 기본적인 준칙과 관련된 사무, 전국 규모 또는 시점에서 행해야 할 시책과 사무실시, 그 이외 국가가 본래 실천해야 할 역할을 중점적으로 담당하고, 주민에 다가가는 행정은 가능한 한 지방공공단체에 이양하는 것을 기본으로 하고, 지방공공단체와 적절하게 역할을 분담함과 동시에, 지방공공단체에 관한 제도책정 및 시책실시에 즈음해서, 지방공공단체 자주성 및 자립성이 충분히 발휘할 수 있도록 해야 한다.
지방자치단체의 종류	- 지방공공단체는 보통 지방공공단체 및 특별 지방공공단체로 한다. - 보통 지방공공단체는 도도부현 및 시정촌으로 한다. - 특별 지방공공단체는 특별구, 지방공공단체 조합 및 재산구로 한다. - 지방공공단체는 법인으로 한다. - 보통 지방공공단체는 지역에 있어서 사무 및 기타사무에서 법률 또는 그것에 기초한 정령으로 처리하도록 한 것을 처리한다.
지방자치단체장의 권한	- 보통 지방공공단체 장은 보통 지방공공단체를 총괄하고 그것을 대표한다. - 보통 지방공공단체 장은 다음과 같은 사무를 담당한다. 즉 의회의결을 거친 사항에 기초한 의안 제출, 예산책정과 집행, 지방세 부과징수, 분담금, 사용료, 가입금 또는 수수료 징수, 과료 부과, 결산에 대한 보통 지방공공단체 의회의 승인 요구, 회계감독, 재산취득 관리 처분, 공공시설 설정 관리 폐지, 증서 및 공문서류 보관, 전항에 규정한 것 이외에 보통 지방공공단체의 사무 진행 등을 시행한다. - 보통 지방공공단체 장은 해당 보통 지방공공단체 사무를 관리하고 집행한다.

지방자치법의 주요내용은 국가와 지방자치단체의 역할을 구분하고, 지방공공단체의 건전한 발전을 추진하는데 집중하고 있다. 국가는 지방공공단체가 자주성을 갖고 자립할 수 있도록 권력과 권한을 이양하는 동시에 지방 활성화를 지원하고, 지방공공단체는 구체적으로 주민행복을 증진하고, 자주적으로 행정을 추진하여 지방을 발전시키도록 역할을 극대화하는 임무를 가지고 있다. 그리고 지방공공단체의 종류를 세분화하여 지방에 맞는 정책을 입안하고 전략을 실천할 것을 규정하고 있으며, 지방공공단체 장의 자율성과 임무를 확대하고 강화하고 있다.

2. 지방공공단체의 현황

지방공공단체는 지방자치법에서 규정한 용어이지만 지방자치단체라는 용어로도 사용되고 있다.[1] 지방공공단체에는 보통지방공공단체와 특별지방공공단체(지방자치법 제1조3 제1항)가 있다. 보통지방공공단체에는 도도부현과 시정촌(지방자치법 제1조3 제2항)이 있고, 특별지방공공단체에는 특별구와 지방공공단체 조합 및 재산구(지방자치법 제1조3 제3항)가 있다. 헌법상 지방공공단체는 주민이 경제적으로 문화적으로 공동생활을 영위하도록 하고, 공동체의식을 갖고 있는 사회적 기반이 존재하며, 지역적으로나 행정상으로나 상당한 정도의 자주입법권, 자

1) 지방과 관련된 용어는 다양하다. 지역, 지방, 지방공공단체, 지방자치단체, 지자체, 지역단체, 지역자치단체, 지방자치, 지역자치 등이 빈번하게 사용하고 있다. 이 책에서는 지방공공단체, 지방자치 등과 같이 헌법이나 법률에서 사용하는 용어를 사용하고, 그 이외는 지방을 단독으로 사용하는 경우 '지역'이라는 용어로 되도록 통일하고자 한다. 그리고 'まちづくり'는 '마을만들기'로 표기한다.

주행정권, 자주재정권 등 지방자치의 기본적 권리가 주어진 지역단체라고 규정하고 있다.

지방자치법에 규정되어 있는 지방공공단체로서 보통지방공공단체와 특별지방공공단체는 다양하게 존재한다. 지방공공단체의 구분기준과 종류를 보면 다음과 같다.

〈표 6〉 지방공공단체의 구분기준과 종류

<table>
<tr><th>구 분</th><th colspan="2">지방공공단체의 구분기준과 종류</th></tr>
<tr><td rowspan="6">보통
지방공공
단체</td><td colspan="2">도도부현(都道府県): 지방자치법으로 규정함</td></tr>
<tr><td rowspan="5">시정촌
(市町村)</td><td>- 지정도시 요건: 인구 50만 이상의 시 가운데 정령으로 지정함</td></tr>
<tr><td>- 중핵시(中核市) 요건: 인구 20만이상의 시 가운데 신청에 의거 정령으로 지정함</td></tr>
<tr><td>- 특례시(特例市)
지방자치법 일부를 개정한 법률에 근거해 특례시제도폐지
- 특례시제도
요건: 인구20만 이상 시의 신청에 의거 정령으로 지정함</td></tr>
<tr><td>- 그 이외의 시
요건: 인구 5만 이상</td></tr>
<tr><td>정촌(町村): 지방자치법으로 규정함</td></tr>
<tr><td rowspan="2">특별
지방공공
단체</td><td colspan="2">특별구(特別区): 대도시의 일체성 및 통일성 확보관점에서 도입한 제도</td></tr>
<tr><td colspan="2">- 지방공공단체 조합으로서 재산구(財産区), 지방개발 사업단(地方開発事業団) 등으로 특정목적을 위해 설치함</td></tr>
</table>

보통지방공공단체는 도도부현, 시정촌, 지정도시, 중핵시, 특례시, 일반시 등이 속하고, 특별지방공공단체는 특별구, 지방공공단체 조합으로서 재산구, 지방개발 사업단 등이 속한다. 지방공공단체를 세분화하고 구분하는 이유는 지방공공단체가 점점 거대화되면서 지방공

공단체가 주민에게 밀착된 행정서비스를 하여 주민 행복을 극대화하고 지역발전을 추진하기 위함이라고 할 수 있다.

지정도시나 중핵시는 도도부현 안에서 일정한 인구규모를 가지고 있으며, 지역특징을 갖고 자치운영을 할 수 있는 경우에 지정하여 운영하는 지방공공단체이다. 다음의 표는 현재 전국의 지정도시 및 중핵시 현황을 나타낸 것으로 지정도시는 전국 20개시, 중핵시는 48개시가 있다.

〈표 7〉 지정도시 및 중핵시 현황 (단위: 만명)

구 분	지정도시(指定都市)	중핵시(中核市)
요건	인구50만 이상 시 정령 지정	인구 20만 시의 신청에 근거 정령 지정
전국	20개시	48개시
홋카이도(北海道)	삿포로(札幌,195)	아사히카와(旭川, 33), 하코다테(函館, 26)
도호쿠(東北)	센다이(仙台, 108)	이와키(いわき, 35), 고리야마(郡山, 33), 아키타(秋田, 31), 모리오카(盛岡, 29), 아오모리(青森, 28), 하치노헤(八戸, 23)
수도권(首都圈)	요코하마(横浜,372), 가와사키(川崎, 147), 사이타마(さいたま, 126), 치바(千葉, 97), 사가미하라(相模原, 72)	후나바시(船橋, 62), 하치조지(八王子, 57), 우쓰노미야(宇都宮, 51), 가시와(柏, 41), 요코스가(横須賀, 40), 다카사키(高崎, 37), 가와코에(川越, 35), 마에바시(前橋, 33), 코시가야(越谷, 33)
호쿠리쿠(北陸)	니가타(新潟, 81)	가나자와(金沢, 46), 도야마(富山, 41)
중부권(中部圈)	나고야(名古屋, 229), 하마마쓰(浜松, 79), 시즈오카(静岡, 70)	도요타(豊田, 42), 기후(岐阜, 40), 오카자키(岡崎, 38), 나가노(長野, 37), 도요하시(豊橋, 37)
긴키권(近畿圈)	오사카(大阪, 269), 고베(神戸, 153), 교토(京都, 147), 사카이(堺, 83)	히메지(姫路, 53), 히가시오사카(東大阪, 50), 니시노미야(西宮, 48), 아마가사키(尼崎, 45), 히라카타(枚方, 40), 도요나

		카(豊中, 39), 와카야마(和歌山, 36), 나라(奈良, 36), 다카쓰키(高槻, 35), 오쓰(大津, 34)
추고쿠(中国)	히로시마(広島, 119), 오카야마(岡山, 71)	구라시키(倉敷,47), 후쿠야마(福山, 46), 시모노세키(下関, 26), 구레(呉, 22)
시고쿠(四国)	-	마쓰야마(松山, 51), 다카마쓰(高松, 42), 고치(高知, 33)
큐슈(九州)	후쿠오카(福岡, 153), 기타규슈(北九州, 96), 구마모토(熊本, 74)	가고시마(鹿児島, 59), 오이타(大分, 47), 나가사키(長崎, 42), 미야자키(宮崎, 40), 구루메(久留米, 30), 사세보(佐世保, 25)
오키나와(沖縄)	-	나하(那覇, 31)

* ( ) 숫자는 인구수(인구는 헤이세이 27년 국세조사인구, 1만 미만 절삭)

중앙정부는 지방자치단체의 여건과 환경에 따라 지정도시와 중핵도시를 선정하는 정책을 통해서 지역 활성화를 추진하고 있다. 도도부현 산하에 있는 지정도시 및 중핵시는 사무분배, 관여, 행정조직, 재정, 의사결정 등의 관점에서 독립된 지방자치단체이다. 관여는 지사승인, 인가, 허가 등 관여를 요하는 사무에 대해서 관여를 없애거나 지사의 관여 대신에 직접 각대신이 관여하는 사항을 행한다. 그리고 구의 설치, 구 선거관리위원회 설치, 지방도로세 증액, 지방교부세 상정 및 소요조치, 복권발매 등을 할 수 있다. 그리고 정령으로 지정할 수 있는 특례가 있다.

위에서 보는 것처럼, 일본은 일본국헌법과 지방자치법에 의해 철저하게 지방자치를 유도하여 추진하고 있다. 그럼에도 불구하고 지방자치제도가 실시되면서 지방공공단체의 자립성을 어떻게 높이며 발전시킬 것인가 하는 근본적인 과제가 해결되지 않고 있어 지역이 낙후되거나 소멸되거나 축소되고 있다. 지방공공단체의 역할변화, 인구감소와 유출로 인한 중소도시의 축소와 병합, 시정촌의 축소 및 폐지, 인구유입과 역할 증대로 인한 도도부현의 대도시화 등으로 인하여 지방공공단체간의 부익부 빈익빈 현상이 벌어지고 있다. 국가와 지방공공단체는 지방 살리기와 지방 만들기에 총력을 벌이고 있다. 특히 최근 국가는 지방공공단체가 국운 살리기에 중요한 역할을 한다는 관점에서 지역 활성화 정책을 적극적으로 추진하고 있다.

Ⅳ. 지방공공단체의 자립

1. 국가·도도부현·시정촌의 인식전환

국가가 소유하고 있는 권한을 지방공공단체에 이양하고 있어 지방공공단체의 역할과 책무가 증대하고 있는 한편 국가에 의한 직·간접적인 관여도 확대되고 있다. 국가와 지방공공단체가 독립적으로 행동하기 보다는 협력해서 상승효과를 극대화하려는 전략이 추진되고 있다. 더불어 국가, 도도부현, 시정촌 등의 재정과 능력이 한계에 도달하여 상대적으로 민간 역할이 중요해졌을 뿐 아니라 기대도 높아지고 있다. 종래 국가나 지방공공단체가 주도적으로 추진해온 지방활성화전략이나 발상으로 지방정책을 추진하는 것은 한계가 있어 지역 주민이나 민간이 주체가 되어 추진하는 방안을 적극적으로 모색하고 있다.

지역구성원 한 사람 한 사람이 자립해 갈 뿐 아니라 개인의 자기책임이나 자주성을 존중하는 관점을 중시할 필요성이 생겼다. 동시에 국가가 담당해야 할 부분과 지방이 담당해야 할 부분, 민간이 담당해야 할 부분을 새롭게 구분하여 분담하는 인식적 전환이 필요하다. 다른 한편으로는 여전히 지역에 의한 정책적 차이가 존재하고, 지방공공단체가 안고 있는 과제에 대한 접근방법이 상당히 달라 시행착오를 극복할 수 있는 새로운 해결논리와 모델 개발이 필요하다.

또한 지역 활성화 주체간의 정보흐름이 막혀 있다. 국가 정보가 도도부현이나 시정촌으로 전달되지 않고 있으며, 역으로 도도부현이나 시정촌 실태가 국가에 충분히 전달되지 않고 있다. 국가와 지방간의 정보차이와 격차를 개선하는 동시에 국가와 지방공공단체 간에 원활하게 정보를 교환할 수 있는 정보협력네트워크를 구축할 필요가 있고, 정보공유를 통해 발전할 수 있는 구체적인 정보 활용대책과 전략이 요구되고 있다.

국가, 도도부현, 시정촌의 역할과 기능을 극대화하고 효율화하기 위한 인식적 전환이 중요한 이유이다. 첫째는 국가나 각 지방공공단체의 기본적인 생각을 전환할 필요가 있다. 내용을 소개하면 다음의 표와 같다.

〈표 8〉 국가와 지방공공단체의 인식전환

구 분	인식전환내용
시정촌	- 시정촌은 지역 만들기에 대한 인식전환이 필요하다. 정책을 시행하는데 있어 지역주민의 자주적이며 주체적인 활동을 촉진시키는 지원과 방법을 생각할 필요가 있다. - 시정촌은 주민에게 가장 가까운 행정기관으로서 사회요청과 지역주민 전체의 다양한 수요에 대응할 수 있는 학습기능을 제공하고, 생활환경기능, 경제활동기능, 생애학습지원, 지역자원에 기초한 지역 만들기 등을 위해 지역주민의 목소리에 귀 기울이며 지역주민과 협력해서 주체적으로 활동할 필요가 있다.

도도 부현	- 도도부현은 시정촌을 포함하는 광역지방공공단체로서 도도부현 전체가 발전과 성장을 지속적으로 할 수 있도록 주도적으로 행동할 필요가 있다. - 도도부현과 시정촌의 연대를 통해서 다양한 주민 니즈에 대응하고 발전에 공동으로 협력할 필요가 있다. 특히 시정촌을 보완하는 입장에서 도도부현이 갖고 있는 능력을 제공해야 한다. - 도도부현과 지방공공단체는 현재 당면하고 있는 소자고령화, 시정촌 병합, 사람 만들기, 마을 만들기 등에 적극적으로 연대해서 해결해야 한다.
국가	- 국가는 국민전체의 자질과 능력향상을 목적으로 국민적 미니멈(국민최저한도의 생활수준)을 확보해야 한다. - 도도부현이나 시정촌을 보완하는 정책을 개발하고 제공하며 추진해야 한다. - 도도부현, 시정촌과의 연대를 통해서 공동발전과 성장을 추진해야 한다. - 행정상 수행해야 할 과제에 대한 대응, 전국적인 정보제공시스템구축, 국가가 소유하고 있는 정보의 데이터베이스화 등을 통해 다양한 정보를 지방공공단체에게 제공해야 한다. - 생애학습을 통한 지역 만들기를 지원하며, 시정촌 실태파악과 선진사례연구를 통해 다양한 해결책을 제공해야 한다. - 국가산하의 관련 기관이 연대해서 대응할 필요가 있다.

국가, 도도부현, 시정촌은 종래 추진해오던 행정방법, 재정조치, 성장정책 등에서 새로운 시야와 인식전환을 통해 적절하게 대응할 필요가 있다. 그것을 위해 국가와 지방공공단체는 당면 과제와 발전방향을 적극적으로 검토해서 새로운 방안을 모색해야하다. 일본이 야심적으로 추진하고 있는 정책이 좋은 결과를 얻을 수 있도록 구체적인 관련법의 개정 및 제정, 관련법간의 유기적인 대응이 필요하다. 예를 들면, 생애학습진흥법, 사회교육법, 도서관법, 박물관법 등에 대한 현실적인 개정이 요구되고 있다.

둘째는 국가와 도도부현, 국가와 시정촌 간의 관계개선이 필요하다. 국가, 도도부현, 시정촌의 관계가 종래처럼 서열 중심적이며 일방적인 관계에서 벗어나 상호협력과 협의를 통해서 새로운 발전을 모색하는 관계설정이 필요하다. 현실적으로 국가는 종래의 보조금 교부에 대한 지도와 조언을 하고, 도도부현은 시정촌의 제언을 적극적으로 수용할 필요가 있다. 그리고 국가, 도도부현, 시정촌은 민간제언을 가능한 전폭적으로 수용해서 정책에 반영할 필요가 있고, 각자 정책이나 전략을 분리해서 추진하는 것이 아니라 서로 연대해서 정책적이며 전략적인 이점을 극대화하고 실효를 거둘 수 있는 실질적인 협력관계가 필요하다.

셋째는 지역실정에 알맞게 대응할 정책과 전략이 필요하다. 대도시, 중소도시, 시정촌에 따라 지방공공단체의 행·재정, 대학이나 민간교육사업자, NPO, 지역기업, 지역주민, 시민단체 등의 능력과 상황이 다르기 때문에 지역 상황에 대응할 수 있는 각각의 존재방식을 찾아 정책과 전략을 개발해야 한다. 또한 지방공공단체와 대내외기관의 역할을 분담하고, 역할과 기능에 따라 연대하고 협동을 추구할 필요가 있다.

최근에 뜨거운 과제로 등장한 시정촌 합병에 대한 효과적인 대응이 동반되어야 한다. 급격한 사회변화에 따라 시정촌 합병이 진전되고 있어 지역에 밀착하고 있는 공민관 등 사회기관의 장점을 적극적으로 살리는 동시에 합병을 위한 공공기관 간의 연대와 협력이 필요하다. 더불어 시설배치, 전문성을 가진 인력배치, 각종기관간의 통합, 프로그램 및 재정적 지원 등이 실천되어야 할 것이다.

2. 국가와 지방공공단체의 역할

지방자치제도는 국가와 지방공공단체간의 역할과 기능을 분리해서 효율적인 국가운영과 지방운영을 통해서 공동으로 발전하는 전략을 전제로 하고 있다. 그것은 기본적으로 국가와 지방공공단체 간의 정치, 경제, 사회, 문화 등 영역에서 협동을 통해서 이루어지지만 결국

국가자립과 지방공공단체 자립으로 귀결된다고 볼 수 있다. 국가와 지방공공단체 간 각 사회영역에서의 협동을 통한 자립은 자의적으로 시행하는 것이 아니라 일본국헌법과 지방자치법에 의해 역할과 기능을 규정하고 있어 필연적으로 실천해야 하는 과업이다.

여기에서 협동은 완전한 통합을 의미하기 보다는 상호 보완적인 관계에 기초해서 분리된 고유 업무간의 협조적 역할을 의미한다. 다음은 일본국헌법과 지방자치법에서 규정한 국가와 지방공공단체 간의 역할을 소개한 것이다.

〈표 9〉 국가와 지방공공단체의 역할

구 분	역할분담원칙내용
일본국헌법 제8장 제92조, 제93조, 제94조	- 제92조는 지방공공단체의 조직 및 운영에 관한 사항을 법률로 규정함 - 제93조는 지방공공단체에 대해서는 법률로 규정하고 의사기관으로서 의회 설치하도록 함 - 제94조는 지방공공단체는 재산을 관리하고, 사무를 처리하며 행정을 집행하는 권능을 갖고, 법률 범위에서 조례를 제정하도록 함. 지방공공단체가 지방에 관련된 재산권, 행정권, 입법권 등을 보유하도록 함
지방자치법 제1조 국가 역할	- 국제사회에 있어서 국가로서의 존립에 관한 사무 - 전국적으로 통일해서 규정하는 것이 바람직한 국민활동이나 지방공공단체의 기본적 준칙에 관한 사무 - 전국적인 시점에서 행해야 할 시책이나 사업실시 - 그 이외 국가가 본래 수행해야 할 역할을 중점적으로 담당
헌법문제에 관한 중간 보고서(헤이세이17년 11월전국지사회의)	- 국가는 외교, 국방 등 국제사회에서 국가로서의 존립에 관한 역할이나 전국적으로 통일이 필요한 행정 등 국가가 본래적으로 수행해야 할 것을 담당함 - 지방공공단체는 행정을 원칙으로 담당함, 그리고 주민에 가까운 행정을 기본적으로 담당해야 함 - 광역지방공공단체는 적절하게 역할을 보완해야 하며, 국가와 지방공공단체의 역할 분담을 명확하게 해야 함

지방분권 추진요강 (헤이세이6년지방자치 6단체)	- 국가와 지방공공단체는 각각 기능과 책임을 명확하게 분리해야 함 - 국가는 국제사회에서 주권국가로서 일관성을 필요로 하는 사무, 전국적으로 통일해서 처리해야 할 사무, 생명, 안전 등의 기준설정에 관한 사무에 전념 - 지방공공단체는 그 외의 국내 행정에 관한 모든 사무를 담당해야 함

국가업무와 지방공공단체 고유 업무, 국가권한의 지방공공단체로의 이행, 지방공공단체의 권능에 대해서는 일본국헌법과 지방지치법으로 규정하고 있다. 지방자치법은 지방공공단체의 권한이나 권능, 실천내용 및 방법을 구체적으로 규정하여 실행하도록 하고 있다. 국가역할은 국가의 골격적인 광역네트워크형성에 관한 것에 한정하고 나머지는 원칙적으로 지방공공단체가 담당한다. 따라서 국가는 전국적인 정책이나 시책, 국가안보, 국제사회관련 업무를 담당하는 경향이 있고, 지방공공단체는 국가를 보좌하는 업무, 지역과 지역주민의 복리증진을 위한 구체적인 시책과 정책을 추진하는 경향이 있다.

그러나 국제사회의 변화, 국가역할의 변화, 지방공공단체역할 변화 등으로 국가와 지방공공단체간의 업무조정이나 상호 보완적인 협력이 필요한 업무가 등장하고 있어 새로운 업무분장이 필요하다. 다음은 국가와 지방공공단체 간 업무분장원칙에 근거한 국가와 지방공공단체 업무 및 사무범위를 정리한 것이다.[2]

2) 총무성 산하 지방제도조사회에 의한 보고서 제31차지방제도조사회의「人口減少社会に的確に対応する地方行政体制及びガバナンスのあり方に関する答申」(平成28年3月16日), 제30차지방제도조사회의「大都市制度の改革及び基礎自治体の行政サービス提供体制に関する答申」(平成25年6月25日),「大都市制度についての専門小委員会中間報告」(平成24年12月20日),「地方自治法改正案に関する意見」(平成23年12月15日) 등을 참고하여 구성하였다.

〈표 10〉 국가와 지방공공단체의 사무범위

분야	국 가	광역자치단체	시정촌
정치	천황 및 황실에 관한 일, 외교 및 국방에 관한 일, 사법에 관한 일, 국정선거에 관한 일, 국가기관의 조직 및 재정에 관한 일, 지방제도, 국가와 지방공공단체간의 기본적 규정에 관한 일, 국세조사 등 전국적 통계조사에 관한 일, 국적, 세관, 출입국관리 및 여권에 관한 일	국가로부터 위임받은 사항	국가와 광역자치단체로부터 위임받은 사항
사회정비	전국의 통합개발계획 및 경제계획책정에 관한 일, 전국적인 국가시설계획 및 관리, 고속도로, 거점공항	기초자치단체내에서 완결된 것을 제외함, 국가가 관리하고 있는 일반국도, 일급하천, 지방공항의 계획 및 설치관리, 기간도로, 항만, 산지, 해안, 삼림, 수자원보전, 광역적 도시계획 등	일반도로, 농도, 삼림도로, 어항, 준용하천보전, 도시계획, 마을만들기, 상수도, 공영주택, 도시공원, 문화시설, 도시기반정비
산업경제	통화, 민사 및 형사에 관한 규정, 공정거래확보, 금융, 자본(시장, 무역, 물가통제, 공업규격, 도량형, 지적소유권, 우편), 경제정책, 증권거래, 에너지	지역경제 활성화, 산업진흥기본방침결정, 중심시가지 활성화, 전통공예품산업지원, 관광 진흥, 농림수산진흥, 농지운용, 중소기업지원	상점가대책, 관광시설정비, 경관보호
교통통신	전국을 대상으로 하는 근간적이며 기간적인 교통과 통신시설정비 및 관리, 신간센 운용	광역에서 교통네트워크, 정보통신 인프라 정비, 사동차운송, 지방철도, 내항해운허가, 감독, 방송(유선텔레비전허가)	국가나 광역자치난체에서 위임받은 업무

고용 노동	국가역할은 전국적으로 통일할 필요가 있는 노동 정책, 노동기준	고용대책, 직업소개, 전문적인 인재육성, 무료직업소개, 직업능력개발, 노동분쟁조정 및 중재	무료직업소개
복지 건강	전염예방, 약품규제, 의료종사자자격, 생명과 건강에 관한 기준, 생활보호에 관한 기준, 의무교육에 관한 기준, 공적연금, 보험 등 내셔널미니멈에 한정	지역복지서비스, 지역의료, 고도의료, 감염대책, 복지인력양성	고령자, 장애자 아동복지, 모자복지의 보건복지시책, 지역의료, 보육소, 생활보호
교육 문화 과학 기술	전국적으로 영향을 주는 고도의 과학, 기술, 학술, 문화, 환경대책, 첨단과학기술개발, 우주개발, 원자력이용, 국보	고등교육, 전문적인 문화시설설치, 대학, 고등학교, 특수학교, 학교법인 설치인가 및 감독, 의무교육 기준, 학급편제, 직원정수 기준, 문화, 고도의 전문적인 박물관, 연구소 설치 및 관리, 중요문화재관리	소중학교, 유치원, 생애교육문화
환경	전국적인 전파관리 및 기상업무, 기본적인 식량 확보, 자원 에너지, 국립공원 지정	환경기준설정 및 규제, 산업폐기물대책, 지구온난화대책, 대기수질 오염 방지, 폐기물대책, 국립공원업무	쓰레기관리, 생활환경보전
치안, 안전 방위	해난심판, 해상보안, 항공보안, 국민보호	경찰, 광역화재, 위기관리	소방, 방재
기타	국민 대상민원사항	광역주민민원, 호적 및 주민기본대장, 외국인등록	민원, 호적, 주민기본대장, 외국인등록

국가와 지방공공단체의 사무범위는 구분되어 있지만 서로 협력하지 않으면 안 되는 업무가 점차 많아지고 있다. 국가는 전국적인 규모로 통일적으로 시행해야하는 업무를 담당하는 경향이 있고, 광역지방

공공단체는 국가고유 업무 외에 위임받은 업무와 고유 업무 중심으로 시행하고 있다. 시정촌은 상위기관으로부터 위임받은 업무와 고유 업무를 수행하고 있다. 국가나 지방공공단체의 공통점은 고유 업무를 법률적으로 규정하고 있는 점, 대국민이나 주민에게 직접적으로 영향을 미치고 있는 업무를 시행한다는 점, 국가와 지방공공단체의 상호 협력에 의해서 효과를 거둘 수 있다는 점 등이다.

3. 마을만들기 운동

지방공공단체를 활성화하기 위한 사업 중의 하나가 마을 만들기(まちづくり)사업이다. 현재 일본에는 지방공공단체가 지역에 따라 약간 차이가 있지만 무너져 가고 있다. 애당초 지방자치제도를 시행하는 목적과 의도와는 반대되는 현상이 벌어지고 있는 것이다. 동일한 지방공공단체로 분류되지만 지방공공단체가 처한 위치, 규모, 성장, 발전, 자원, 매력, 능력, 선호도, 문화, 사회제도, 특징, 각종재원, 재정, 자립도 등의 격차와 차이에 의해 생존과 운명이 갈리고 있다.

대도시일수록 규모가 점점 거대해져 생존가능성이 높아지고 있지만, 상대적으로 작은 도시일수록 규모가 점점 작아지고 있어 생존가능성이 매우 떨어지고 있다. 현실적으로 인구가 집중하는 도시일수록 성장가능성이 높고, 분산되거나 적어질수록 성장가능성이 낮아지고 있다. 도시의 성장과 생존은 아이러니 하게도 성장잠재력, 시설, 자원, 능력 보다는 인구의 증가여부에 결정되는 경향이 있다. 현재 일본에서는 인구증가를 둘러싸고 도시계 먹이사슬에 의한 도시계 인구먹이사슬이 작동하고 있다. 인구이동이나 증감은 대도시와 소도시간의 다양한 격차에 의해서 대도시에서 끌어드리는 풀 요인과 소도시가 밀어

내는 푸시요인이 동시에 작용한 결과이기도 하다.

무엇보다 중요한 것은 인구증감의 위험성을 극복하는 것과 다양하게 발생하고 있는 격차를 극복하여 지역을 활성화하는 것이다. 현재 각 지방공공단체는 마을 만들기, 마을재생, 마을부흥, 지역 만들기, 지방창생 등의 운동을 추진하고 있다. 마을 만들기로 대표되는 지역 활성화는 다양한 정책과 전략으로 추진되고 있지만 대도시와 소도시간의 격차를 줄이는 데는 한계를 보이고 있다. 우선 대도시가 끌어들이는 풀 요인과 소도시가 밀어내는 푸시요인을 정밀하게 점검할 필요가 있다. 지방공공단체가 해결해야 할 과제이며 풀어야할 숙제이기 때문이다.

지방공공단체가 해결해야 할 과제는 행정적인 측면에서 제시하기보다는 지역주민이 제시하는 니즈가 중요하다. 2012년 일본총무성에서 조사한 마을 만들기에 필요한 과제를 소개하면 다음의 표와 같다.[3]

〈표 11〉 지방공공단체가 해결해야 할 과제 (n=848, %)

지방공공단체의 과제	인지정도	비 고
소자고령화	61.7	출산율을 높이고 고령자보호확대
산업고용창출	54.2	지역경제 환경 개선
공동체재생	34.8	지역사회네트워크재생
성에너지, 환경	27.5	생활환경개선
사회인프라 노후화	27.0	지역사회시설개선
범죄억제, 재해관리강화	21.3	지역안전 확보
공공서비스격차	11.7	주민행정서비스 확대 및 개선
도시화	5.0	쾌적한 문화생활
기타	4.6	지방자원개발, 성장유도, 지역브랜드화

3) 総務省, 平成24年,『地域におけるICT利活用の現状及び経済効果に関する調査研究』, 総務省.

지방자치단체가 안고 있는 과제는 소자고령화극복, 산업고용창출, 공동체재생, 사회 인프라 노후화 개선, 성 에너지, 생활환경개선, 범죄억제, 재해극복, 성장 동력 개발, 지역자립 확립, 지역능력향상 등을 들 수 있다. 지방자치단체가 안고 있는 과제 중에서 제일 심각한 것은 소자고령화이다. 어린이를 낳지 않아 어린이 수가 감소하고 있고, 반대로 사람의 수명이 길어져 고령자가 많아지고 있다. 소자고령화는 도시 생산성을 떨어뜨릴 뿐 아니라 성장을 둔화시키거나 정지하게 하는 요인으로 작용하고 있다. 도시 생산성이 떨어지면 도시 인프라, 도시상권, 도시산업, 도시노동, 도시소비, 생활환경 등이 악화되어 도시기능이 마비되는 결과를 낳는다. 도시기능마비는 그나마 있던 젊은 층을 대도시로 이동하게 하여 도시를 소멸하게 하는 현상으로 이어진다. 마을 만들기는 지방공공단체가 안고 있는 과제를 해결하는 것이다.

다른 한편으로는 지역이 무너지는 이유 중에 하나가 지역이 많은 매력을 갖고 있지 못하기 때문이다. 그렇다면 해결방법은 지역의 매력이 되는 요소를 강화하거나, 새로 만들거나하여 대응하는 것이다. 2012년 총무성은 현대인들이 생각하는 지역의 매력이 되는 요소를 조사하였다.[4] 그 결과가 다음의 표 내용이다.

〈표 12〉 지방자치단체의 매력요소 (n=640, %)

내 용	지지도	비 고
살기 좋은 곳	32.7	생활인으로서 편안한 삶 환경
지역자원의 풍부함	22.2	지역자원
어린이 교육용이성	10.2	어린이 교육환경

4) 総務省, 平成24年,『地域におけるICT利活用の現状及び経済効果に関する調査研究』, 総務省.

정보나 사람간의 교류활성화	5.9	정보교류, 인간교류
강한 지역경제	5.6	노동, 소비, 생산 환경
안전(의료보험,범죄)	4.8	사회안전망
친환경성	4.5	환경보호
고령자의 삶 편리성	4.1	노후복지
고용환경	3.6	노동환경
교육기관 및 생애학습	1.7	생애교육, 지역인재육성
여성 활동 용이성	0.2	여성인력 활동 가능성
기타	4.5	문화 환경 정비

지역의 매력이 되는 요인을 선호하는 순서대로 열거해보면, 살기 좋은 곳, 지역자원의 풍부함, 어린이 교육용이성, 정보나 사람간의 교류활성화, 강한 지역경제, 안전(의료, 보험, 범죄), 고령자의 삶 편리성, 고용환경, 교육기관 및 생애학습, 여성 활동 용이성 등이다. 지역에 살기 원하는 사람은 우선 살기 쉬운 도시환경을 중시하고 있고, 경제 환경과 교육환경을 중시하고 있는 것으로 나타나고 있다. 대도시가 확대되고 인구가 증가하는 것은 적어도 대도시가 소도시보다 살기 좋은 도시환경, 경제 환경, 교육환경 등을 가지고 있다는 증거이다.

위의 조사에서 알 수 있는 것처럼, 지역 만들기는 지역이 안고 있는 과제를 해결하고 매력적인 도시로 만들 수 있는 요소를 개발하고 활성화하는 것이 중요하다. 지역이 안고 있는 다양한 과제와 지역의 매력이 되는 요소를 일시일거에 해결하는 것은 현실적으로 불가능하다. 장기적인 계획과 전략, 재정지원, 인력지원, 인프라 구축, 지방공공단체 능력향상 등과 같은 선행과제를 우선적으로 해결할 필요가 있기 때문이다. 여기에서는 지역 만들기에서 가장 기본적인 요소가 되는 3가지 관점에서 고찰하고자 한다.

첫째는 지역의 생활환경을 정비하는 것이다. 생활환경은 삶의 환경, 고용, 교육, 복지, 문화, 교류 등과 같은 요소로 구성되어 있다. 그것은 생활인이 편안한 삶을 영위할 수 있는 환경으로 지역자원, 어린이 및 청소년 교육환경, 정보교류, 인간교류, 상품 환경, 소득, 소비재 환경, 생산 환경, 노후복지, 노동환경, 생애교육, 지역인재육성, 여성인력 활동 가능성, 문화 환경, 주민행정서비스, 지방자원개발, 성장환경, 지역브랜드 등을 의미한다. 지역주민이 요구하는 생활니즈는 단순하기 보다는 종합적이라는 특징이 있다. 현재 생활인은 소도시에서 산다고 해도 생활에 필요한 요소를 갖추어 살기를 원하고 있다.

현재 지역에서는 국내외 경제 환경 변화로 인하여 지역주민이 지역에서 노동하면서 삶을 유지하기 어렵다. 지역기업이 국내시장의 악화로 인하여 해외로 기업을 이전해서 시장과 고용을 해결하는 해외 진출 형 기업으로 전환되고 있다. 따라서 지역기업이나 지역산업이 악화되어 고용, 복지, 소득, 생산, 소비 등에 악영향을 주고 있다. 앞으로 마을 만들기를 잘하려면 먼저 지역기업과 지역산업의 활성화와 진흥을 위한 경제정책을 적극적으로 추진할 필요가 있다. 더불어 지역 활성화와 타 지역과 경쟁이 가능하도록 지역특화가 필요하다. 예를 들면, 지역자원을 이용하는 기업과 산업부흥, 지역특산품과 지역자원을 이용한 관광산업을 활성화하는 것도 하나의 방법이 될 수 있다.

둘째는 인구구조개선이다. 지역에 가임여성이 거주하거나 이탈하지 않거나 유입할 수 있는 환경조성이 필요하다. 여성은 가정, 경제, 지역 등에서 매우 중요한 역할을 담당할 수 있는 잠재력이나 가능성이 점점 커지고 있다. 여성이 지역을 지키는 파수꾼이며 보물이 되고 있다. 무너져 가는 지역의 특징 중 하나는 여성인구가 감소하고 있다는 점이다. 지역에서의 여성유출은 다양한 영역에서 부작용을 낳고 있다. 만혼이나 미혼인구 증가, 어린이수 감소, 지역여성 활동 약화, 도시인구감소 등으로 이어지고 있다. 그로 인하여 기존의 가족공동체, 지역공동체, 사회공동체가 사라지고 있다. 일본에서는 한때 여성유입과 인구증가 정책으로 국제결혼을 장려하였다.

젊은 여성인구가 증가하고 있는 지방공공단체는 몇 가지 유형이 있다. 베드 타운형이다. 후쿠오카현(福岡県粕屋町)과 군마현(群馬県吉岡町)은 주변의 큰 시가지로 출근하는 사람들이 모여 증가한 것이다. 그러나 현재 완전하게 고령화된 다마 뉴타운(多摩ニュータウン)과 같은 베드타운형은 지속적으로 여성인구를 유지하기 어렵다. 다음은 학원도시형으로 4- 5개 대학이 집중해 있는 아이치현(愛知県日進市)이다. 이곳은 교육목적이라는 일시적인 현상으로 발생한 것으로 역시 지속하기 어렵다. 공공재주도형(公共財主導型)은 교토시(京都府木津川市: 関西文化学術研究都市)와 오사카시(大阪府田尻町: 関西国際空港)가 대표적이다. 현재 재정사정을 생각해보면, 지속성 역시 떨어질 것으로 보인다. 마지막으로 산업 개발형은 아키타현(秋田県大潟村: 農業)과 후쿠이현(福井県鯖江市: 中小製造業)이 대표적이다. 이 도시는 역사적 전통에 기초한 특수한 현상으로 형성되었기 때문에 역시 지역 활성화로 연결되는데 한계가 있다.

지역여성인구가 2040년 50% 이하가 될 가능성이 있는 시정촌수는 896개로 전국 49.8%에 달한다. 그 가운데 인구 만 명 미만이 전체 29.3%에 해당되는 523개 시정촌으로 추계되고 있다. 광역지방공공단체보다는 여러 환경이 열악한 시정촌에서 여성감소가 심각하다. 그렇다고 해서 대도시권으로 유입되는 젊은이의 인구출산력이 좋은 것도 아니다. 인구밀도가 높은 도시에서는 생활환경, 양육환경, 취업환경 등이 열악하여 출생률저하로 이어지고 있으며, 환경이 열악한 어느 대도시는 지방출생률이하로 떨어지고 있다. 또한 많은 인구유입요인을 갖고 있는 오사카(大阪)나 나고야(名古屋) 등 대도시의 젊은 층이 도쿄로 이동하고 있어 도쿄일극중심화 현상이 벌어지고 있다. 지역인구구조를 개선하기 위한 방법은 여성이 지역에 머물면서 삶을 영위할 수 있는 좋은 도시를 만드는 것이 급선무일 것이다. 여성중심의 가족, 지역, 사회가 될 수 있는 가능성이 높기 때문이다. 그리고 기존에 다양한 목적을 갖고 추진되거나 확대된 여성유입 유발정책은 지금 벌어지고 있는 여성인구감소현상을 극복하는데 한계가 있어 새로운 방안이 필요하다.

셋째는 도시계 먹이사슬개선이다. 지역 활성화를 위해서는 도시계에 작동하고 있는 먹이사슬을 끊는 것이다. 더불어 지금까지 진행되어온 도시성장과정, 도시변화, 지역인구변화, 생활환경변화, 대도시인구유출유입현상 등을 면밀하게 분석할 필요가 있다. 대도시성장과 소도시붕괴현상은 단순 인구이동에 의한 것이라기보다 철저한 도시계 먹이사슬법칙에 의해 진행되고 있다는 점이다. 즉 큰 도시가 작은 도시를 흡수하거나 붕괴시키는 역할을 하고 있고, 대도시가 소도시를 흡수하는 도시계 먹이사슬이 정착되고 있다. 따라서 도시계에 작동하고 있는 먹이사슬을 개선하거나 끊는 다양한 방법을 개발할 필요가 있다.

도시계 먹이사슬을 모형으로 그려보면 다음과 같다. 도시계 먹이사슬은 도시 삶 환경과 도시개체수로 구성되어 있고 먹이사슬법칙에 의해 변화를 지속적으로 한다는 특징이 있다.

〈그림 1〉 도시계 먹이사슬모형

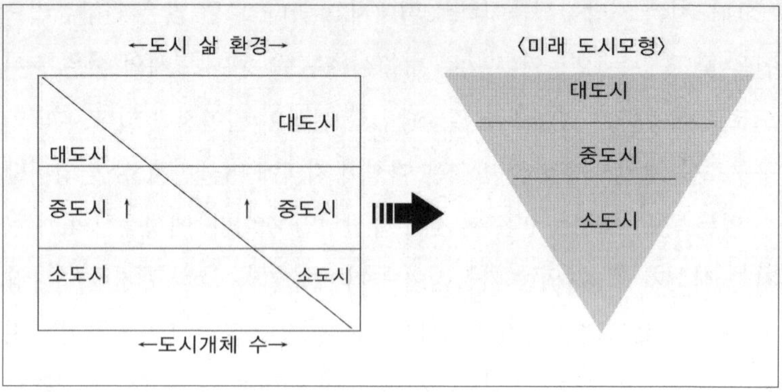

도시계 먹이사슬 구성요소인 도시개체 수는 도시수를 의미하는 것으로 많은 소도시수와 적은 대도시수를 모형으로 그려보면 삼각모형의 특징을 하고 있다. 소도시수는 중도시수보다 많고 중도시수는 대도시수보다 많다는 의미이다. 도시 삶 환경은 인간이 생활하는데 필요한 경제 환경, 정치 환경, 문화 환경, 사회 환경 등을 의미한다. 삶의 환경이 역삼각모형을 하고 있는 것은 대도시일수록 삶의 환경이 풍족하고, 소도시일수록 삶의 환경이 열악하다는 의미이다.

현재 일본도시는 도시계 먹이사슬법칙에 의해 변화하고 있다고 할 수 있다. 삶의 환경이 열악한 도시에서 풍족한 대도시로 삶의 환경과 인구가 이동하고 있는 것이다. 그 결과 대도시는 더욱 커지고 소도시는 더욱 작아지거나 사라지는 현상이 벌어지고 있는 것이다. 대도시가 중소도시를 잠식하고 중도시가 소도시를 잠식하는 도시계 먹이사슬법칙이 작용한 결과이다. 일본도시는 도시개체 수에 의한 삼각모형과 도시 삶 환경에 의한 역삼각모형을 띠고 있지만 미래도시는 점점 역삼각모형으로 변할 것으로 보인다. 즉 미래 도시모형은 인구, 삶 환경 등 도시를 구성하는 요소들이 중도시와 소도시에서 대도시로 이동하여 집중되고 집적됨으로써 구축되는 미래도시사회이다.

도시계 먹이사슬은 정치, 경제, 사회, 문화 영역에서 활발하게 이루어지고 있다. 도시계 먹이사슬은 문어발식의 다면적이고 중층적이며 지속적이다. 특히 인구학적 측면에서 보면, 도시계 인구먹이사슬로 진전되고 있다. 도시계 먹이사슬 작동 과정을 지방중도시권, 광역도시권, 대극도시권 등의 관점에서 구분해서 고찰해보면 쉽게 알 수 있다. 결론적으로 이야기를 하면, 지방중도시권은 광역 도시권으로 흡수되고, 광역도시권은 대극도시권으로 흡수되는 도시먹이사슬이 연쇄적으로 일어나 작은 도시일수록 무너질 가능성이 높다.

지방중도시권은 지방소도시와 작은 시정촌에 의해서 구성된다. 작은 시정촌은 열악한 환경으로 인하여 소도시로의 이동이 전폭적으로 이루어지고, 시정촌 기능이 축소되거나 마비되는 현상이 일어나 존립이 위태로워진다. 따라서 시정촌은 다른 시정촌과 병합하거나 폐지하는 방향으로 선회할 수 있는 이외의 선택지는 없다. 지방중도시권의 끌어들이는 요인이 크게 작용하고 있기 때문이다. 결과적으로는 정치, 경제, 사회, 문화 등의 영역에서 누릴 수 있는 혜택존부가 이동의 가장 중요한 요인으로 작용한다. 다음의 그림은 지방중도시권의 흡수과정을 그린 것이다.

〈그림 2〉 지방중도시권

광역 도시권은 기본적으로 지방중도시권에서 이동함으로써 구성되

는 특징이 있다. 광역 도시권은 인근의 지방도시권이 축소되거나 유입되어 확대되는 것으로 사람이동, 생산수단이동, 정치경제이동, 사회문화이동으로 형성된다고 할 수 있다. 그 중에서도 사람이동이 중요한 변동요인으로 작용하고 있다. 다음은 광역도시권 형성과정을 그림으로 본 것이다.

〈그림 3〉 광역도시권

시정촌 → 지방소도시 → 지방중도시권 → 광역도시권

대극도시권 형성에 대해서 한마디로 말하면, 일본에서 최대도시인 도쿄가 전폭적인 흡입력을 가지고 타 광역도시, 중소도시, 시정촌 등 총망라해서 인구를 끌어들이고 있어 초대도시로 성장하고 있는 것을 의미한다. 따라서 앞으로 일본의 도시는 궁극적으로 광역도시화와 대극도시화로 수렴되어 시정촌이나 중소도시의 존립은 매우 어려울 것으로 예상된다. 더욱이 도쿄이외의 광역도시도 도쿄로의 인구유출이 급속하게 진행될 것으로 보인다. 다음은 대도시권 형성과정을 그림으로 본 것이다.

〈그림 4〉 대극도시권

시정촌 → 지방소도시 → 지방중도시권 → 광역도시권 → 대극도시권

현재 일본의 도시는 지방중도시권에서 광역 도시권으로 진행되고, 광역 도시권에서 대극도시권으로 이동하는 변화를 겪고 있다. 지금까

지의 도시변화를 보면, 작은 도시는 사라지거나 병합되고, 병합된 작은 도시나 중소도시는 폐지되거나 병합하거나 큰 도시로 이동할 가능성이 매우 높다. 도시계 먹이사슬법칙이 작동하여 사람이동, 정치이동, 경제이동, 사회이동, 문화이동이 일어나 도시성장이나 도시소멸을 초래할 것으로 예상된다. 도시변화과정에서 극단적으로 광역도시권이나 대도시권만을 성장시킬 경우, 일본은 말 그대로 몇 개의 대도시권으로 변화될 가능성이 있다. 따라서 현재 진행되고 있는 지방창생, 지방 살리기, 마을 만들기, 지역 활성화 등이 도시계 먹이사슬을 개선하는데 유효한 지를 검토할 필요가 있다.

일본 국토교통성은 도시 활성화를 위한 전략으로「국토그랜드디자인 2050」(国土のグランドデザイン2050)에서 도시연합을 구상하였다.[5] 총무성은 그것을 지방중추거점도시라고 명명하고 있다. 요체는 적어도 도시가 제 기능을 하는 데 최소한의 인구가 필요하다는 것을 전제로 한 구상이다. 우선 인구학적인 측면에서 도시가 기능할 수 있는 최소한의 인구를 확보하여 그것에 맞는 사회간접자본이나 시설, 경제 환경, 생활환경 등을 조성하는 것이다. 따라서 이상적인 도시로 기능하기 위한 필수조건과 기준을 확립하는 정책시행이 절실한 상황이다.

다른 제안으로는 콤팩트도시화에 기초한 거점도시 만들기이다. 이것은 집적과 규모에 의해 형성된 지방공공단체간의 서열을 전제로 하

5) 헤이세이 26년 7월 4일 국토정책국 총합계획과(国土政策局 総合計画課)에서는 헤이세이 25년부터 검토하여「국토그랜드디자인2050」(国土のグランドデザイン2050~対流促進型国土の形成~)을 구상했다. 이 계획은 급속하게 진행되고 있는 인구감소나 큰 재해의 긴박성에 대응하는 국토형성계획(헤이세이 20년 각의 결정) 책정 후 국토를 둘러싼 큰 변화와 위기감을 공유하고, 국토만들기 이념과 기본생각을 정리한 것이다. 9차례의 유식자회의를 통해 정리된 것이다.

고 도시기능을 조화롭게 하는 콤팩트도시를 구축하는 것이다. 큰 도시에 기능을 집적시키고 주변 시정촌은 보완적인 역할을 담당하는 방식의 도시를 구성하는 것이다. 즉 큰 도시와 주변의 시정촌이 하나의 협력네트워크를 구축해서 큰 도시- 시정촌 도시로 콤팩트화한 거점도시를 만드는 것이다. 거점도시는 각 사회영역의 기능이 서로 연결되어 큰 도시의 기능을 대체하는 형태로 운영하는 것이다. 일본의 경우, 시정촌은 콤팩트화의 일환으로 병합이 이루어져 거점도시로 새롭게 탄생하고 있다. 기존의 시정촌 면적이 넓어져 거점도시로서 기능하여 지역성장과 활성화로 이어지고 있다.

4. 지방공공단체의 자립화

지방공공단체가 궁극적으로 해결하고 추진하려는 최고의 목적은 스스로 지방자치가 가능한 단체가 되는 것이다. 국가와는 별개로 지방공공단체가 자주적이며 자율적으로 운영하며 스스로 성장하여 자립하고 독립하는 자치단체를 확립하는 것이다. 지방정부가 국가나 중앙정부로부터 정치적으로 경제적으로 사회문화적으로도 독립하고 자율적으로 지역구성원에게 만족할 만한 종합서비스와 복리를 제공해줄 뿐 아니라 권리와 의무를 다할 수 있도록 하는 것이다. 국내외적인 도움 없이 도시로서 생존과 존립이 가능한 지방공공단체가 되는 것을 의미한다. 그것이 지방공공단체 자립화의 진정한 의미이다.

현재 지방공공단체는 지방자치를 추진한지 100여년이 되었지만 자립성을 구축하는 데는 여전히 많은 조건과 환경을 구비해야 하고, 안고 있는 과제를 해결해야 하는 상황이다. 다음의 표는 총무성이 지방공공단체 주민에 대한 여론조사에서 나타난 지방공공단체의 자립성

을 방해하는 요소를 소개한 것이다.[6]

〈표 13〉 지방공공단체의 자립방해요소 1 (단위: %)

지역이 당면한 과제	인식도	비 고
대책세우기 및 지역니즈파악 어려움	15	지방공공단체의 능력한계
자택 독거자에 대한 대책 미흡	23	주민니즈대응 한계
필요한 예산 확보불가능	22	경제적 자립도 한계
필요한 시간부족	9	마이크로적 시각필요
필요한 인재부족	6	지방공공단체의 고급인력확보
추진에 대한 지식 및 노하우 부족	5	지식 및 신기술능력 확보
적절한 정보 부족	3	정보 확보와 개발
관계자간 조정 및 협력체제 부족	15	협력네트워크 구축
주민과의 합의형성부재, 관심부족	10	주민과의 소통부재
성과가 나기까지 시간 소요	28	장기적 성과와 즉각적 대응 간 격차
성과평가곤란	32	성과평가에 따른 피드백활용
국가규제 등 제도적 제약존재	1	국가로부터의 독립
기타	7	지역자립요소 해결
특별히 없음	17	-

지방공공단체가 당면한 과제는 지방공공단체가 해결해야 할 과제이다. 그것을 위해서는 주민니즈에 대응할 수 있는 능력 있는 지방정부를 만드는 것이 무엇보다도 중요하다. 현재 지방공공단체는 중앙정부와 지방정부간의 다양한 격차, 대도시와 소도시간의 격차가 도시간의 격차로 이어져 존폐의 귀로에 놓여 있는 경우가 많다. 지방공공

6) 総務省, 平成24年,『地域におけるICT利活用の現状及び経済効果に関する調査研究』, 総務省.

단체가 자립하고 존재하기 위해서는 대도시간 및 도시간의 격차를 자주적으로 줄이거나 극복할 수 있는 능력을 향상시켜 해결하는 것 이외의 방법은 없다. 방법이 강구되지 않으면 약화되어 자연소멸하거나 병합 또는 다른 도시로 흡수되는 길만이 있을 뿐이다.

지방공공단체가 자립성을 높이기 위해서는 자립할 수 있는 요인들을 발굴하거나 만들어 내야 한다. 지방공공단체의 자립성을 저해하는 요인이 매우 많다. 2013년 중소기업청이 지역기업을 이끌어가는 중소기업과 소규모기업, 그리고 도도부현, 시정촌 등의 측면에서 자립성을 방해하는 요소를 조사한 것이 다음의 표이다.[7]

〈표 14〉 지방공공단체의 자립방해요소 2 (단위: %)

구분	인구감소	소자고령화	상점가쇠퇴	브랜드부재	관광자원부재	대규모기업부재	공동체쇠퇴	교통인프라열악	기타
중소기업(1,618)	29.2	27.4	17.3	4.5	1.5	6.1	3.6	2.9	7.4
소규모사업자(1,391)	25.4	25.8	21.0	4.5	2.5	9.2	3.7	1.9	6.0
도도부현(39)	30.8	20.5	2.6	2.6	0.0	7.7	0.0	2.6	33.3
시정촌(866)	36.5	21.4	21.0	7.4	3.2	3.0	1.2	1.6	4.7

지방공공단체가 자립하는데 제일 방해되는 요인이 인구감소이다. 인구감소가 중소기업, 소규모사업, 도도부현, 시정촌 등이 자립하는데 제일 방해하는 요인이며, 두 번째 방해되는 요인이 소자고령화이다.

7) 中小企業庁委託, 2013年,『中小企業者, 小規模企業者の經營實態及び事業承繼に関するアンケート調査』, 帝国データバンク.

지방공공단체를 활성화시키기 위해서는 방해하는 요인을 역으로 생각하면 된다. 즉 인구증가, 다자탈고령화, 상점가번영, 브랜드제정, 관광자원개발, 대기업유치, 공동체 구축, 교통인프라 정비 등과 같은 요인이 충족되면 지방공공단체의 자립성은 구축될 수 있을 것이다.

지방공공단체가 안고 있는 현안에 대해서 기업은 어떻게 대응하고 있는가를 조사한 결과가 다음의 표와 같다. 즉 기업수준에서의 대응방식과 대응현황을 본 것이다. "전반적으로 대응하고 있다"고 답한 기업은 44.2%이고, "대응하지 못하고 있다"고 답한 기업은 55.8%로 나타나고 있어, 문제인식을 하고 있지만 실제로 대응능력이나 힘이 부족한 것으로 나타났다.[8]

〈표 15〉 중소기업과 소규모사업자의 대응현황 (단위: %)

구 분	자사에서 대응하고 있음	자사가 구체적으로 대응함	자사만으로 불가능, 타자와 협의해서 대응함	자사불가능하여 타자와 상담	대응하지 못하고 있음
중소기업자 (1,597)	15.7	19.8	4.7	4.1	55.8
소규모사업자 (1,372)	7.4	11.9	3.1	3.1	74.6

다음의 표는 지방공공단체가 대응하고 있는 현황을 정리한 것이다. "대체로 대응하고 있다"고 답한 도도부현은 63.6%, 시정촌은 17.6%로 나타나고 있다. 현실적으로 대응결과를 기다리거나 대응하고 있지 못하는 도도부현은 36.4%, 시정촌은 82.4%로 나타나고 있다. 내도시는 나름대로 대응하고 있지만 시정촌은 거의 대응하지 못하고 있는

8) 中小企業庁委託, 2013年,『中小企業者, 小規模企業者の經營實態及び事業承繼に関するアンケート調査』, 帝国データバンク.

상황이다.[9]

〈표 16〉 도도부현 시정촌의 대응현황 (단위: %)

구 분	충분히 대응	대응해서 일정한 성과 있음	대응해서 성과 기다림	대응할 수 없어 대응하고 있지 않음	지자체 대응 불가능함
도도부현 (33)	0.0	63.6	24.2	0.0	12.1
시정촌 (806)	0.4	17.2	56.7	8.9	16.7

위의 조사에서 알 수 있는 것처럼, 대도시는 도시 활성화를 위해서 다양하게 대응하여 효과를 보고 있는데 비해 중소도시나 시정촌은 지역 활성화 의지를 가지고 있지만 충분하게 대응하지 못하고 있어 효과도 미미한 수준이다. 따라서 각 지방공공단체는 지역에 알맞은 정책과 전략을 다양하게 구사할 뿐 아니라 기존의 지방공공단체나 중소도시가 추진해온 정책을 대대적으로 개선해서 새롭게 추진할 필요가 있다.

특히 중앙정부는 약화되어 가고 있는 지방을 활성화하기 위한 전략으로서 지방창생정책과 1억총 활약사회 정책을 추진하고 있다. 각각의 정책은 각 지역이 당면한 과제를 잘 수행할 수 있도록 지원과 정책을 추진하고 있고, 지역정부가 자주적이며 자율적으로 정책을 개발해서 성과를 거둘 수 있도록 적극적으로 장려하고 있다. 단순한 방법일 수 있지만 지역 활성화를 위해서는 대도시가 갖고 있는 매력, 능력, 기능, 흡입유인 등에 걸 맞는 정책을 도입해서 대도시와 비슷한 환경

9) 中小企業庁委託, 2013年,『中小企業者, 小規模企業者の經營實態及び事業承繼に関するアンケート調査』, 帝国データバンク.

을 만들어 주거나, 특색 있는 환경을 만들 필요가 있다. 그렇지 않는다면, 지방으로부터 대도시로의 이동, 지방인재와 자원유출, 각사회영역의 유출 등은 지속적으로 진행되어 지방 살리기는 물거품이 될 수 있다.

지역을 활성화하기 위한 방안이나 방법으로는 지역사회와 지역산업을 활성화할 수 있는 각종 행·재정서비스 개선 및 구축, 풍부한 자연환경이나 생활환경 구축, 최적의 사회 환경과 문화 환경 구축 등이 필요하다. 그리고 지역사회자체에 대한 경영혁신, 관산학 협력과 연대, 소유자원재발견 및 개발, 매력과 활기 넘치는 지역 만들기를 위한 지역종합인프라 구축, 중장기경제발전계획과 전략, 다양한 시장 활성화, 마크로 및 미크로 시각에서의 정책개발 등이 동반되어야 한다. 다음의 표는 각 사회영역에서 실시되어야 할 지역 활성화 정책을 정리한 것이다.

〈표 17〉 지역 활성화정책

구 분	지역 활성화 정책
사회시스템실증실험	사업과 기업의 기술적용가능성, 업무프로세스 표준화, 비즈니스모델검증, 생활자 생활을 풍요롭게 하는 인프라 정비 및 제도 구축, 기존사회시스템의 실증 및 실험을 통한 새로운 사회시스템도입
사회기술로드맵	사회기술발전프로세스의 방향성에 대한 로드맵 구축, 그에 따른 정책계획 및 시행, 로드맵의 관산학 공유로 이 분야 및 이 업종 간 연대, 기술융합, 이노베이션촉진, 기술 마켓팅(テクノロジ マ ケティング)을 위한 시장성조사, 비즈니스모델 평가컨설팅
산업사회조사	산업계싱크탱크로서 배양해온 조사, 연구, 분석을 통한 사회 산업조사, 소비자 이용조사, 기술동향조사, 해외특정지역비교조사, 조사를 통한 정책제언 및 컨설팅활동
환경신에너지	지속가능한 사회구축을 위한 삼림자원이용을 통한 재생가능에너지보급, 저탄소형 에너지환경 구축, 환경을 축으로 한 전략과 정책제언, 지구온난화대책, 지속발전가능지역 만들기, 관산학 연대

농업 ICT	농업성장산업화를 위한 농업 ICT 보급, 다양한 소프트웨어 및 센서 개발, ICT 농업도입으로 주변산업(금융, 유통)과 연계된 새로운 비즈니스 기획, 농업 ICT 활용가이드구축 및 보급
테레워크도입 (テレワーク)	테레워크(tele =떨어진, work = 노동의 신조어)는 재택근무, 모바일워크, 시설이용형 테레워크 등으로 육아자 및 개호자가 일할 수 있는 노동환경정비, 정부 테레워크 도입 지원
지역포괄케어 시스템	살던 곳에 살 수 있도록 하는 지역포괄케어시스템추진, 재택의료 및 개호지원, 지역포괄케어시스템컨설팅, 새로운 통합사업구축을 위한 사회자원, 참가의향조사, 지역포괄케어를 위한 장애자아트지원(ParalymArt: 장애예술가의 경제자립을 목적으로 한 지원), 지역포괄케어를 위한 인적네트워크 구축, 생활지원서비스에서 지역포괄케어시스템으로 전환
지역재해	각 지역 방재체제정비, 지역방재계획수립, 직원인재육성 플랜 구축
의료,개호, 양육지원	사회보장제도, 고령자 삶 보람이나 양육지원 인력 확보, 살기 좋은 제도 및 환경구축, 조사 분석 시행지원, 고령자의료 및 복지 분야 조사, 정책구축
관산학 연대교육	국제경쟁력향상을 위한 교육정책, 학교교육에서 산업교육으로 전환 및 인재교류, 고용창출, 관산학연대로 교육기관 존재가치 확보, 정보화그랜드디자인 및 행동 플랜 책정, 대학정보구상책정지원자문
국제협력	구미주요국의 법제도 및 ICT 관련조사, 개발도상국 인프라 정비사업(ODA), 관민연대프로젝트 발굴, 다양한 테마의 국제 동향조사, 국제네트워크구축, 글로벌 안건지원

위에서 본 것처럼, 지방공공단체가 자립하기 위해서 추진된 지금까지의 전략, 정책, 방법으로는 해결가능성이 매우 낮다. 대도시 수준의 도도부현은 자체 해결능력을 어느 정도 가지고 있어 해결해 가고 있는 측면이 있지만, 시정촌은 거의 해결하고 있지 못하는 것으로 나타나고 있다. 현재 시정촌이 병합하거나 폐지되는 현상이 증명하고 있다. 그런 측면에서 보면, 중앙정부나 국가가 계획하고 추진하는 지방활성화 정책과 전략은 지방공공단체가 처한 과제나 상황에 맞는 최적의 정책이나 전략이 아니라고 판단할 수 있다.

지방 활성화는 지방을 가장 잘 아는 지방공공단체가 스스로 자신의 현실을 파악하고 분석해서 미래를 구상하는 방향에서 진행할 필요가 있다. 중앙정부는 지방 활성화의 주도적 주체가 아니라 지원주체로서 역할을 해야 할 것이다. 현재 국가가 추진하고 있는 지방창생정책이나 1억 총 활약사회 정책은 현안을 해결하는 면도 있지만 현실적으로 효과를 거두는데 한계를 보이고 있다. 그것은 국가가 지방이 필요로 하는 정책을 추진하기 보다는 국가가 필요로 하는 정책을 추진하는 과정에서 노출되고 있는 부작용이라고 할 수 있다. 따라서 지방 상황에 맞는 다양한 정책과 전략을 적극적으로 추진할 필요가 있다.

Ⅴ. 행정문화개혁

1. 지방공공단체의 과제

지방공공단체는 지방자치를 추진하는 과정에서 행정적인 측면에서 고유하게 유형화된 행정문화를 정착시켰다. 기본적으로 정착된 행정문화는 지역발전과 성장을 추구하고 있지만 다른 한편으로는 개혁 대상이 되는 이중적인 내용을 함의하고 있다. 즉 행정문화는 지역발전과 성장을 전제로 하고 있다는 점에서 좋은 방향으로 기능을 하고 있지만 반드시 모든 지역이 존립할 수 있도록 기능하고 있지 못하다. 발전이나 자립 가능성을 전제로 한 문화행정은 지방공공단체를 활성화하고, 그렇지 못한 문화행정은 지방공공단체를 약화시키는 역기능을 하고 있다. 개혁 대상이 되는 행정문화는 지방공공단체가 개혁해야 할 과제에 불과한 것이다.

중앙정부는 지방공공단체에 대한 정책기준을 선택과 집중이라는 두 차원에서 추진하고 있어 지방공공단체는 기존처럼 정부에 의존하거나 기대하기보다는 자생능력을 키워야 하고 비전을 제시할 필요가 높아졌다. 지금까지 지방공공단체는 자립과 존립을 위해서 다양한 행정을 시도 해왔지만 많은 약점만을 노출시켜왔기 때문에 또한 대응하지 못했기 때문에 무너지거나 약해지거나 축소되는 가운데 정부의 지원과 투자가 효과를 거두지 못했다.

지방을 활성화하기 위해서 추진해야 할 과제는 지방공공단체가 관습적으로 추진하여 역기능 하는 행정문화의 과제를 해결하는 것이다. 다음의 표는 지방공공단체가 개혁해야 할 행정문화의 과제와 내용을 소개한 것이다.[10]

〈표 18〉 지방공공단체의 행정문화개혁

구 분	내 용	세부 내용
제도 개혁	지방에 필요한 제도 제정 및 개선	- 지방공공단체의 입법 활동 활성화 - 주민니즈 파악 및 대응체제 구축
	지방개혁추진제도 정비와 새로운 방책연구	행정기관의 공동설치기관 창설 (시정촌의 세무과, 회계과 등은 내부조직통합설치)
	행정서비스아웃소싱	- 행정서비스를 전문기관에 의뢰 - 법인화로 수익조정
서비스 개혁	생활보호내용확대	주민의 생활보호내용확대에 따른 서비스대응 및 담당기관 확충
	지방개혁지표정보제공	지방자치단체가 개혁의 진보상황, 선진사례 정보제공

10) 総務省自治行政局,『平成24年度地方公共団体における人事評価制度の運用に関する研究会』, 平成24年7月12日.

인력 개혁	양적 삭감 편중의 행정스타일 쇄신	- 성과지향, 목표관리형의 행정운영 (시책공개, 시민참가형의 행정평가시스템)
		능력주의와 실적주의에 기초한 인사관리 (파격적 승진 공모임용제도 도입)
		워크플레이개혁(페이퍼 없는 회의, 콜센터 활용)
	직원연령구성의 편중 조정	쇼와 50년에는 젊은이 비율이 높음 그러나 평성 22년에는 중장년의 비율이 높음, 젊은 인력수급 체계 구축
	직장을 구성하고 있는 직원 신분의 다양화	- 재임용, 비상근직원의 증가 - 행정책임제 도입과 그에 맞는 인력다양화
	급여의 적정성조정	부적정한 급여제도를 운용하는 지방자치단체 수정 및 조언
행정평 가개혁	지방행·재정평가	- 지방행정평가 및 재정평가 - PDCA 사이클 확립
도시 개혁	역 도시먹이사슬구축	- 기존 대도시중심 집중배제 - 대도시에서 중소도시로의 인구유출 - 다자 탈 고령화도시 구축

지방공공단체의 행정문화개혁은 지방이 자주적으로 자립해서 생존하거나 존립하는데 목적이 있고, 국가와 유기적으로 협력하여 국가발전에 공헌하며, 지방주민의 현실적이며 미래적 니즈에 대응하고 충족시켜 자립도와 자생력을 높이는데 실천가치가 있다. 지방자치제도는 기본적으로 지방공공단체를 활성화하기 위한 것이지 폐지하는데 목적이 있는 것은 아니다. 그러나 시대적 변화로 인하여 지방공공단체의 절대적 존립개념은 점차 사라지고 있다. 명백한 것은 지방 부흥은 국가 부흥으로 연결되고 있고, 지방공공단체의 존립은 국가의 존립과 연결되기 때문에 지방공공단체의 활성화는 국가의 급무라는 사실이다.

2. 지방니즈와 제도

지방자치제도가 시행되는 과정에서 지방에는 거주하는 주민의 생활니즈가 폭증함에 따라 다양한 니즈의 종류와 내용에 대응하기 위한 행정력과 시스템이 필요하게 되었다. 지역주민주거나 경제활동 환경을 정비하고, 각종 위기를 극복할 수 있는 체계를 구축해야 하는 등 지방공공단체의 역할, 대응방식, 활동반경 등이 확대되고 있다. 현실적으로 지방니즈에 대응하기 위해서는 다양성을 가질 수 있도록 법개정과 제정, 지방수준의 조례 제정 및 개정 등과 같이 구속력을 가진 법률에 기초한 제도적 정비와 개혁이 이루어져야 한다.

지방공공단체는 필요에 따라 입법 활동을 자유롭게 자주적으로 행사할 수 있는 권리와 권한을 가질 필요가 있다. 특히 소자고령화사회 고착화, 거주환경 및 사회간접자본 확대, 생활니즈 제공, 소득확보나 자기발전을 위한 고용환경구축, 문화적 향유가 가능한 도시환경정비, 도시발전을 위한 브랜드개발, 노후생활에 대한 지역보건의료제공, 아동양육환경과 교육환경 정비, 다양한 지역위기 및 가축방역대책개발 등을 추진하기 위해서는 그에 필요한 법적 제도적 정비가 필요하다.

다음의 표는 지방공공단체가 지방이 필요로 하는 법적 제도적 정비 차원에서 추진한 입법사례를 정리한 것이다.[11]

---

11) 総務省自治行政局,『平成24年度地方公共団体における人事評価制度の運用に関する研究会』, 平成24年7月12日.

〈표 19〉 지방공공단체의 입법사례

구 분	제정 및 개정 사례	내 용
개호보험	개호보건법	- 평성9년 - 보험료징수, 개호 인정
국민보호	국민보호법	- 평성16년 - 피난지시 및 유도
아동학대 대책	아동학대방지법개정	- 평성19년 - 아동 안전확인, 입입조사(立入조사)
건축물 내 진화	지진방재대책특별조치법개정	- 평성20년 - 학교내진진단 실시 및 공표
소비자행정/식품산지 위장	소비자안전법	- 평성21년 - 소비자센터 설치
가축방역/구제역 새 인플루엔자	구제역대책특별조치법 가축전염병예방법 개정	- 평성22년 - 소독이나 살 처분 명령
방재. 동일본대지진	쓰나미방재 지역만들기법	- 평성23년 - 쓰나미 침수 상정 책정
독자정책조례	빈집대책조례	급증하는 빈집, 방재, 방범, 경관 등 조성 및 규제

지방공공단체가 지방자치단체로서 자립하고 독립하기 위해서는 지방에 필요한 제도를 지방공공단체의 의지와 비전을 가지고 적극적으로 대응할 필요가 있다. 과감한 법적 개정 및 제정은 그에 걸 맞는 제도개혁으로 이어지는 동시에 행정개혁과 지역주민 서비스개혁으로 이어지기 때문이다. 각종 제도 개혁은 지방발전과 비전을 구축해 가는 가장 기본적이고 근본적인 토대를 만드는 중요한 작업이다. 현재 진행되고 있는 지방축소, 지방폐지 등은 지방이 안고 있는 다양한 위기에 대응할 수 있는 개혁이 이루어지지 않았기 때문에 발행한 것으로도 볼 수 있다.

지방공공단체는 지방에서 발생되는 모든 행정업무와 대민서비스를 관련 행정부서가 전적으로 담당할 필요는 없다. 지방행정이 안고 있는 인력난, 재정난, 서비스난, 실력난 등을 해소하기 위해서는 행정기관이외의 전문 업체나 민간업자에게 업무를 이양할 필요가 있다. 행정서비스의 질적 제고와 효율성을 높이고 각종 행정기관의 약점을 보완하는데 필요한 조치로서 아웃소싱을 적극적으로 시도할 필요가 있다. 다음은 아웃소싱을 위한 제도개혁의 사례를 든 것이다.[12]

〈표 20〉 아웃소싱을 위한 제도개혁

구 분	내 용
지정관리자 제도 (2003년 이후)	주식회사도 공공시설운영을 할 수 있도록 함 (국가의 공공시설 운영권에 앞서 제도화)
	시설이용요금을 지정관리자의 직접수입으로 할 수 있도록 함
	전국 7만 이상의 시설에 도입함
지방 독립행정법인 제도(2004년 이후)	지방자치단체가 직영으로 운영하고 있는 사무 사업을 독립법인화
	공립대학, 병원, 시험연구기관 등이 대상
	9할 이상의 법인을 비 공무원화

국가나 지방공공단체가 전담하던 국민이나 주민서비스는 행정니즈의 다양화와 전문화를 강하게 요구하고 있지만 기존의 인력이나 업무능력으로 한계에 도달한 상황이다. 지역주민 니즈에 대응하지 못하거나 충족시키지 못하는 행정기관이나 행정서비스는 존재가치가 없다. 만약 현행의 행정능력이나 인력으로 제공하지 못한다면, 과감하게 민

12) 総務省自治行政局,『平成24年度地方公共団体における人事評価制度の運用に関する研究会』, 平成24年7月12日.

간 인력이나 전문 업체에 의뢰하여 해결하는 것도 변화하는 행정니즈에 대응할 수 있는 현실적인 방법이다.

3. 공공서비스와 인력

지방공공서비스 개혁은 생활보호의 질적·양적 확대를 의미한다. 지방공공단체의 가장 큰 약점은 지방주민니즈가 폭증함에도 불구하고 자체적으로 대응할 수 있는 행정인프라가 미약하다는 점이다. 주민니즈를 충족시키지 못하는 지방공공단체는 존재가치를 상실하게 되고, 지방주민과 격리되거나 엇박자 행정서비스로 이어져 불신을 받게 된다. 행정서비스 미비는 불신에 머무는 것이 아니라 지역을 정치권, 생활권, 경제권, 사회권, 보호권 등의 중요한 판단기준으로 작용하여 지방이탈을 초래하는 동시에 지방해체의 요인이 될 수 있다.

대도시나 지방중소도시, 시정촌은 주민니즈가 폭증하고 있어 행정서비스내용, 인력, 재정 등에 대응할 수 있는 다양한 측면에서의 역량을 강화할 수 있는 공공행정서비스 체제를 정비하고 개혁해야하는 과제를 안고 있다. 주민니즈는 일반적으로 포괄적인 생활보호이다. 다음의 표는 생활보호와 관련된 내용을 소개한 것이다.[13]

〈표 21〉 생활보호담당과 및 내용

구 분	복지담당과	지원내용
노 동	고용대책과, 하로워크(hello work)	노동 및 자립지원
정 보	민생위원	정보제공

13) 総務省自治行政局,『平成24年度 地方公共団体における人事評価制度の運用に関する研究会』, 平成24年7月12日.

주 택	주택정책과	공영주택
질 서	경찰	부정수급 대책
질 병	병원	통원지도
개 호	개호보험과, 개호상업자(민간)	개호지원
장 애	장애자지원과, 보건소	장애자지원
고 령	고령자지원과	고령자지원, 개호지원
청소년	청소년가정과, 아동상담소, 교육위원회	학습지원, 가정환경지원

주민들은 생활에 필요한 니즈로서 노동, 정보, 주택, 질서, 질병, 개호, 장애, 고령, 청소년, 교육, 육아 등 다양한 영역에서 정밀하게 대응해 줄 것을 요구하고 있다. 특히 노동 분야에서는 일자리를 제공하는 하로워크(Public employment service) 기능이 잘 작동하기를 기대하고 있다.[14] 행정기관의 담당부서를 설치하고 연구 및 서비스인력을 충원해야 하며, 재정뿐 아니라 제도적 정비가 동반되어야 한다. 작은 지방 중소도시나 시정촌은 대도시가 갖고 있는 기능을 모두 준비해야 하는 상황이기 때문에 현실적으로 대도시수준으로 대응하는 것은 불가능한 상태이다. 따라서 주민니즈를 잘 알고 있고, 대응방식이나 방법을 인지하고 있지만 재정, 인력, 능력 등 행정인프라 한계로 인하여 대응하지 못하고 있는 실정이다. 그런 현상은 대도시를 제외한 대부분 지방공공단체가 안고 있는 과제인 동시에 소도시나 시정촌의 축소나

14) 공공직업안정소(Public employment service)는 직업안정조직 구성에 관한 조약(職業安定組織の構成に関する条約, 第88号)에 기초해서 가맹국에 설치되는 직업소개소이다. 일본에서는 후생노동성설치법 제23조(厚生労働省設置法第23条)에 기초해서 공공직업안정소(ハローワーク, 英語: Public Employment Security Office)를 설치했다. 국민에게 안정된 고용기회를 제공할 목적으로 설치된 행정기관이다. 일본에서는 약칭으로 하로워크(ハローワーク)로 칭한다.

몰락을 초래하는 원인으로 작용하고 있다.

그리고 중요한 개혁과제 중의 하나인 지방공공단체의 인력개혁은 인력에 대한 새로운 재편과 축소, 증가를 함의하고 있다. 지방공공단체에서는 피 보호세대수 증가, 보호대상자와 보호내용이 폭증하고 있어 많은 인력을 필요로 한다. 피 보호세대수는 지난 10년간 약 2배증가하고, 케이스워커(case worker, 사회복지사) 1인이 약 100세대를 담당하고 있다. 그리고 고용, 교육, 의료부문과의 연대를 중시하고, 복지사무소 사무는 다양화하고 복잡해지고 있다. 다음은 1975년부터 2013년까지 지방공무원수의 추이를 나타낸 것이다.[15]

〈그림 5〉 지방공무원수의 추이 (단위: 천명)

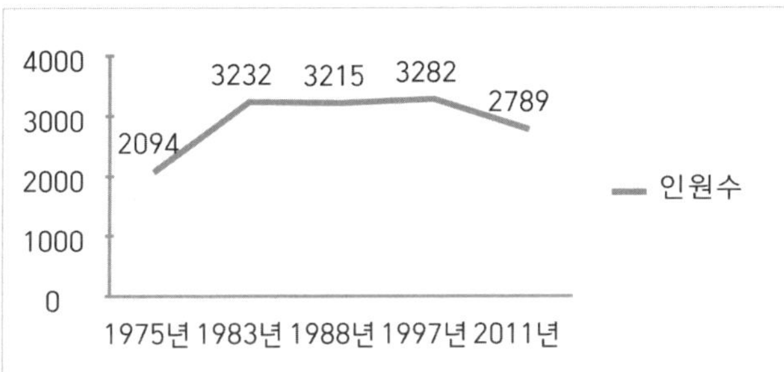

지방공공단체에는 경제개발과 복지사회건설을 위한 정책추진으로 공무원 수가 증가하였다. 1975년에는 2,094천명까지 증가하였고 이후에도 증가추세에 있다. 1983년에 공무원 수가 증가한 것은 의무교육실시로 인하여 교육공무원이 증가하였고, 일일서비스(day service)가 개시되어 사회복지관련 공무원도 역시 증가하였기 때문이다. 1997년에

15) 総務省自治行政局,『平成24年度地方公共団体における人事評価制度の運用に関する研究会』, 平成24年7月12日.

는「골드플랜」추진으로 공무원 수가 전후 최고치에 달하였고, 2011년에는「집중개혁플랜」이 추진되어 공무원 수가 삭감되었다. 공무원추이는 1997년을 최고점으로 하여 이후 점차 축소되는 방향으로 진행되고 있다.

지방공무원수는 1997년까지 사회서비스 확대, 노인인구수 증가, 행정서비스 확대로 증가하였지만, 이후 행정개혁과 행정서비스수요 변화, 2005년부터 2011년까지 진행된「집중개혁플랜」으로 공무원 수가 삭감되었다. 1997년 100으로 했을 때 경찰력은 111, 소방 108.6, 공영기업 85.9, 교육 82.4, 일반 행정 78.9 등의 증감을 보였다. 지방자치단체의 부문별직원수를 2011년 현재 보면, 일반 행정 926,249명으로 33.3%(일반 행정 552,569명+복지행정 373,680명), 교육부문 1,055,313명으로 37.8%, 경찰부문 282,023명으로 10.1%, 소방부문 158,062명으로 5.7%, 공영기업부문 367,342명으로 13.2% 등으로 나타났다. 영역별 증감현상을 보면, 일반 행정과 교육인력이 감소되는 경향이 있고 삶의 환경을 보호하는 영역인력이 증가하고 있는 특징이 있다.

지방공무원수는 지방의 행정서비스 양적·질적 제공을 평가하는 중요한 바로미터가 될 수 있다는데 의미가 있다. 공무원수가 많으면, 그 만큼 행정서비스가 좋아지거나 원활하게 제공될 가능성이 있다. 행정서비스는 주민이 필요로 하는 니즈를 파악해서 제공하기 위해 기계적이기보다는 상황에 맞는 적절한 서비스를 해야 하는 대민서비스이기 때문이다. 지방공공서비스를 개혁하기 위해서는 생활보호내용을 확대하고 그에 따른 행정서비스시스템과 인력구조를 개혁해야 할 것이다.

주민니즈를 충족시키는 행정서비스가 되려면, 담당인력을 늘려야 하지만 지방공공단체는 총공무원 수에서 축소하거나 감소시키고 있다. 행정개혁차원에서 추진했던「집중개혁플랜」(集中改革プラン)은 공무

원 수와 급여개혁을 주요 목적으로 하였다. 다음의 표는 집중개혁플랜의 추진성과이다.[16]

〈표 23〉 집중개혁플랜의 성과

구 분	성 과	세부성과
공무원 수	대폭적인 지방 공무원수 삭감	- 5년간 7.5% 지방공무원수 둔감 실현(평성17년과 평성 22년 사이) - 부문별로 일반 행정부문 10% 이상 감소 - 경찰, 소방부문 일부증가
급 여	급여구조개혁 (평성18년)	- 급여구조개혁에 의한 인건비삭감효과 연간 약 6,000억 엔(연공적 급여상승억제/급여표준인하) - 라스파이레스지수 (ラスパイレス)지수(학력 및 경력 차에 의한 영향을 수정하고 국가공무원 급여 율을 100으로 한 지수) 98.9
	독자적 급여삭감	- 반수이상의 지방공공단체에서 독자적 급여삭감 실시(평성 23년 4월 현재 981단체, 54.6% 실행) - 평성14년- 23년 누적 효과금액은 약 1조6천억 엔

공무원 급여 삭감률을 지방공공단체별로 보면, 홋카이도 9-7.5%, 오사카부 14-3%, 시마네현 10-6%, 오카야마현 10-7%, 치바현 9-1% 등으로 나타났다. 집중개혁플랜이 추진된 이후 각 지방공공단체의 8할 이상이 지방재정 건전화를 전제로 한 공무원축소 및 급여삭감 정책을 독자적인 계획이나 방침을 정해 실시하고 있다. 앞으로 중소도시나 시정촌이 공무원 수를 늘리거나 대우를 개선할 여지는 없을 것으로 보아 지방 활성화차원에서 제시된 지방행정서비스 개혁은 난항에 직면할 것으로 보인다.

16) 総務省自治行政局,『平成24年度地方公共団体における人事評価制度の運用に関する研究会』, 平成24年7月12日.

4. PDCA사이클 확립

지방공공단체의 행·재정운영 결과를 평가하기 위해서 종래부터 PDCA(Plan Do Check Act)사이클을 확립할 것을 강하게 요구하였다. PDCA사이클은 계획(P), 실시(D), 평가(C), 개선(A) 등 4단계를 반복해서 정책이나 사무사업의 실행관리를 적절하게 하고, 성과를 높이는데 목적이 있다. PDCA는 지방공공단체가 추진하는 시책이나 사무사업 성과를 체계적으로 평가해서 개선된 구조를 만들기 위한 수단으로 도입한 지방공공단체의 행·재정평가제도이다. PDCA사이클에서 행정평가는 평가(C)와 그것에 기초한 개선(A)방책을 입안하는 것이 중요하다.

오쓰카(大塚敬)의 조사에 따르면, 대부분 도도부현이나 시정촌은 행정평가를 실시하고 있다. 행정평가는 일반적으로 지방공공단체가 추진하고 있는 시책, 정책, 사무사업 등에 대해서 실시하고 있다. 조사대상 지방공공단체 중 시책, 정책, 사무사업 중 하나 또는 전체를 대상으로 행정평가를 실시하고 있는 곳은 90.2%에 달했다. 현재 행정평가는 모든 지방공공단체에 보급되어 실시하고 있다고 볼 수 있다.[17] 다음의 표는 지방공공단체별 행정평가 실시율을 나타낸 것이다.

〈표 24〉 도도부현 및 시구행정평가 실시율

구 분	도도부현	정령지정도시	특별구	중핵시	시	회답단체평균
조사대상수	N=29	N=15	N=27	N=27	N=394	N=492
실시율	100.0%	86.7%	92.3%	92.6%	89.3%	90.2%

17) 大塚敬, 2017年,「地方公共団体における行政評価の最新動向~地方創生で役割が拡大するPDCAの仕組みの現状と課題~」, 三菱UFJリサーチ&コンサルティング株式会社.

2013년 총무성이 조사한 결과에서 보면, 정촌의 경우 행정평가 도입 비율은 34.9%에 머무르고 있어 도도부현이나 시구 등과 비교해보면 충분하게 보급되어 있다고 보기 어렵다. 정촌이 행정평가를 도입하여 실행하기 위한 제도나 지원을 적극적으로 할 필요가 있다. 도도부현 및 시구의 행정평가는 세출삭감보다 행정 질 향상에 목적을 두고 있다. 행정평가의 목적은 일반적으로 PDCA에 기초한 평가를 통해 효율향상, 성과향상, 설명책임, 주민서비스향상 등에 두고 있다. 상대적으로 세출삭감 등에 대한 적용은 낮게 나타나고 있고, 행정활동의 질을 높이는데 의의를 두고 있다.

도도부현이나 시구가 시행한 행정평가결과를 행정에 잘 반영해서 행정개선을 실현하는 것이 무엇보다도 중요하다. 더불어 시책이나 사무 사업을 구체적으로 수정하고, 차 년도 예산편성에 반영하여 개선할 필요가 있다. 그러나 조사에 의하면, 행정평가 결과를 예산편성에 원칙적으로 반영하고 있는 단체는 40%에 불과하였다. 중핵시가 원칙적으로 반영하고 있는 곳은 20%에 불과하였다.[18] 다음의 표는 행정평가를 하는 지방공공단체의 평가결과를 예산에 반영하는 비율을 나타낸 것이다.

〈표 25〉 도도부현 및 시구의 행정평가예산반영률 (단위: %)

구 분	조사수	행정평가예산 반영	예산참고자료 활용	합 계
회답단체평균	444	37.4	51.6	89%
도도부현	29	61.1	31.0	92.1%

18) 大塚敬, 2017年,『地方公共団体における行政評価の最新動向 ~地方創生で役割が拡大するPDCAの仕組みの現状と課題~』, 三菱UFJリサーチ&コンサルティング株式会社.

정령지정도시	13	46.2	38.5	84.7%
특별구	12	75.0	25.0	100%
중핵시	25	20.0	80.0	100%
일반시	352	34.9	52.6	87.4%

행정평가의 객관성과 신뢰성을 높이기 위해 외부평가기관에 의뢰한 단체는 약 반수에 머물고 있다. 낮은 이유는 실시에 필요한 사무부담이 많기 때문으로 나타났다. 도쿄도 특별구의 경우, 외부평가기관에 의뢰한 단체는 75%로 높게 나타났다. 행정평가에 시민 의견을 조사에 반영하거나 평가결과에 대해 의견을 수렴하거나 직접 참가할 수 있는 기회를 주는 단체는 전체 약 33.3% 정도에 머물렀고, 약 25%가 주민의견을 반영하는 구조를 갖고 있지 않았다. 현재 행정평가의 객관성과 주민참여를 높이는 것이 과제이다.

지방공공단체가 스스로 PDCA에 기초한 평가를 자체적으로 실시하기 어려운 점은 사무부담이 큰 점, 정량평가 목표설정이 어려운 점, 직원의 의식 개혁으로 이어지지 않는 점, 예산편성에 반영되고 있지 않은 점 등을 들고 있다. 그리고 평가결과에 기초한 시책과 사무사업 개선이 미비한 점, 외부평가와 관련된 사무사업 조정이 어려운 점, 행정평가 결과에 기초한 개선방침을 책정하기 어려운 점 등으로 나타났다.

일본정부는 지방 활성화를 위해 2014년 11월 28일 「마을·사람·일 창생법」(「まち·ひと·しごと創生法」)을 제정하여 실시하고 있다. 이 법에 기초해서 지방공공단체가 추진한 종합전략에 기초한 교부금사업에 대해 수치목표를 이용한 PDCA평가를 강하게 요구하고 있다. 중앙정부가 추진하는 각종 지방 살리기 정책의 실효성을 거두기 위해 그리고 지방공공단체의 자구적 노력과 성과를 평가해서 지원여부를 결정하기 위해 PDCA평가를 활용하고 있다. 총무성은 지방공공단체를 대상으로 실시한 실태조사「지방공공단체에 있어서 행정평가의 추진 상황」(地方公共団体における行政評価の取組状況)에서 2013년 10월 행정평가실시의 유용성을 명백하게 강조했다. 민간연구단체 후지쓰총연은 2016년 11월 전국 도도부현, 시 및 도쿄도 특별구를 대상으로 행정평가를 실시하였다.

일본에서 지방공공단체 살리기는 중앙정부 수준에서 지방창생계획으로 강력하게 추진되고 있다. 지방 살리기는 지방의 과제이자 중앙의 과제이기 때문이다. 중앙정부와 지방정부가 추진하는 지방 살리기가 효과를 거두기 위해서, 그리고 지방 살리기를 제대로 진행하기 위해서는 PDCA에 기초해서 철저하게 행정평가가 이루어져야 하고, 평가결과를 반영하여 실현가능하고 효율적인 정책을 선별해서 실천할 수 있도록 해야 한다. 행정평가가 지방 살리기에 적극적으로 응용되는 이유이다.

5. 탈 도시계 인구먹이사슬

현재 일본에서는 생태계에서 작동하는 먹이사슬법칙이 도시계 먹이사슬법칙으로 전환되어 작동하고 있다. 지속적인 성장과 치열한 경쟁이 존재하는 도시계에 먹이사슬법칙이 작동하여 약육강식과 부익부 빈익빈 현상을 일으키고 있다. 도시환경이 좋은 도시가 환경이 좋지 않은 도시를 잠식하는 현상이 벌어지고 있고, 인구가 많은 큰 도시가 인구가 적은 작은 도시를 잠식해가고 있는 것이다. 인구학적 측면에서 도시계 인구먹이사슬을 도형으로 그려보면, 다음과 같다.

〈그림 6〉 도시계 인구먹이사슬모형

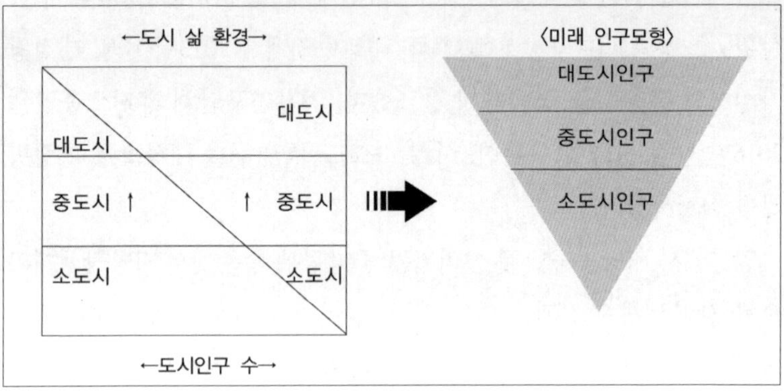

도시계 인구먹이사슬이 작동함으로써 소도시와 중도시의 개체수가 줄어들고, 동시에 삶의 환경이 열악한 도시에서 더 나은 중도시로, 그리고 중도시에서 풍족한 대도시로 인구가 이동하고 있다. 따라서 대도시는 인구가 더욱 많아지고 상대적으로 중도시인구와 소도시인구는 점점 적어지는 역삼각의 인구모형이 구축되게 될 것으로 보인다. 도시계 인구먹이사슬이 현재속도와 현상으로 진행된다면, 도시인구는 대도시, 중도시, 소도시 순으로 많은 역삼각모형을 할 것으로 보인다. 역삼각인구모형이 구축되는 과정에서 대도시규모는 커지고 중도시와 소도시인구는 축소되거나 줄어들어 중도시와 소도시는 사라지거나 병합하는 선택을 통해 생존하게 될 것으로 보인다.

인구라는 측면에서 일본이 지방 살리기를 하거나 활성화하기 위해서는 도시계에 존재하는 인구먹이사슬을 극복하거나 깨는 것이 선행되어야 할 것이다. 도시계 인구먹이사슬을 깨는 방법은 다양할 수 있지만 이 책에서는 네 가지 관점에 검토하고자 한다.

첫째는 다자화사회를 구축하는 것이다. 현재 일본에서 벌어지고 있는 소자화현상을 다자화현상으로 전환시키는 것이다. 2010년 국세조사에 의하면, 일본 총인구는 1억 2,800만 명이었지만 2014년 10월 보도에는 1억 2,700만 명으로 나타나 4년에 걸쳐 약 100만 명이 감소되었다. 연간 25만 명 감소했다고 본다면, 야마가타시(山形市)나 후지시(富士市)정도의 시정촌이 소멸되는 정도의 인구가 감소한 것이다. 이 정도의 감소가 진행된다면, 2020년까지 시코쿠(四国)전체인구정도가 소실될 것으로 예상할 수 있다.

장래인구추계에 의하면, 2010년을 기점으로 인구감소가 시작되었다. 2050년에는 약 9,200만 명으로 예상되고 있다. 1950년대와 거의 동일한 인구수이기 때문에 100년 전으로 돌아가지는 않을까 우려하는 목소리가 높다. 1950년대는 젊은 층이 많았지만 2050년에는 고령자가 많아진다는 점이 크게 다르다. 2012년 시점에서 65세 이상 고령자가 인구에서 점하는 비율은 약 24%이고, 75세 이상 인구가 12%로 전체 인구의 약 8분의 1에 해당된다. 출생률저하가 큰 원인이다. 만약 어린이 출생률이 2명이 된다면, 현재인구를 유지할 수 있을 것으로 보인다. 그러나 2060년 젊은 층 감소는 더욱 심각해질 것으로 예상되고 있다.

2013년 일본의 합계특수출생률은 1.43이었다. 1975년경부터 출생률이 2.0으로 낮아지기 시작했기 때문에 1980년대 중반에 인구감소를 예상할 수 있었다. 1990년대부터 장래인구감소가 문제시되었지만 가장 시급한 과제가 재정건전화와 경제위기를 극복하는 것이었기 때문에 장기적인 대책을 요구하는 인구감소문제는 보류되었다. 서구 선진국인 미국, 이탈리아, 프랑스 등은 출생률이 2.0을 넘어섰지만, 일본, 독일, 영국, 스페인 등은 출생률이 저하되고 있다. 많은 인구성장이 예상되었던 동남아시아의 출생률도 저하되고 있고, 1인 자녀 정책에서

2인 자녀 정책으로 전환된 중국의 출생률도 낮아지고 있다. 출생률저하는 결혼행동의 변화, 어린이를 가질 수 있는 사회경제변화, 가치관의 변화 등 다양한 요인에 의한 영향을 받고 있다.

다자화를 위해서는 출생률을 높이는 중요한 수단인 결혼과 출산정책을 추진해야 한다. 2013년 일본의 합계특수출생률 1.43이었다. 이것을 어떻게 증가시킬 것인가 하는 것이 최대 과제이다. 국립사회보장 인구문제연구소의 조사에 따르면, 이상적인 어린이 수는 평균 2.4명, 예정 어린이수는 2.07로 보고 있다. 거기에 독신자결혼률이나 이상적인 어린이수 2.12명을 포함한 희망출생률을 산출하면 1.8이 된다. 출산율이 높은 곳으로 알려진 오키나와의 출생률은 1.94, 미야자키는 1.72에 머무르고 있다. 출생률 수준이 1.8이면 인구는 감소 해간다. 인구를 안정적으로 유지하기 위해서는 출생률2.1을 유지해야 한다. 기본목표를 실현하기 위해서는 20세대의 결혼과 출산을 높이는 방법이 중요하다. 결혼하지 않으면 출생률은 상승하지 않기 때문에 결혼을 활성화하기 위한 정책이 필요한 이유이다.

일본의 경우, 여성평균초혼연령은 1970년대 24.2세, 2013년 29.3세이다. 그리고 20대 후반 여성의 60%가 미혼이며, 30대가 되어 결혼을 의식하는 사람이 많아지고 있다. 여성초혼연령의 변화에 영향을 주는 요인으로 지적되고 있는 것은 사회경제환경이다. 어린이를 갖고 싶어도 소득상황이나 고용환경이 허용하지 않는 것이 현실이다. 1990년대 후반부터 2000년대 전반에 걸쳐 고용환경이 매우 악화된 시대에 20대 후반이었던 사람은 결혼하기 어려운 사회경제 환경이나 가치관의 변화 때문에 어린이를 가질 수 없는 경우가 많았다. 이런 상황에서 소자화 대책에 정부가 관여해야 되는지 아닌지의 문제가 등장하고 있다. 어린이를 갖고 안 갖고는 개인의 가치관이며 자유의지가 작용하기 때문이다.

다자화를 위해서는 여성이 일할 수 있는 각종환경을 조성하는 정책이 필요하다. 여성이 일할 수 있는 사회가 되지 않으면 출생률은 상승하지 않는다. 1970년대 이전에는 여성이 노동하는 국가의 출생률이 낮았지만, 2000년대에는 역전되어 여성이 일하는 국가일수록 출생률이 높아지고 있다. 사회구조변화가 일어나 여성이 일하기 쉬운 사회를 만들고 있는 국가일수록 출생률이 높아지는 경향이 있다. 여성이 사회에서 어느 정도 중요한 지위를 점하고 있는 가를 나타내는 GEM지수를 보면, 여성이 중요한 지위에 많이 있는 국가일수록 출생률이 높다.[19] 또한 도도부현 별로 여성 취업률과 출생률을 비교해보면, 산업구조나 주택사정이 다르다 하더라도 20세부터 49세까지의 여성이 일할 수 있는 곳일수록 출생률이 높다.

어린이는 국가나 지방공공단체, 그리고 사회전체의 보물이 되었다. 인간이라는 존엄성 때문에 그렇게 생각하기도 하지만 국가와 지방공공단체의 생존을 좌지우지할 수 있는 존재가 되었기 때문이다. 노동공급에 의한 사회공헌이나 사회보장제도의 담당자로서 공공재적 성격을 갖고 있다. 따라서 경제적인 사정 때문에 어린이를 가질 수 없는 사람을 지원하는 경제정책과 출산가치를 높이는 정책이 필수적이다. 인구가 감소하면, 노동력인구감소, 저축률저하, 기술진보 둔화, 경쟁력둔화, 사회기능마비, 사회보장급부증대로 재원확보곤란, 젊은 층 부양부담가중 등이 발생하여 국가경영과 지방공공단체 운영이 곤란하게 된다. 특히 공동체유지를 어렵게 하고 사회 활력을 잃어버리는

19) GEM지수(gender empowerment measure, 약칭 : GEM)는 여성의 정치참가나 경제계에서의 활약, 의사결정에 참가할 수 있는지 없는지를 나타내는 지수를 의미하며 국제연합개발계획(UNDP)이 도입하였다.

한계집락이 나타나게 된다.

일본에는 가족의 존재유형변화, 단신세대증가, 가족범위변화 등이 일어나고 있다. 소자화가 진전되면, 도메스틱 바이오렌스(domestic violence, 배우자폭력, 부부간폭력, 가정 내 폭력, 성적, 경제적, 심리적 폭력)가 증가할 수 있다는 설도 있다. 일본은「경제재정 운영과 개혁의 기본방침 2014」(経済財政運營と改革の基本方針2014)에서 50년 후 1억 정도 인구를 목표로 하고 있다. 목표를 달성하기 위해서는 노동시장, 육아지원, 보육지원, 출산율상승, 지역 살리기 등과 같은 당면한 문제를 최우선적으로 해결해야 할 것이다. 동시에 소자녀 사회에서 다자녀 사회로 전환하고 전체인구를 늘려 고령자 비율을 낮추는 정책이 선행되어야 한다.

다자화를 위해서는 많은 성장잠재력을 가진 젊은 층에게 사회적 부의 재분배와 각종 성장환경을 조성하는데 투자할 필요가 있다. 현재 일본은 약 1,000조 엔의 부채를 안고 있는 가운데 공적자금을 투입하기 곤란한 상황이지만, 일본성장을 저해하고 있는 출산율을 높이기 위해서 과감하게 젊은이에게 투자를 해야 한다. 보육소지원, 보육사 소득상승, 아동지원예산확대 등을 실시하는 국가는 출생률이 높아지는 경향이 있다. 예산과 부채가 발목을 잡고 있지만 고령자를 위한 사회보장을 삭감하고 육아나 어린이 양육지원을 늘리는 것도 어쩔 수 없는 선택이다. 소득 자산이 많은 층의 연금이나 의료비를 수정하고, 젊은 가정에 대한 지원이 필요하다. 고령자정책과 출생률정책은 서로 맞물려있기 때문이다.

둘째는 지방으로의 인구유입화가 필요하다. 지방으로부터 대도시로의 인구유출을 정지시키고 역으로 대도시 인구를 지방에서 유입하는 정책을 통해 지방도시 인구를 늘리는 것이다. 일본에서는 소자고령화가 지방을 소멸시키는 중요한 요인으로 작용하고 있다. 전 총무대신 마스다(増田寛也)를 중심으로 구성된 「일본창성회의 인구감소문제검토분과회」는 인구감소와 함께 일본이 쇠퇴하고 있는 위기를 극복하기 위해 제언을 했다. 「일본창성회의」는 종래 인구가 감소하고, 시정촌이 소멸하고 있다는 상황을 엄중하고 냉정하게 인식할 필요가 있다고 진단했다.

제언에 따르면, 젊은이와 여성이 중심이 되어 활약할 수 있는 사회만들기를 지원하거나 구축하지 않으면 안된다. 일본창성회의는 현재 일본사회에 극점사회(極点社会)가 형성되고 있으며, 인구감소와 인구이동이 도시사회를 변형시키고 있다는 점을 강조하였다. 지방으로부터 3대도시권 특히 도쿄권으로 인구이동이 이루어지고 있다. 더욱이 인구증가를 이끌 것으로 인식하고 있던 3대도시권의 출생률도 낮다. 출생률이 낮은 대도시에 젊은이들이 유입되면 더욱 어린이를 갖지 않게 된다. 현재 지방은 인구유출로 도시와 기능이 축소되어 젊은 세대가 차세대를 재생산할 수 없는 도시로 전락하고 있다. 그 내면에서는 대도시가 중소도시나 시정촌을 잠식하는 도시계 인구 먹이사슬법칙이 작용하고 있기 때문이다.

출생률을 2.0으로 가정하면, 10명의 여성 전부가 아이를 1명 낳으면 차세대에는 20명이 남지만, 10명 여성 가운데 반수가 대도시권으로 가면 남는 5명의 출산율이 2.0이라 하더라도 15명밖에 남지 않게 되어 지방 인구는 줄어든다. 따라서 20-39세 가임 여성인구가 많이 유출되는 지방공공단체는 소멸될 가능성이 있다. 그런 지역에서는 출생률이 상승해도 인구가 감소하고, 2세대 후, 3세대 후에는 인구가 거의 소멸될 가능성이 높다. 도시계 인구먹이사슬이 장래에도 바뀌지 않는다면 젊은 세대수는 줄어든다. 따라서 대도시와 지방간 인구먹이사슬을 깨거나 역전시키는 정책이 필요하다.

셋째는 지방인구의 대도시유출을 방지하는 것이다. 지방도시의 소멸을 막고 활성화하기 위해서는 도시계 인구먹이사슬을 깨는 것이 무엇보다도 중요하다. 지방도시가 소멸하는 것은 지방인구가 대도시로 이동하기 때문이며 그 중심에는 젊은 층이 있다. 젊은 인구와 인구재생산력이 대도시권으로 유출되는 것이다. 지방으로부터 대도시권으로의 젊은 사람의 유출흐름을 바꿔, 대도시나 도쿄일극집중을 막는 것이다. 그러기 위해서는 대도시의 삶의 환경과 중소도시나 시정촌의 그것을 동일한 수준으로 정비하는 것이다. 대도시나 시정촌에 사는 사람 모두 동일한 삶의 환경을 요구하고 있다. 동일한 삶의 환경을 만드는데 있어 대도시는 기존자원과 삶의 환경구축단가가 싸고, 중소도시나 시정촌의 그것은 상대적으로 높다. 그렇지만 이런 점을 해결하지 않으면 도시계 먹이사슬은 지속적으로 작동하여 도시 변화를 가져올 것이다.

넷째는 다자소고령화사회를 구축하는 것이다. 2015년 6월 1일 일본총인구는 1억 2,689명으로 전년 동일기간 대비 22만 명 약 0.17% 감소하였다. 0세에서 14세는 1,621만 명으로 12.8%를 차지하고 있고 전년대비 15만 4천 명 약 0.94% 감소, 15-64세는 7,757만 2천 명으로 61.1%를 차지하고 있고 전년도에 비해 117만 6천 명 약 1.49% 감소하였다. 그러나 65세 이상은 3,323만 명으로 25.48%를 차지하고 있고, 전년대비 110만 명 약 0.22% 증가하였다. 사회와 경제를 지탱하는 인구비율과 인구수가 줄어들고 피부양대상이나 비경제적 인구가 늘어나고 있는 것이다.[20]

---

20) 구견서, 2016, 『21세기 일본』, 신아사, pp.366-367.

다음의 그림은 총리부 통계자료에 의한 2014년과 2015년 일본의 총인구수이며, 그것을 인구모형에 기초해서 설명해보면 가분수 모형을 하고 있어 매우 불안한 모습을 하고 있다는 것을 알 수 있다.

〈그림 7〉 일본의 총인구추이 (단위: 만명)

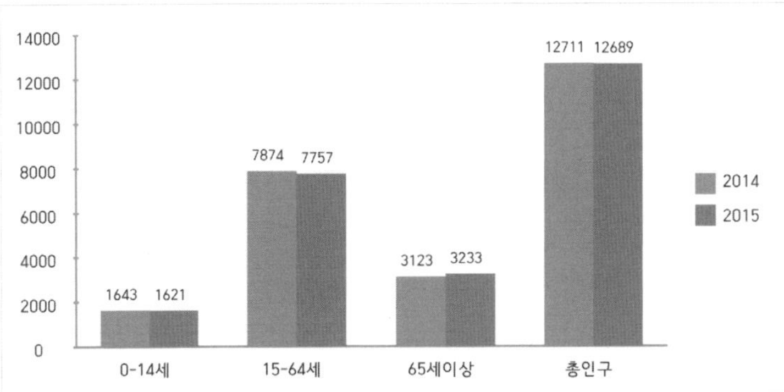

인구 추이를 연령대로 보면, 0-4세, 15-16세는 모두 감소하는 추세이고, 65세 인구는 증가하는 추세에 있는 것으로 나타나고 있으며 총인구도 감소하고 있다. 앞으로 지금의 소자고령화가 더욱 심각한 수준에 도달되어 일본의 인구파산과 붕괴로도 연결될 가능성이 있다. 고령화비율을 낮추기 위해서는 다자화 사회를 구축해야 하는 방법이 외는 없다. 출산 가능한 인력을 확보하고 출산하기 좋도록 다양하게 지원하는 것이다. 그리고 도시로부터의 J턴(Jターン)을 유도하고 지방으로부터 유출을 방지하고 유입을 촉진하는 정책을 과감하게 추진해야 한다.[21] 인구이동이나 유출제한, 다자녀정책은 인구를 증가시키고

---

21) J턴 현상은 (Jターン現象)은 인구환류현상의 하나로 지방에서 대도시로의 이주했던 자가 태어난 고향으로 돌아오거나 작은 지방도시권이나 중규모도시로 돌

고령자비율을 낮추는 효과가 있다.

다음의 그림은 도시계에서 작동하고 있는 도시계 인구먹이사슬에 기초해서 구성한 탈 인구먹이사슬 등에 의한 다자소고령화 사회 구축 과정을 그린 것이다. 소자녀 사회에서 다자녀 사회로 전환하기 위해서는 인구를 대도시에서 지방으로 역 유입, 지방인구의 대도시로 인구유출방지, 다자화정책 추진, 대도시 축소와 중소도시 및 시정촌 확대 등을 축으로 하는 인구정책과 현실적인 전략이 필요하다.

〈그림 8〉 다자소고령화 사회구축과정

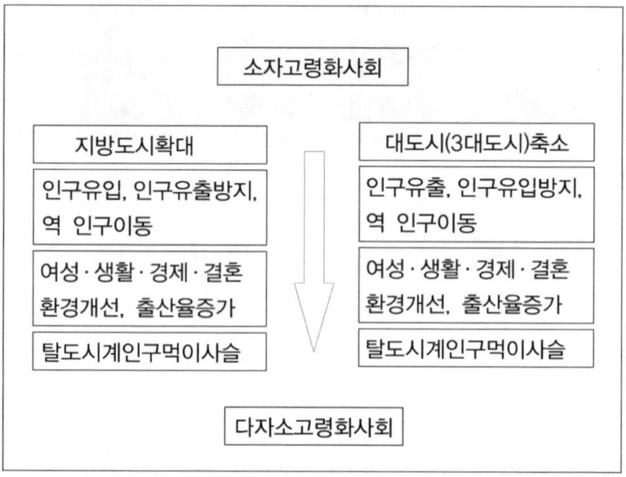

탈 도시계 인구먹이사슬 구조를 만들기 위해서는 선택과 집중이라는 전략이 필요하다. 모든 대도시를 축소하거나 모든 중소도시나 시정촌을 살리기 보다는 성장가능성과 소유자원, 도시기능과 역할 등을

아와 정주하는 현상을 의미한다.

조사해서 상대적으로 유리한 도시를 선정해서 과감하게 투자해 성장시킬 필요가 있다. 기본적으로 대도시와 중소도시나 시정촌간에 기능하고 있는 인구먹이사슬을 단절시키는 적극적인 인구정책이 필요하다. 현재 인구학적인 측면에서 중소도시나 시정촌 살리기는 소자고령화사회에서 다자소고령화 사회로의 전환이다. 일본에서 진행되고 있는 지방자치제도, 지방 살리기, 마을 만들기 등은 다양한 과제를 안고 있지만 일본의 미래와도 연결되기 때문에 본격적이며 과감한 개혁을 통해서 새롭게 추진할 필요가 있다.

Ⅵ. 맺는 글

현재 일본에서 추진되고 있는 지방자치제도는 지방 살리기뿐 아니라 지방의 자주성과 자율성을 높여 자립하는 데 목적을 두고 있다. 지방자치제도가 지방 살리기를 하지 못하거나 지방 활성화에 역행한다면 존재가치가 없는 제도가 될 것이다. 지방이 무너져가고 폐지된다면 지방자치제의 존재가치도 사라지고 의미가 없기 때문이다. 앞으로 지방자치제를 활성화하고 지방 살리기를 적극적으로 추진하기 위해서는 다음과 같은 과제를 해결해야 할 것이다.

첫째는 공생공존적 먹이사슬을 구축할 필요가 있다. 대도시는 사람이 살기에 필요한 많은 장점을 가지고 있다. 상대적으로 중소도시나 시정촌은 사람이 살기에 불편한 요소가 많다. 이런 환경에서 대도시로 이동하거나 몰리는 것은 도시계에서 벌어질 수 있는 정상적인 현상이다. 현재 벌어지고 있는 도시계 먹이사슬은 일시적인 것이 아니라 지속적이며 빠르게 진행되고 있어 약점을 가진 시정촌의 소멸현상을 촉진시킬 가능성이 매우 높다. 도시계 먹이사슬을 깨지 않고서는 벌어지고 있는 대도시집중현상과 소도시붕괴현상을 제어하기 어려울 것이다. 따라서 도시계에서 작동하고 있는 먹이사슬을 극복하기 위해서 대도시와 다른 중소도시 간 협력체제와 보완체제를 구축해서 새로운 공생공존적 먹이사슬을 구축할 필요가 있다.

둘째는 지방창생전략을 충실하게 이행하는 것이다. 지방 살리기로 시작된 지방창생전략은 지방주민이 일상생활에서 만족할 수 있는 새로운 도시를 만드는데 주력해야 할 것이다. 말 그대로 사람 살기 좋고 고용환경이 좋은 매력을 가진 도시로 만드는 것이다. 예들 들면, 고용창출과 생활만족, 고학력의 20-39세 가임여성을 만족시키는 환경, 교육환경, 문화환경, 성장환경 등을 구축하는 것이다. 중간거점도시의 집중지원, 주변시정촌의 도시콤팩트화, 선택과 집중정책 등이 동반되어야 한다. 그리고 지방자치단체간의 연대와 협력이 필요하다. 인구 1억 미만 국가로 전환되면 시정촌 소멸은 불가피하다. 따라서 시정촌 병합을 통한 상생도시를 구축하고, 도시기능이나 역할 분담을 통해 도쿄 일극중심화를 적절하게 조절해야 한다.

셋째는 지방도시가 갖고 있는 능력을 정확하게 평가해서 존폐나 병합을 시도해야 한다. 현재 지방도시가 갖고 있는 현실적이며 잠재적인 능력을 정확하게 평가하여 지원하고 성장시킬 도시를 선택해서 집중적으로 투자해야 할 것이다. 유용한 행정평가방법으로 추진되고 있는 것이 PDCA평가이다. 지방공공단체가 발전하고 생존하기 위해서는 행정평가를 철저하게 실천해서 도시재생과 도시성장을 지속적으로 유도해야 할 것이다. 지방공공단체는 행정평가로서 PDCA사이클 확립과 보급을 활성화하고 동시에 행정평가의 유효성, 투명성, 피드백, 신뢰성, 시민의견수렴, 제3자 점검 등을 실천하여 행정평가의 긍정적 기능을 극대화하여 도시발전에 적극적으로 활용할 필요가 있다.

넷째는 지방자치제도의 완성이다. 지방이 자치할 수 있도록 중앙정부의 권한을 과감하게 지방으로 이행하여 책임지고 의무를 다하는 지방공공단체 책임의무제를 실시해야 한다. 지방은 국가의 구성단위이기 때문에 국가권력을 지방으로 이행하는 데는 한계가 있지만 역으로 보면, 한계가 있어 제한하는 것은 지방이 자립하거나 독립하지 못하게 하는 원인으로 작용한다. 지방분권시대에는 변화와 개혁이 작동해야 한다. 거기에 맞게 지방능력, 지방조직, 지방인력, 지방재정, 지방발전 등을 자주적으로 추진해서 국가로부터 독립하고 지방주민을 윤택하게 하는 지방이 되어야 한다. 그것이 지방자치제도와 지방 살리기의 완성이라고 할 수 있다.

제2장 지역창생과 문화사회

Ⅰ. 머리글

일본이 추구하고 있는 지방창생정책은 지역 활성화정책이며 동시에 인구구조개선정책이지만 궁극적인 목표는 지역의 총체적 삶을 풍부하게 영위할 수 있는 문화사회(cultural society)를 건설하는 것이다. 지방창생은 말 그대로 새로운 생각을 통해 새로운 지방을 만드는 것을 의미한다. 또한 지방창생은 지역정치, 지역경제, 지역사회, 지역문화 등을 새롭게 발전시켜 지역에서 평생 동안 삶을 영위할 수 있는 풍부한 종합적 문화 환경을 구축하는 문화사회 만들기이다. 문화사회는 절대빈곤에서 벗어나는 것은 물론 상대빈곤으로부터 탈피해서 문화생활을 할 수 있는 사회를 의미한다는 점에서 미래사회이다.

지방창생정책에서는 인구개선을 중시하는 특징이 있다. 근대화 이후 일본은 1억 인구를 목표로 인구증가 정책을 추진해왔다. 강대국이 되기 위해선 그만한 인구가 필요했기 때문이다. 태평양전쟁 말기 일본은 결사항전을 주장하면서 '1억국민총옥쇄'(一億国民総玉砕)를 강요했을 때 1억 명은 식민지배하에 있던 한국인과 대만인까지 포함한 숫자였다. 실제로 전후 일본이 순수 일본인으로 1억 인구를 돌파한 것은 고도경제성장기인 1967년이다. 그 때 일본은 인구 1억 명 달성을 자축하기 위해 대대적인 행사를 가졌다. 일본이 염원했던 인구 1억이라는 성장요건을 충족했기 때문이다.

그러나 1억 명을 넘긴지 20년도 안되어 일본은 고도경제성장과 도약적인 발전을 하면서 1980년대 이후 가치관 변화와 개인주의 확산으로 인하여 저 출산에 의한 소자화가 고착화되는 상황에 직면하였다. 더욱이 자국민의 인구증대정책을 전격적으로 추진하지 못하는 가운데 외국인 노동자에 대한 폐쇄적인 이민정책을 유지해 외국인인구증가의 가능성을 무시하였다. 대체로 일본정부는 인구감소에 대해서 소극적인 정책으로 일관하였다. 안정적인 인구구조를 유지할 것으로 알았던 인구구조에 변화가 일어났다. 고령화 사회가 진행되고 어린이가 출생되지 않는 소자고령화라는 일본적 인구병이 확산되고 구조화되고 있다.

일본적 인구병을 극복하기 위해서 일본정부는 다각적인 대책을 세워 대응하고 있지만 실효를 거두지 못하고 있다. 인구병 확산은 일본 재앙이 될 수 있는 가능성이 있다는 점에서 매우 위협적인 현상이다. 인구 감소는 도시의 공동화현상으로 나타나 도너츠현상(ドーナツ化現象)을 형성하게 된다. 인구분포도로 보면, 중심부가 공동화되어 링 도너츠를 닮아 붙여진 것이다. 도너츠 현상은 중심 시가지 인구가 감소하고, 교외 인구가 증가하는 현상이다. 도너츠화가 일어나는 요인은 생활수준 향상으로 환경이 좋은 주변지역으로의 인구이동, 중심부 주거비 폭등, 도심부 주거 및 생활환경악화, 교외의 대형 상점 진출, 주변의 생활환경향상 등이 작용하기 때문이다.

또한 인구감소는 지방사회의 붕괴를 초래하는 원인으로 작용하고 있다. 2040년 고령화와 소자화로 인하여 지방공공단체 절반이 소멸할 것으로 예상하고 있다. 2040년에 20세에서 39세의 가임여성은 2010년 대비 절반으로 줄어들어 소자화가 급속도로 진행되고 인구가 줄어들 것으로 예견되고 있다. 소자화와 고령화는 중소도시나 시정촌의 과소화를 초래하고 있다. 과소화로 인구가 급격히 감소하기 때문에 지역사회 기능이 저하되어 지역에서 일정한 생활수준을 유지하기 곤란한 상황이 발생하고 있다. 과소화지역에서는 생활환경, 주거환경, 경제환경, 문화 환경, 교육환경, 케어환경 등이 무너지거나 기능하지 못하기 때문이다.

특히 정령지정도시나 현청소재지로부터 원거리에 있는 지역이나 교통편이 열악한 지역에서 과소화가 발생하기 쉽다. 과소화는 정령지정도시나 현청소재지를 중심으로 한 도시부로의 인구이동, 소자고령화 등이 중요한 원인중의 하나이다. 과소화라는 개념은 시마네현(島根県益田市匹見町)의 오타니 쵸장(大谷武嘉町長)이 국회에서 발언하면서 처음 사용한 용어이다. 과소화는 인구가 감소해서 과소형태로 되는 현상을 의미한다. 과소화가 진행되면, 지역사회가 기능을 잃어버려 한계부락으로 전락하게 되고, 생활도로, 농업용수, 지역자본관리, 농업 등의 상호협동기능, 관혼상제, 소방단 등과 같은 지역사회의 역할이 사라지게 된다. 그리고 이용자감소, 자가용이용자 증가로 공공교통망붕괴, 상점가쇠퇴, 의료기관 기능축소, 교육기관폐교 등으로 이어져 사회시설이 사라지고 삶의 기능이 마비된다.

메이지정부가 중앙집권정책을 추진하면서 정치, 경제, 문화가 수도권에 집중되고 수도권편중 발전이 과소화가 발생하는 중요한 원인이 되었다. 1960년대 고도경제성장기에는 급속한 공업화로 농촌에서 도시로 인구이동이 촉진되어 농촌의 과소화가 생겨났다. 일본 산업이 제2차 산업에서 서비스산업 등 제3차 산업으로 이행되면서 인구가 도시로 편중하게 되었고, 중앙정부의 경기대책으로 공공사업이 진행되어 지역산업의 중앙의존도가 높아져 지역이 자립성을 잃게 되었다. 1990년대 버블경기 붕괴로 지역경제가 무너지면서 지역과소화가 더욱 촉진되었다. 홋카이도(北海道), 아키타현(秋田県), 시마네현(島根県), 코지현(高知県), 나가사키현(長崎県) 등에서 인구가 감소하고 있다. 인구

감소는 수도권을 제외한 전국적인 현상이 되었다.[1]

지방공공단체가 소멸되는 과정에 대해서 연구한 「마스다레포트」(増田レポート)에서는 지역이 지역 활성화를 위한 재정적 여유가 없기 때문에 중앙정부가 지방창생정책을 통해 선택과 집중이라는 새로운 전략을 추진할 것을 제시하였다. 인구가 집적할 수 있는 지방중핵도시를 형성하여 거기에 젊은이 들이 거주할 수 있게 하고 인구유출을 저지하는 인구정주구상도 제시하였고, 콤팩트 시티를 형성하는 새로운 방책을 제시하였다. 그러나 헤이세이기에 인구안착정책 일환으로 시정촌 합병을 시도하였지만 합병한 지방공공단체의 젊은 여성 수가 증가하지 않고 있어 소자화 문제나 인구감소문제는 여전히 해결되고 있지 않다. 더욱이 저 출산과 소자화 문제는 지방뿐 아니라 대도시의 문제로도 남아있는 상황이다.

지방인구가 감소하는 요인으로는 경제 환경 변화에 의한 공장철수, 대학진학과 동반된 도시로의 젊은 층 유출, 아이출산과 양육환경 지원 부족, 도시로의 사회진출추진 등이 제시되고 있다. 그런 요인들이 지방과 중소도시의 인구감소를 촉진시키고 있다. 일본에서는 2010년부터 이미 인구감소가 시작되었고, 2014년까지 약 4년간에 걸쳐 100만 명이 감소하였다. 저 출산에 의한 인구감소, 고령인구 증가 등으로

1) 소외대책관련법으로는 과소지역자립촉진특별조치법(過疎地域自立促進特別措置法), 이도진흥법(離島振興法), 산촌진흥법(山村振興法), 반도진흥법(半島振興法), 벽지교육진흥법(へき地教育振興法), 오가사하라제도진흥개발특별조치법(小笠原諸島振興開発特別措置法), 아마미군도진흥개발특별조치법(奄美群島振興開発特別措置法), 오키나와진흥특별조치법(沖縄振興特別措置法), 주변지와 관련된 공공시설 종합정비를 위한 재정상 특별조치에 관한 법률(辺地に係る公共的施設の総合整備のための財政上の特別措置等に関する法律), 과소지역자립촉진특별조치법(過疎地域自立促進特別措置法) 등이 있다.

인한 고령화, 열악한 재정사정, 다양한 니즈증가, 글로벌 경제 진전, 중국, 한국, 대만 등 성장국가 대두로 인한 경쟁격화, 세계경제환경변화로 인한 공장 해외이전 등은 지방에 부정적인 영향을 주고 있다.

아베 정부는 인구감소와 지역소멸을 극복하기 위해 다각적이며 개혁적인 대안으로서 지방창생정책을 구상해서 추진하고 있다. 아베총리의 경제재정자문을 위해 설치한 「유식자회의」는 「선택하는 미래」(選択する未来)에서 「50년 후 1억 명 인구 유지목표」(50年後に1億人の人口を維持する目標)를 제시하고, 지방인구 감소문제를 주요정책과제로 위치 지웠다.[2] 2014년 9월 「마을·사람·일 창생본부」(まち·ひと·しごと創生本部)을 창설하였고, 11월에는 지방창생관련 2법안 「마을·사람·일 창생법」(まち·ひと·しごと創生法)과 「지역재생법 일부를 개정한 법률」(地域再生法の一部を改正する法律)을 성립시켰다.[3] 2014년 12월에는 지방창생을 위한 장기비전(長期ビジョン)과 총합전략(総合戦略)을 각의 결정하였다. 지방창생정책에 의해 도도부현 및 시정촌 등 각 지방공공단체는 지역판 인구비전과 총합전략을 책정하여 추진하고 있다.[4]

일본정부는 위기에 빠진 지방을 살리기 위해 다양한 전략에 기초한 지방창생정책을 추진하여 풍부한 삶을 살 수 있는 문화사회 구축에 희망을 걸고 있다. 지방창생정책은 2014년 9월 3일 제2차 아베개조내각이 발족할 때 총리대신이 기자회견에서 발표하였다. 그것은 도쿄일극중심을 시정하고, 지방 인구감소에 종지부를 찍어 일본전체를 활

2) 経済財政諮問会議 専門調査会, 2014年,『選択する未来」委員会 ·「未来への選択-人口急減·超高齢社会を超えて, 日本発 成長·発展モデルを構築-』, 経済財政諮問会議.

3) 平成26年12月27日 内閣議決定,「まち·ひと·しごと創生長期ビジョン」.

4) 平成26年12月27日 内閣議決定,「まち·ひと·しごと創生総合戦略」.

기차게 하는데 목적이 있다. 현시점에서 보면, 지방창생정책은 다양한 방법과 전략으로 추진하여 소기의 목적을 달성하는 긍정적인 측면도 있다. 그러나 지방창생이 추진되는 가운데 종합전략이 한계가 있다는 비판이 일고 있어 새로운 시책과 방법을 구상하고 있다. 중앙정부는 잘하는 지방을 지원하고, 잘하지 못하는 지방에 대해서 지원을 제한하여 지방간의 격차를 인정할 뿐 아니라 폐지나 병합하는 전략으로 대응하고 있어 지방창생정책이 지역 살리기의 차별화를 촉발시키고 있다.

Ⅱ. 지방창생시대

1. 소자고령화의 심화

일본 인구는 1868년 메이지유신 이후 근대화를 추진하고 근대국가 체제를 구축하면서 급증하였다. 총리부 통계자료에 기초해서 1912년부터 근 미래인 2110년 인구추이를 보면, 1912년 인구수는 5천만 명이었고, 1967년 전후 최초로 1억 명을 넘겼으며, 2014년 1억 2,718만 명으로 최고치 달하였다. 이후 소자화현상이 지속적으로 진행되면서 점차 인구가 감소되고 있어 이런 추세로 진행된다면 2110년에는 1억 명 이하로 감소될 것으로 보인다. 만약 출생률이 회복하고 이민자 유입을 매년 20만이라고 가정하면 1억 1,140만 명이 될 것으로 예상된다. 다음은 합계특수출생률 1.35인 경우 일본의 장래연령별 인구비율 추이를 약 30년 단위로 나타낸 것이다.

2012년 기준으로 일본의 합계특수출생률(여성 1명이 일생동안 낳는 평균 자녀수)은 1.41명으로 인구 1억 1,718만 명을 유지하기엔 낮은 출산율

〈그림 1〉 일본의 인구추이(단위: 년, 백만 명)

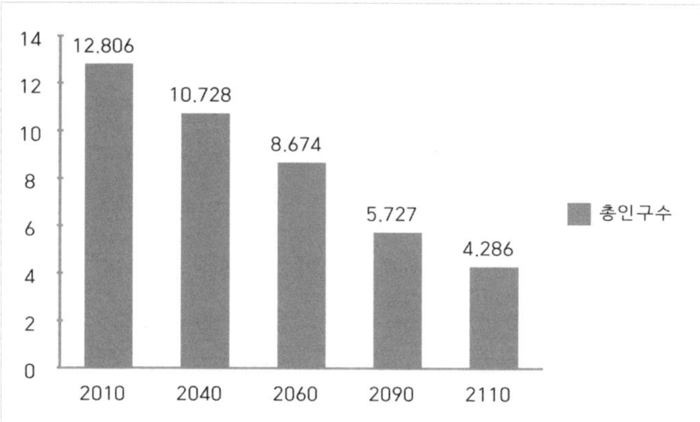

출처 : 国立社会保障 · 人口問題研究所, 『日本の将来推計人口』(平成24年1月推計)

이다. 2015년 6월 1일 총인구는 1억 2,689명으로 전년 동일기간 대비 22만 명 약 0.17% 감소하였다.

일본 총리부 통계자료에 의하면, 2017년도 총인구수는 1억 2,607만 명이며, 그것을 인구모형에 기초해서 설명해보면, 가분수형의 모습을 하고 있어 인구구조가 매우 불안한 모습을 하고 있다는 것을 알 수 있다. 65세 이상 인구가 27.8%를 점유하고 있는데 비해 14세 이하는 12.3%를 점유하고 있어 65세 이상 인구가 14세 이하 인구보다 2배 이상 많다. 인구재앙의 신호탄으로 작용하고 있다.[5]

인구추이를 연령대로 보면, 0-14세와 15-16세는 모두 감소하는 추세이고, 65세 인구는 증가하는 추세에 있는 것으로 나타나고 있고 총인구는 감소하고 있다. 인구감소는 사회기능과 국기역할을 변화시켜 국력을 약화시키는 요인으로 작용하고 있다. 특히 가족해체, 지역사

5) 総務省統計局, 平成29年12月20日,『人口統計』, 総務省統計局.

회해체, 인구분포 역전, 국가위기, 사회와 경제를 지탱하는 인구축소, 피 부양 대상축소, 비경제적 인구증가 등에 영향을 준다. 따라서 인구감소는 다양한 영역에 부정적인 영향을 줄 것으로 예상되고 있으며 인구재앙으로 다가올 뿐 아니라 일본재앙으로 비화될 가능성이 농후하다는 점에서 대단히 심각한 문제로 받아들여지고 있다.

일본 인구추이는 2014년까지 증가추세를 보이다가 이후 감소추세로 돌아섰다. 지금처럼 아이를 적게 낳으면 산술적으로 100년 뒤인 2110년 일본 인구는 4,286만 명으로 줄어들 것으로 예상된다. 일본정부는 합계특수출생률을 인구유지가능수준인 2.07명으로 끌어올려도 2110년에도 9,136만 명밖에 안될 것으로 예상하고 있다. 다음은 합계특수출생률이 1.35인 경우 일본의 장래 연령별 인구비율 추이를 약 30년 단위로 나타낸 것이다. 일본인구비율은 가분수형태로 진행되는 가운데 점차 생산연령인구와 연소인구가 적어지고 노령인구가 많아지는 형태를 보이고 있다.

〈표 1〉 연령별인구비율추계 (단위: 만 명, %)

구 분	2010년	2040년	2060년	2090년	2110년
총인구	12,806	10,728	8,674	5,727	4,286
노령인구 (65세이상)	2,948 23.0	3,868 36.1	3,464 39.9	2,357 41.2	1,770 41.3
생산연령인구 (15-64세)	8,174 63.8	5,787 53.9	4,418 50.9	2,854 49.8	2,126 49.6
연소인구 (-14세)	1,684 13.2	1,073 10.0	791 9.1	516 9.0	391 9.1

출처: 国立社会保障·人口問題研究所, 『日本の将来推計人口』 平成24年1月推計.

일본의 장래 총인구는 2110년까지 계속해서 줄어들 것으로 예상되고, 0세부터 14세, 15세부터 64세의 인구비율도 감소할 것으로 보인다. 65세 이상 인구비율은 2040년까지는 증가하고 이후는 약간 감소하게 될 것이다. 문제는 0-14세 인구분포가 현저하게 감소하여 이후 출산인구와 노동인구가 급격하게 감소되어 국가기능과 사회기능이 마비될 가능성이 높다는 점이다.

현재 일본 인구는 점차적으로 출생률이 낮아 총인구수가 감소되고 있고, 소중도시에서 대도시로의 인구이동이 진행되어 대도시 인구가 증가하고 있으며, 중소도시나 시정촌 인구가 점차 줄어들고 있다. 도쿄도로 지방인구가 유입되고 있고, 외국인 유입이 증가하고 있어 인구수는 증가하고 있다. 다음은 2000년 이후 도쿄도 인구수를 나타낸 것이다.

〈그림 2〉 도쿄도 인구수 (단위: 백만 명)

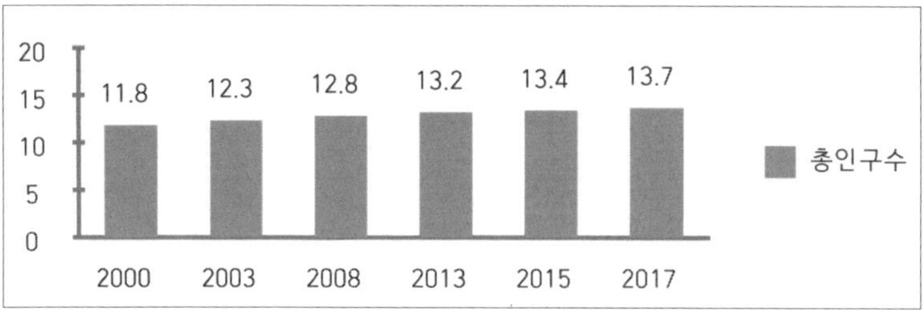

2017년도 도쿄도 인구변화를 보면, 총인구는 13,735,582명으로 전년대비 111,778명이 증가하였고, 남자는 6,767,195명, 여자는 6,968,387명이며, 세대수는 6,906,320세대이다. 지역별로는 구 9,460,426명, 시 4,191,566명, 군 57,801, 섬 25,789명 등으로 나타났다. 이처럼 도쿄도를 시작으로 일본 3대 대도시로의 인구집중이 일어나고 있고, 동시에 지방공공단체를 중심으로 과소화가 진행되고 있다.

한편 과소화가 진행되는 지역의 인구추이를 그림에서 보면, 동북지역전체 인구는 2005년 약 289만 명에서 2050년 114만 명으로 감소할 것으로 추정된다. 감소율은 61.0%로 전국평균인구감소률 25.5%를 크게 넘어서고 있다. 다음은 과소화되고 있는 동북지역 인구추이를 예상한 것이다.

〈그림 3〉 동북지역 인구추이 (단위: 만 명)

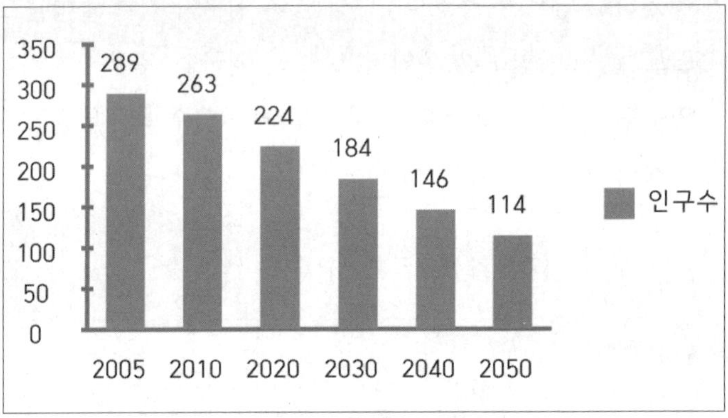

일본의 국민희망출생률과 실제출생률 차이를 보면 일본의 미래인구분포와 인구수를 예상할 수 있다. 국립사회보장 인구문제연구소 2010년 출생동향기본조사에 의하면, 18-34세 독신 남녀 90%가 "언젠가 결혼할 것"이라고 답했고, 결혼할 경우 희망 아이 수는 남성 2.0명, 여성 2.12명으로 나타났다. 부부예정 아이 수는 2.07로 나타났다. 젊은 세대의 국민희망출생률은 약 1.8명으로 나타났다.[6] 지방 살리기를 최고 목표로 하고 있는 지방창생의 중요한 전략 중에 하나는 소자고령

6) 국민희망출생률=(유배우자비율×부부예정아이수)+(독신자비율×독신자결혼희망비율×독신자희망아이수×이혼사망별영향)이다. 실제는 1.8=(34%×2.07명)+(66%×89%×2.12명)×0.938이다.

화를 해결하는 것이다. 출생률을 높이고 고령화비율을 낮춰 인구구조와 분포를 안정화시키고 총인구수를 1억으로 유지하여 인구병에 걸린 국가와 지방을 살리는 것이다.

2. 지방공공단체의 소멸

일본정부는 지방 만들기 및 지방 활성화 정책으로 지방창생을 강력하게 추진하고 있다. 일본은 2015년 9월 17일 '896'이라는 숫자에 대해서 주목하였다. 그것은 전 총무대신 마스다(増田寛也)를 좌장으로 하는 「일본창성회의」(日本創成会議)의 인구감소문제검토분과 위원회가 「2040년까지 소멸할 위험성이 있는 896시정촌」(2040年までに消滅する恐れがある896市町村)에서 발표한 숫자이기 때문이다. 통칭 「마스다레포트」(増田レポート)라 불리는 마스다보고서는 인구감소가 지방소멸을 초래한다는 가설에 기초한 분석결과를 내놓았다. 2010년 국세조사에 기초한 계산으로 2040년 시점에서 20-39세 가임여성인구가 반감하는 지방공공단체는 소멸할 가능성이 있다고 보았다.

20-39세 가임여성이 2040년에 2010년 대비 절반으로 줄어드는 도시는 소멸가능성이 높다고 분석했다. 여성이 감소하고 출생수가 감소해가면서 인구가 1만 명 이하로 줄어들면 지방공공단체 경영 자체가 성립되지 않는다고 판단했기 때문이다. 인구감소가 진행되고 있는 전국 1,800시정촌 가운데 약 반 정도가 해당되는 것으로 기초 자치단체 중 49.8%인 896개가 소멸되는 것을 의미한다. 일본에 충격을 주었던 「소멸할 위험이 있는 896시정촌」(消滅する恐れがある896市町村)에서 특히 추계인구가 1만 명 이하 되는 523기초 자치단체에 대해서 소멸지방공공단체로 명명하여 사회적으로 큰 불안감을 조장하였다.

가임여성급감은 인구감소로 이어지고 장기적으로 도시유지를 불가능하게 한다. 특히 아오모리(青森), 이와테(岩手), 아키타(秋田), 야마가카(山形), 시마네(島根) 등 5개현은 기초 자치단체의 80%가 소멸가능성 도시로 분류됐다. 아키타현은 25개 기초 자치단체 중 24개가 소멸 가능성 도시로 분류돼 아키타 자체가 사라질 수 있다는 우려도 나오고 있다. 그러나 실제로 소멸하는 기초자치단체는 인구감소와 함께 과소화가 진행되어 폐촌이나 폐집락이 된 상황이다.

2006년 농림수산성 조사에 의하면, 무주화위구집락(無住化危惧集落) 수는 전국에서 1,403집락으로 나타났다. 2006년 국토교통성에 의한 「과소지역에 집락상황에 대한 조사」(2006-2008년)에서는 과소지역이라고 할 수 있는 집락이 전국 775 시정촌에 소속한 62,273개소로 보고되고 있다. 고령자 65세 이상이 과반수를 차지하는 집락이 7,878(12.7%)개소, 유지 곤란한 집락이 2,917(4.7%)개소, 10년 이내 소멸가능성이 있는 집락이 423개소, 언젠가 소멸된 가능성이 있는 집락이 2,220개소 등 합쳐 2,643개소로 집계되었다.

인구과소화로 인하여 지방의 생활공동체가 무너지고 있다. 1970년대 인구가 7만 명에 달했던 홋카이도 유바리(夕張)시는 1990년대 관광객을 유치하겠다는 의도로 리조트 및 놀이시설을 과도하게 투자해서 시 부채가 급증해 2006년 파산했다. 파산 후 공공요금이 치솟자 젊은 이들이 도시를 떠나면서 인구가 1만 명으로 줄었다. 65세 이상 인구 비율이 45%를 넘고 어린이가 급감하여 20개 넘던 초등학교가 1개로 줄었다. 전문가 모임인 「일본창성회의」가 분석한 2014년 5월 8일 보고서를 보면, 유바리시 인구가 2040년에는 3,104명까지 감소하고 출산이 가능한 20-39세 가임여성이 653명에서 100명으로 줄어들어 도시가 소멸단계에 접어들 것이라고 예상했다.

일본은 각 지방이 안고 인구감소, 소자고령화, 기초 자치단체 소멸 등과 같은 과제를 포괄적이며 일괄적으로 해결하기 위해 지방창생이라는 슬로건 하에 일, 사람, 마을이 동시에 발전하고 공존하는 정책을 거국적으로 추진해왔다. 우선 가속화되고 있는 인구감소와 지방공공단체 소멸 가능성을 저지하고 새로운 계획과 특화로 발전하는 지방 만들기를 시도하고 있다. 지방으로부터 시작된 도쿄권이나 도시부로 확대되는 인구유입을 시정하기 위해 각 지역의 인구동향이나 장래인구추이, 산업실태, 생활환경, 삶의 환경 등을 파악하여 처방을 내리고 있는 것이다.

더불어 국가의 총합전략 차원에서 지방공공단체 스스로가 지방판 총합전략을 책정하고 실시하는데 필요한 정보, 인재, 재정 등을 지원하는 것이다. 지방의 자립성, 장래성, 지역성, 직접성 그리고 결과중시에 근거해서 시행한다는 원칙을 가지고 있다. 지방창생은 지방에 있어서 안정된 고용창출, 지방으로의 인구유입, 젊은 세대의 결혼과 출산장려, 양육환경정비 등 지방의 희망을 실현하고, 시대에 맞는 지역 만들기, 지역 간 연대 등을 추진하여 지역 활성화와 호순환 구조를 구축하는데 목적을 두고 있다.

Ⅲ. 지방창생총합계획

1. 지방창생주체

일본정부는 지방공공단체를 부흥시키고, 사람을 육성하며, 질 높은 일자리를 만들어내는 국가프로젝트로서 지방창생프로젝트를 전국적으로 실시하고 있다. 지방창생은 도쿄일극중심해소, 지역사회의 소멸방지, 지역취업기회 창출, 마을·사람·일이 호순화하는 구조를 구축하는데 목적을 두고 있다. 전체 계획은 중앙정부가 세우고, 지방공공단체가 계획에 따라 실천하는 구조를 갖고 있다. 2014년 9월 2일 아소 타로(麻生太郎) 부총리 겸 재무대신은 지금 단계에서 '이것이 지방창생이다'라고 정의하기는 어렵다고 하였다. 지방창생 이념은 마을·사람·일 창생(まち·ひと·しごと創生)을 핵심주제로 정부가 마을·사람·일 창생본부를 설치하고 마을·사람·일 창생법안을 제정하여 실천하고 있다.

아베 총리는 2014년 9월 3일 지방창생담당을 신설하고 대신으로 이시바 시게무(石破茂), 내각부대신 정무관 고이즈미 신지로(小泉進次郎), 대신보좌관 이토 다쓰야(伊藤達也) 등을 임명하고, 동일 「마을·사람·일 창생본부」(まち·ひと·しごと創生本部) 창설을 각의 결정하여 지방창생추진을 위한 제도적 정비를 하였다. 이어 후속조치로서 2014년 11월 21일 「마을·사람·일 창생법」(まち·ひと·しごと創生法)을 제정하였고, 「마을·사람·일 창생본부 사무국」을 발족시켰다. 지방창생은 제2차 아베 내각이 내세운 대표적인 정책이며 야심찬 지방 활성화프로젝트이다.

마을·사람·일 창생법은 지방창생총합계획을 추진하기 위한 조직과 사무내용을 제4장에서 자세하게 규정하고 있다. 다음은 마을·사람·일 창생법에 규정된 조직과 소관 사무를 소개한 것이다.

〈표 2〉 마을·사람·일 창생법의 특징

구 분	내 용
제4장	마을·사람·일 창생본부(설치)
제11조	마을·사람·일 창생총합전략추진을 위한 마을·사람·일 창생본부설치(소장사무)
제12조	본부는 사무로서 마을·사람·일 창생총합전략안 작성 및 실시추진에 관한 일, 마을·사람·일 창생총합전략에 대한 실시상황의 총합적 점검을 정기적으로 하는 것, 마을·사람·일창생에 관한 주요 기획 및 총합 조정에 관한 일 등을 담당한다.
제13조	본부는 마을·사람·일 창생본부장, 마을·사람·일 창생부본부장, 마을·사람·일 창생본부 부원으로 조직한다.
제14조	본부장은 마을·사람·일 창생본부장으로 하고 내각총리대신이 담당한다. 본부장은 본부사무를 총괄하고 부원을 지휘 감독한다.
제15조	본부에는 마을·사람·일 창생부본부장을 두고 국무대신으로 한다. 부본부장은 본부장의 직무를 돕는다.
제16조	본부에는 마을·사람·일 창생본부원을 둔다. 부원은 본부장 및 부본부장이외 모든 국무위원으로 한다.
제17조	본부는 소장사무를 수행하는데 필요하다고 판단되면 관계행정기관, 지방공공단체, 독립행정법인 등에 협조를 요구할 수 있다.
제18조	본부에 관한 사무는 내각관방장관이 처리하고, 관방장관 명을 받아 내각관방부장보가 담당한다.
제19조	본부에 관한 사항 중 내각법에서 말하는 주임대신은 내각총리대신으로 한다.
제20조	이 법률에 규정된 이외에 본부에 관해서 필요한 사항은 정령으로 정한다.

지방창생정책은 인구급감, 소자고령화 등으로 일본이 직면한 과제를 해결하기 위해서 각 지역이 각각 특징을 갖고 자율적이며 지속적으로 사회를 창생할 수 있도록 하고 있다. 내각부가 2014년 9월 3일 마을·사람·일 창생본부 설치를 각의 결정함으로써 중심적인 추진 주체가 되었다. 마을·사람·일 창생본부에는 본부장으로 내각총리대신,

부본부장으로 지방창생담당대신과 관방장관, 위원으로 각 분야의 대신이 있고, 창생본부사무국과 사무국장대행을 두고 있다. 그리고 창생회의는 의장으로 총리대신, 위원으로 대신 10명과 민간인 전문가 12명으로 구성하고 있다.

마을·사람·일 창생법에 근거해서 구성된 마을·사람·일 창생본부와 창생회의 조직을 보면 다음과 같다.

〈그림 4〉 마을·사람·일 창생본부조직

본부장 내각총리대신	부본부장 지방창생담당대신 관방장관	창생본부사무국 사무국장 = 관방부장관
	위원 이외 모든 국무대신	사무국장대행 : 총리대신 보좌관(지방창생담당) / 관방부장관보, 사무국장 대리 3명
창생회의 의장 총리대신	부의장 : 지방창생담담대 신, 관방장관	위원 : 국무대신 10명 민간인 12명

「마을·사람·일 창생본부」는 소자고령화, 저조한 출생률, 대도시로의 인구집중, 지방인구 유출 등으로 일본이 직면한 문제에 대해서 정부가 지역 활성화를 위해서 설립하였고, 지방창생을 주도적 추진하기 위해 설치한 기관이다. 목적은 일본국민이 장래에 희망과 꿈을 갖고 누구나 안심하면서 생활할 수 있는 지역 만들기를 추진하고, 매력 넘치는 지방을 창생하여 지방으로 사람 이동을 유도하는데 있다. 그리고 경제회복을 전국 각지에서 실감할 수 있도록 하는 것이다. 지방창생은 지역진흥 활성화를 지칭하지만, 지방창생 정의와 의미에 대해서 특정적으로 확정하지 않고 있다. 그리고 농업, 관광, 과학기술이노베

이션 등 다양한 시점에서 지방창생의 실천방안이 모색되고 있다.

「마을·사람·일 창생법」은 2014년 11월 21일 성립되어 11월 28일 공포 및 시행되었다. 제1조 목적에서는 "소자고령화의 진전에 정확하게 대응하고, 인구감소를 저지함과 동시에 도쿄권으로의 인구과밀집중을 시정하며, 각각 지방에서 살기 좋은 환경을 확보하고, 미래에도 활력 있는 일본사회를 유지하기 위해서 마을·사람·일 창생에 관한 시책을 종합적이며 계획적으로 시행 한다."라고 규정하고 있다. 마을 활성화는 국민 한 사람 한 사람이 꿈과 희망을 갖고 윤택한 생활을 안정시키면서 영위하는 문화사회를 형성하는데 목적이 있다. 사람 육성은 지역사회를 담당하는 개성 풍부하고 다양한 인재를 확보하는데 있고, 일자리창출은 지역에서 매력 있는 다양한 취업기회를 창출하는데 있다.

제2조 기본이념은 "국민이 개성 풍부한 지역사회에서 윤택한 생활을 영위하도록 각각 지역실정에 맞는 환경을 정비하고, 일상생활, 사회생활기반이 되는 서비스에 대해서 수요와 공급을 장기적으로 전망해 주민부담정도를 고려해서 사업자와 주민의 이해와 협력을 얻으면서 현재와 미래제공을 확보하며, 결혼과 출산은 개인결정에 기초한다는 것을 기본으로 해서, 결혼, 출산, 육아에 대해서 희망을 가질 수 있는 사회가 형성되도록 환경을 정비하며, 일과 생활의 조화를 꾀하도록 환경을 정비하며, 지역특성을 살린 창업촉진, 사업 활동의 활성화로 매력 있는 취업기회를 제공하고, 지역사정에 따라 지방공공단체의 상호연대협력으로 효율적이며 효과적인 행정운영을 확보하며, 국가와 지방공공단체, 사업자가 상호 연대하면서 협력하도록 노력한다." 등으로 규정하고 있다. 지방창생은 지방 활성화이며 지역주민이 행복하게 살 수 있는 삶의 환경을 만들어 문화사회를 구축하는데 목적이 있다.

2. 지방창생종합전략

지방 활성화를 추진하기 위해 내세운 지방창생종합전략은 마을·사람·일 등을 창생하여 서로 유기적인 연대를 통해 상승효과를 거둘 수 있도록 구성되었다.[7] 중앙정부가 계획하고 지원하며, 지방정부가 자주적이며 자율적으로 실천하고 추진한다는 원칙에 기초하고 있다. 우선 일과 사람을 창생 하는 호순화 구조를 만들고 그 구조가 마을 창생과 연결되도록 하는 과정으로 구성되어 있다. 전국 대부분의 지방공공단체는 중앙정부의 지방창생을 실천하기 위한 계획과 구체적인 정책을 각 지역에 맞게 다양하게 구상하고 있다.

중앙정부가 구상하고 있는 지방창생을 실천하기 위한 총합전략의 구도를 보면 다음의 그림과 같다. 지방창생목표, 일창생, 사람창생, 마을창생 등으로 지방이 실천해야 할 내용들이다.

〈그림 5〉 지방창생종합전략의 기본구도

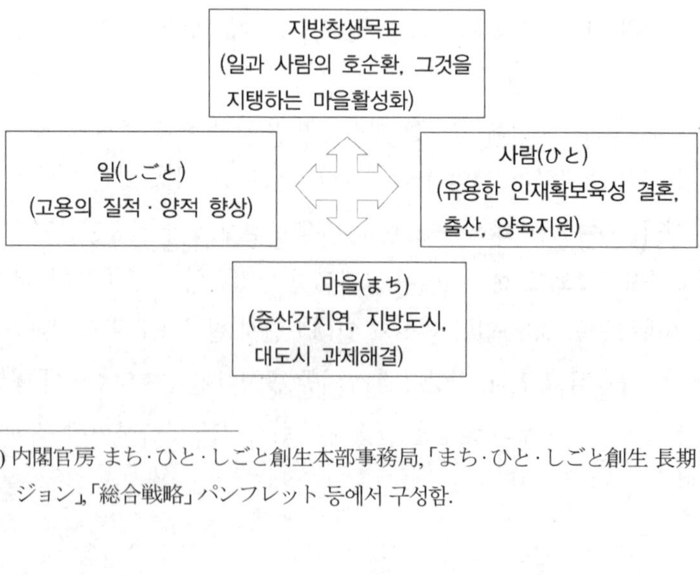

7) 内閣官房 まち·ひと·しごと創生本部事務局,「まち·ひと·しごと創生 長期ビジョン」,「総合戦略」パンフレット 등에서 구성함.

지방창생 실천을 위한 종합전략은 일과 사람의 호순환 구조를 구축하여 마을을 활성화하고 지탱하는 힘을 만들어 내는 것이다. 일에서는 양과 질 높은 일자리, 유용한 인재를 육성하는 시스템구축, 마을에서는 각 지방공공단체가 안고 있는 과제를 해결하는 것이다. 국가 종합전략에서 제시한 4가지 기본목표는 일을 창출하여 안심하고 일할 수 있도록 하는 것, 새로운 사람의 흐름을 원활하게 하는 것, 젊은 세대의 결혼 출산 양육의 희망을 실현하는 것, 시대에 맞는 지역을 만들어 편안한 생활을 유지함과 동시에 지역과 지역이 연대하는 것 등이다.

지방창생총합전략이 지향하는 기본방향은 인구감소 및 지역경제축소극복과 마을·사람·일창생과 호순환 확립, 정책기획시행방향은 종래정책검증, 창생정책5원칙, 국가와 지방체제의 PDCA사이클 적용 등으로 구성되었다.[8] 다음의 표는 지방창생총합전략 기본방향의 구체적인 내용을 소개한 것이다.

8) PDCA사이클(PDCA cycle: plan-do-check-act cycle)은 사업 활동에 있어서 생산관리, 품질관리 등 업무를 원활하게 진행하기 위한 평가방법 중의 하나다. Plan(계획), → Do(실행)→ Check(평가)→ Act(개선) 4단계를 반복하여 업무를 계속적으로 개선하는 방식이다. 제2차세계대전 후 품질관리를 위해 데밍(Deming)이 고안한 것으로 슈하트 사이클(Shewhart Cycle) 또는 데밍휠(Deming Wheel)이라고도 불린다. Plan(계획)은 종래 실적을 참고해 장래예측을 해서 업무계획을 작성하고, Do(실행)는 계획에 따라 업무를 수행하는 것이다. Check(평가)는 업무실시가 계획대로 진행되었는지를 평가하고, Act(개선)는 실시가 계획에 따라 잘 수행했는지를 조사해서 개선하는 것이다. 데밍은 연구필요성을 강조해서 check 대신에 study를 대체하여 PDSA라고 불렀다.

〈표 3〉 지방창생종합전략의 기본방향

구분	기본방향	구체적 내용
기본 방향	인구감소 및 지역경제 축소극복	- 지방은 인구감소가 지역경제축소유발, 지역경제축소는 인구 감소촉진 - 도쿄일극집중배제, 젊은 세대 취업, 결혼, 육아 등 희망실현, 지역특성에 맞도록 지역과제해결
정책 기획 실행 방향	마을 사람 일창생과 호순환확립	- 일이 사람을 부르고, 사람이 일을 부르는 호순환 구조 확립, 호순환에 의해 지역 활력 재생 가능 - 일창생 : 젊은 세대가 안심하고 일할 수 있고 그에 상응하는 임금, 안정된 고용, 보람 있는 일 등 고용의 질을 중시 - 사람창생 : 지방에 새로운 사람흐름을 만들기 위해 지방에서 젊은이들의 취업을 촉진하고 지방에 거주하도록 정착촉진, 안심하고 결혼, 출산, 육아 등이 가능하도록 지속적인 지원중시 - 마을창생 : 지방에서 안심하며 생활이 가능하도록 중산간지역, 지방도시, 대도시권 등 각 지역특성에 맞게 과제해결
	종래정책 검증	기존정책이 지방인구 유출과 소자화 저지에 한계를 보인 원인은 부성청 및 각 제도의 위계분할구조, 지역특성을 고려하지 못한 전국 일률적 수법, 효과검증을 하지 못한 바라마키정책(선심정책), 지역에 정착하지 못한 표면적 시책, 단기적 효과를 요구하는 시책 등으로 이를 개선
	창생정책 5원칙	- 자립성 : 구조적인 문제에 적극적으로 대응하도록 지방공공단체, 민간사업자, 개인 등의 자립 확립 - 장래성 : 지방이 자주적이며 주체적으로 꿈을 갖고 전진하도록 지원 - 지역성 : 각 지역실태에 맞는 시책에 대한 지원 - 직접성 : 최고 성과를 내도록 직접적으로 지원하는 시책을 집중적으로 실시 - 결과중시 : PDCA사이클 하에 구제적인 수치목표를 설정하고 효과검증과 개선 실시
	국가 및 지방체제와 PDCA 사이클	- 5개년 전략 책정 : 국가와 지방공공단체 5개년계획을 세워 결과물지표에 기초한 중요업적평가 및 검증 후 개선 - 데이터에 기초한 각 지역 특성과 과제 도출 : 국가는 데이터에 기초한 지역경제 분석시스템을 정비하고, 지방은 데이터를 분석하여 지역과제를 포함하는 지역판 총합전략책정

		- 국가산출물의 지원체제와 시책의 메뉴얼 화: 국가는 각 지역에 필요한 지원시책의 메뉴얼화 및 인적 지원 실시 - 지역 간 연대 촉진: 국가는 연대중추지역권이나 정주자주권 형성을 지도하고, 각 지방공공단체는 지역 간 광역연대를 적극적으로 추진

지방창생총합전략의 기본방향에서는 지역경제를 활성화하여 지역생활을 안정적으로 유지하고 인구감소를 극복하는 것, 질 높은 일자리를 만들고 전문 인재를 육성하는 호순환 구조를 만들어 새로운 마을을 창생하는 것, 관련기관간의 네트워크 구축과 장기적인 차원에서 계획을 추진하는 것 등이 중시되고 있다. 중앙의 선심정책을 배제하기 위해서 기본이 되고 있는 창생정책5원칙으로는 자립성, 장래성, 지역성, 직접성, 결과중시 등이 있다. 또한 실시하거나 시도하려는 의도를 중시하기보다는 계획부터 결과까지 점검하면서 추진할 수 있도록 PDCA사이클을 철저하게 적용하여 계획, 실천, 결과를 극대화하는 방향에서 추진하도록 유도하고 있다.

3. 마을·사람·일 창생의 목표

마을·사람·일 창생의 목표는 지역경제 활성화를 기획하고 실시하여 경제체제를 정비하며, 업종 간 지역산업경쟁력과 분야별 지역산업경쟁력을 향상시키고, 지방으로의 인구유입촉진과 지방인재를 육성하며, ICT를 통해 지역전체를 활성화하는데 있다. 지방거주환경을 개선하기 위해서 지방이주추진, 기업지역거점 강화, 지방채용취업확대, 지방대학 활성화, 청년층 경제적 안정, 임신출산육아 지속적인 지원, 지방인재 육성지원 충실, 일과 생활의 조화 등을 목표로 하고 있다. 다음은 마을·사람·일 창생목표를 소개한 것이다.

〈표 4〉 마을·사람·일 창생의 목표

구 분	기본정책	목표와 내용
지방 일자리 만들기와 안심하고 일하기	지역경제고용전략의 기획실시 및 체제정비	지역특성과 과제축출, 지역경제 분석시스템 개발, 지역관산학연대로 종합전략추진조직정비, 지역을 지탱하는 서비스산업체 존재방식 검토와 제도정비
	업종 횡단적 지역산업 경쟁력강화	대일직접투자잔고배증(18조엔-35조엔), 2020년 고용 11만 명 창출, 포괄적 창업지원, 지역담당중핵기업지원, 신사업신산업과 고용창출지역 이노베이션추진, 외국기업지방으로의 대내직접투자촉진, 산업금융일체종합지원 체제 정비, 사업승인원활, 경영개선지원
	분야별 지역산업경쟁력 강화	서비스산업노동생산성신장률3배로 확대(0.8-2.0%), 2020년까지 고용 약 19만 명 창출, 서비스산업 활성화 및 부가가치향상, 농림수산업 성장산업화, 관광지역 만들기, 지방판 쿨재팬(クルジャパン)추진, 지역역사, 거리, 문화예술스포츠에 의한 지역활성화, 분산 형 에너지 추진
	지방으로의 인재환류, 지방에서 인재육성, 고용대책	2020년까지 도쿄권에서 지방권으로 10만 명 인재환류, 젊은 인재환류 및 육성정착지원, 프로페셔널 인재 지방 환류, 지역여성 활약 추진, 신규농업취업자에 대한 종합지원, 대학고등전문학교 및 전수학교에 지역니즈에 대응할 수 있는 인재육성지원, 젊은이, 고령자, 장애자 등이 활약하는 사회실현
	ICT활용에 의한 지역 활성화	고용 형 재택 원격근무(テレワーカ)를 전 노동자수의 10% 이상 추진, ICT이용에 의한 지역 활성화, 이상 기상변동에 관한 데이터 활용 촉진
지방으로의 새로운 사람 유입 촉진	지방이주추진	연간이주 알선 수 11,000건, 시범거주추진시정촌의 수 배증, 지방이주 희망자 지원체제정비, 지방거주 본격 추진, 일본판 CCRC검토, 지역 일으키기(おこし)협력단과 지방에서 일하는 부대 종합확충
	기업지역거점강화, 지방채용취업 확대	기업의 지방거점화건수 2020년 7,500건 증대, 지방거점에 의한 고용자수 4만 명 증가, 사업의 지방거점강화, 정부관계기관의 지방이전, 원격근무(サテライトオフィス, テレワーク)촉진

청년세대결혼, 출산, 육아희망실현	지방대학활성화	자기현(自県)소재 대학진학자진학률평균36%, 신규졸업자 현 내 취직비율 80%, 지식거점으로 지방대학강화플랜, 지방학생정착촉진플랜, 지역인재육성플랜
	청년층의 경제적 안정	청년(20-34세)취업률 78% 향상, 젊은 세대 정규고용노동자비율 모든 세대와 동일수준으로 향상, 젊은이 고용대책추진, 정규사원실현 가속프로젝트 추진, 소자화사회대책대강과 연대한 결혼임신육아 각 단계에 대응하는 종합 소자화대책추진
	임신출산육아 지속적인 지원	지원니즈가 높은 임산부에 대한 지원 실시 비율 100%, 육아세대포괄지원센터정비, 주산기(周産期)의료 확보
	어린이육아지원충실	2017년까지 대기아동 해소, 방과 후 아동클럽과 방과 후 어린이교실에 대한 소학교구(2만개소)로 일체화 및 연대실시, 어린이육아지원충실
	일과 생활의 조화	일, 생활균형추진, 제1자 산출 직후 여성 계속취업률 55% 향상, 남성육아휴직취득률 13% 향상, 장시간노동개선, 전근실태조사

마을·사람·일 창생 정책목표에는 지역 관산학 연대와 지역사업의 존재방식재검토, 포괄적 창업지원과 이노베이션추진, 내외기업유치와 지원체제구축, 노동생산성 3배 증대, 쿨재팬(クルジャパン)추진, 예술관광 활성화, 젊은 인재 재 환류 추진, 지역여성인재육성 및 활성화, 장애자 및 고령자가 활약하는 사회, 지역고등교육기관을 통한 지역인재육성 및 유출방지 등이 포함되어 있다. 그리고 지역특성에 맞는 산업이나 기업의 지역거점화를 구축하고, 원격근무(텔레워크, 새터라이트오피스)도입, 지방출신자를 지방대학으로 유치하여 지역인재로 육성하는 지방대학강화프로그램가동, 모든 고용자의 정규화로 고용안정 추진, 임신출산육아 등에 필요한 니즈를 충족하여 새로운 지역으로 탄생시키는 내용이 포함되어 있다.

일과 사람의 호순환을 지탱하도록 자치를 활성화하여 마을·사람·일 등이 호순화하는 구조를 만들고 정착시키는 것이다. 마을활성화는 일과 사람을 지탱하는 중요한 요소이다. 마을활성화는 중산간지역에서도 작은 거점을 구축하고, 지방도시의 경제 생활권을 만들며, 대도시권, 중산지역, 중소도시, 시정촌 등의 연대를 통해 새로운 생활네트워크를 구축하는 내용을 포함하고 있다. 다음은 일과 사람의 호순환을 지탱하는 마을활성화 내용을 소개한 것이다.

〈표 5〉 일과 사람의 호순환을 지탱하는 마을활성화

구 분	기본정책내용
중산간지역 작은거점 형성	작은 거점형성(다세대교류, 다기능성, 구체적 수치 지방판 총합전략기초설정), 공립소중학교의 적정규모화, 소규모 학교 활성화, 휴교한 학교 재개지원
지방도시경제생활권 형성	입지적 정화계획을 작성하는 시정촌수 150, 지역공공교통망 형성 계획 책정 수100건, 도시 콤팩트화와 주변 교통 네트워크 형성, 지방도시거점과 중심시가지활성화를 강력하게 지원하는 패키지정책추진
대도시권의 안정적생활 확보	UR단지 복지거점화(대도시권 1,000호 이상 UR단지 약 200단지 중 100단지정도거점형성), 고령자시설, 장애자시설, 육아지원시설 등이 설치된 100호 이상 규모 공적임대주택 단지비율 25%, 대도시권에 의료개호문제대응, 대도시근교의 공적임대주택단지 재생과 복지거점화
인구감소에 기초한 기존스톡관리	민간제안을 활용 PPP사업규모를 2022년 2조엔 확대, 주택 중고시장유통, 리폼시장규모 20조엔, 공공시설과 공적 부동산 활용에 대한 민간 활력 활용, 빈집대책추진, 인프라 전략적 유지관리 및 갱신추진
지역연대에 의한 경제생활권 형성	정주 자립권 협정체결 권역 수 140, 연대중추도시권형성, 정부 자립권 형성 추진
주민이 지역방재담당자가 되는 환경확보	소방단 단원 수 증대, 전 도도부현의 L아라토(アラート)도입, 소방단 충실강화, ICT이활용에 의한 주민주체의 지역방재충실
고향 만들기 추진	고향 만들기 추진 조직 수 1만 단체, 고향에 대한 자부심을 높이는 시책추진

일과 사람의 호순환을 지탱하는 마을활성화는 다기능성과 다세대 교류가 가능한 중소 간 거점을 만들어 대응하고, 지역학교의 재개와 활성화, 지역교통망과 도시콤팩트, 중심시가지활성화를 통해 연결할 수 있는 교통패키지구축, 수요자에게 맞는 주택단지개발, 의료개호문제대응 등을 통한 복지거점화, 민간제언수용과 빈집활용을 통한 주택활성화 등으로 구성되어 있다. 또한 지방에 살 수 있는 정주 자립권을 추진하고 사회 인프라를 개선 및 구축하며, 고향 만들기 인력을 확보하는 것이다.

마을·사람·일 창생을 통한 지역 활성화를 위해서 국가에 의한 종합지원 정책이 강력하게 추진되고 있다. 그것은 국가전략특구제도를 활용하고, 사회보장제도를 충실하게 운영하며, 세제를 통한 혜택을 부여하여 활성화하고, 지방재정 자립도를 높이는 동시에 적재적기에 지원하며, 지역이 스스로 살아갈 수 있는 완전한 자립 도시로 성장하기 위해 지방분권을 추진하는 것이다. 다음은 국가의 종합지원 정책을 소개한 것이다.

〈표 6〉 국가의 종합지원 정책

구 분	지원정책내용
국가전략특구 제도와 연대	국가전략특구법안개정법안 제출, 지방창생특구 지정
사회보장제도	어린이 육아지원 신제도의 원활한 시행, 의료보험제도 개혁, 지역의료구성 책정, 지역포괄케어시스템구축
세 제	지역 간 세원편재 시정, 지방 법인과세개혁 추진, 고향세납세 충실, 지역창생의 자원이 되는 국가전략특구특례 지정, 지방기업거점강화촉진, 외국인여행자소비세면제 제도 확충, 자손의 결혼임신출산육아지원
지방재정	지방공공단체가 자주성과 주체성을 최대한 발휘할 수 있도록 지방재정지원

기타 재정적 지원 구조(신형교부금)	지방공공단체가 적절한 효과검증체제를 시행할 수 있도록, 그리고 자주성과 주체성을 최대한 발휘할 수 있도록 재정지원
지방분권	창의생각으로 매력 넘치는 지역 만들기 및 지방분권개혁추진
규제개혁	빈 공간 재생 및 이용, 지방도로 공간 유효활용촉진, 지방판 규제개혁회의 설치

국가에 의한 지방공공단체에 대한 종합지원 정책은 지역을 특화시키는 방안으로 지역특구를 지정하여 지원하고, 지역에서 모든 사회보장이 이루어지는 지역포괄케어를 구축하는 것이다. 그리고 지역법인세개혁, 고향세 제도 신설, 외국인여행자소비세면제를 통한 지방관광 활성화와 외국인 유치, 지방재정의 원활한 확보체제구축, 지방창생을 지방이 스스로 추진하여 좋은 결과를 얻을 수 있도록 재정지원, 지방발전에 걸림돌이 되는 각종 지방규제 개혁 등과 같은 구체적인 실천 내용을 포함하고 있다.

Ⅳ. 지방창생과 지역성장

1. 문화사회상

지역은 독자적으로 창조하고 계승해온 역사와 문화를 갖고 다양한 사회를 만들어 왔지만 지역발전을 저해하는 다양한 요인들이 발생하여 독립적으로 성장하는데 많은 어려움을 겪고 있다. 그럼에도 불구하고 지금까지 지역은 동일한 목표를 세워 동일한 경로와 정책을 추진할 결과 닮아가는 사회를 만들어 지역 유출과 지역 붕괴를 초래하는 결과를 가져왔다. 지역역량의 약화로 경제적이며 사회적인 기반뿐 아니라 문화기반을 잃어 지속가능한 발전이 불가능한 상태가 되고 있다.

따라서 앞으로 지역은 동일한 유형의 발전이나 사회를 구성하는 것이 아니라 각자 지역이 특징을 갖고 발전하며 독창적인 사회를 구축하여 지속성을 유지하는 것이 중요하다. 그리고 지역에 질 높고 양적으로 풍부한 총합적 삶 환경을 구축하여 새로운 문화사회를 구축할 필요가 있다. 지방창생은 인구확대와 같은 정책에 한정할 것이 아니라 지방의 독창성, 자주성, 독립성 등을 살려 총합적 삶 환경을 창출하는 정책으로 확대할 필요가 있다. 그것이 바로 새로운 미래사회인 문화사회창출을 의미한다. 다음은 앞으로 구축할 문화사회상의 특징을 소개한 것이다.

〈표 7〉 문화사회상

구 분	문화사회의 내용
다양한 특징을 가진 지역사회	- 지방창생목표는 지역에 사는 사람이 스스로 지역미래에 희망을 갖고 풍부함으로 윤택한 생활을 할 수 있는 지역사회 형성 - 지역스스로 장래성장과 발전의 종자가 되는 지역자원을 발굴하고 활용 - 지역에 있는 것을 찾아 개발하고 없는 것은 만들어 가는 창조적 개발 - 지역의 자주성 및 자립성을 위한 분권사회 확립과 특징 있는 사회구축
외부와협력 관계를 통한 새로운 사회 구축	- 도시부와 지역간의 연대 및 협력추진 - 지역 그랜드 문화 환경 구축 즉 장시간통근해소, 직장과 주거지가 인접한 곳에서 육아나 가정환경구축, 지역사람과의 관계네트워크 구축, 풍요로움과 여유로운 생활양식향유, 가정생활과 지역생활중시, 도시에서 지역으로의 인구유입추구, 외부인재 및 기업유입, 지역밀착기업의 활성화, 새로운 산업개발 및 유치, 종합경제환경정비 - 지역자원을 활용한 지역경제 활성화, 지역 내 해외시장 구축, 성장형 신흥국과 적극적 협력체제 구축, 일본식문화보급, 농산물이나 식품 수출촉진, 글로벌 식문화 시장 추진, 일본매력과 지역매력을 활용한 관광분야활성화, 지역잠재력을 도출하여 외부에 공개 및 홍보

선행적 지역 개혁	- 지역발전모델구축 - 지방공공단체의 장기비전이나 인구유치를 위한 마을·일·사람 창생총합전략 책정, 도도부현 마을·사람·일창생 총합전략책정, 시정촌 마을·사람·일창생총합전략 책정 - 지역에서 일자리를 창출하여 사람을 모으고, 사람과 일을 촉진시키는 호순환 구조를 확립하여 마을 활성화하고, 사람이 안심하며 일하고 희망을 갖고 결혼과 육아가 가능한 지역 삶터전화 - 지역인구감소저지, 인구유출과 출생률개선으로 인구구조 개선, 전국평균 출생률 2040년 2.07목표실현, 지역이 선행해서 ICT활용을 통해 젊은 인구를 확보하여 지역인재로 육성, 풍부한 지역자원을 이용 새로운 이노베이션추구, 지역창생을 통한 지역개혁
도시의 국제 도시화	- 지역과 대도시가 동시에 발전하고 성장하는 새로운 협력네트워크 구축 - 지역과 도쿄권은 대립관계가 아니라 협력관계이며 동일한 방향으로 발전하는 것이 아니라 각자 특징을 살려 새로운 지역과 대도시로 발전하여 공존할 수 있도록 도시발전모델을 구축하여 실천할 필요 있음 - 예를 들면, 도쿄권의 인구집중과 과밀화는 도시 간 먹이사슬에 의해 형성된 문제이며 지역과 대도시간의 협력부재가 발생원인. 따라서 도쿄권은 지역붕괴에 의한 성장을 할 것이 아니라 다른 국제도시와 경쟁할 수 있는 국제도시화가 필요 - 한편 지역과 도쿄권이 파이를 갖고 서로 싸우는 제로섬게임에서 지역과 도쿄권이 각각 발전하여 일본전체를 끌어가는 플라스섬게임으로 전환 - 지방창생으로 구축되는 문화사회는 삶의 환경이 풍부한 지역도시화와 국제도시화를 의미함

지방창생이 구상하고 있는 문화사회는 대도시권이나 지역도시권이 자기 지역만이 갖고 있는 다양한 문화재원이나 특징에 기초해서 지역사회를 형성하는 특화된 도시이다. 타 지역과 외국지역과의 적극적인 연대와 관계를 맺어 새로운 시점에서 지역 활성화를 모색하는 국제화된 도시이기도 하다. 그것은 지방창생을 통해 지역이 스스로 선행해서 개혁을 추진함으로써 달성되는 것이다. 특히 지역몰락은 대도시권의 악영향 때문이라는 인식에서 벗어나 지역에 의존하는 대도시가 아니

라 그리고 대도시에 영향을 받는 지역이 아니라 스스로 자립하는 대도시와 지역으로 성장하는 것을 전제로 하고 있다. 지방창생은 각 도시가 스스로 성장하여 총합적 문화 환경을 구축하고, 세계에 개방되어 국제도시로 발전하는 문화도시를 완성하는데 목적이 있다고 할 수 있다.

2. 지방창생실천현황

지방창생이 2014년 계획되고 법제화되어 실천되고 있다. 중앙정부가 주도적으로 추진한 지방창생은 선심적인 정책에서 실효적인 정책으로 전환되고 있다. PDCA사이클을 중시하고, 막연한 목표가 아니라 수치를 통한 목표를 제시해서 실천하도록 요구하고 있다. 명분과 시도보다는 결과를 중시하는 방향으로 정책이 추진되기 때문이다. 다음의 표는 일본정부가 무너져가고 있는 지방을 살리는 방안으로 국운을 걸고 추진하고 있는 지방창생의 계획과 성과를 소개한 것이다.

〈표 8〉 지방창생의 계획과 성과

계 획	성 과
지방젊은이 고용 수 확대	지방에서의 안정된 고용창출 : 2020년까지 5년간 지방에 30만 명의 젊은이를 위한 고용창출, 2015년 시점에는 5.9만 명 실현
	젊은 세대의 정규직노동자(스스로 희망한 비정규직노동자포함)의 점유율을 다른 연령대와 동일한 수준(2014년 15-34세 92.7%, 모든 연령대 93.7%)으로 향상
지방에서 도쿄권으로 인구유입제한	2020년까지 도쿄권에서 지방으로의 전출 4만 명 증대, 지방에서 도쿄권으로의 전입을 6만 명 감소, 도쿄권에서 지방으로 전출입균형유지
	- 6만 명 감소(2014년 1,723명 증가), 도쿄권에서 지방으로 유입 4만 명 증가(2014년 11,152명) - 도쿄권으로의 인구이동 제한 실현

인구활성화	- 안심하고 결혼이나 출산, 육아가 가능한 사회실현(2013년 그렇게 생각하는 비율이 19.4%에서 40% 이상 증가) - 제1자 출산 전후 여성의 계속취업률 55%(2010년 30%) 실현 - 결혼희망실적지표 80%(2010년 68%) 실현 - 부부의 예정어린이수(평균 2.12명)의 실천율 95%(2010년 93%) 달성
지역인프라 구축	- 편리성이 높은 지역에 거주하는 인구비율 시정: 3대도시권 90.8%(2014년 90.5%) - 지방중핵도시권 81.7%(78.7% 실현), 지방도시권 41.6%(38.6% 실현) - 지역공공교통망형성계획 책정총수 100건(2015년 60건) 실현
장기비전 실현	- 출생률 1.8로 증가, 도쿄일극중심을 시정하여 2050년 실질 GDP를 1.5-2% 지속적 유지, 2060년에는 1억 명 전후 인구 확보

일본정부는 21세기 일본사활뿐 아니라 지방사활을 내걸고 지방창생을 국가전략으로 세워 추진하여 일정한 분야에서 목표를 달성하고 있다. 최대 목표는 지방젊은이 고용 수 확대, 지방에서 도쿄권으로 인구유입제한, 인구활성화, 지역인프라 구축, 장기비전실현 등의 계획을 착실하고 실효성 있게 추진하는 것이다. 그 중에서도 장기비전으로서 출생률 1.8% 증가, 도쿄일극중심을 시정하여 2050년 실질 GDP를 1.5-2% 지속적 유지, 2060년 1억 명 전후 인구 확보 등을 실현하기 위해 총력전을 펴고 있다.

국가의 지방창생 정책 가운데 중요한 것은 재정지원 사업이다. 2014년 보정예산으로 지방창생선행형교부금, 생활지원교부금 등을 각각 1,700억 엔과 2,500억 엔을 배분하였다. 전자는 관광 진흥이나 산업진흥, 인재육성 및 확보 등의 사업에, 후자는 프리미엄 부가상품권이나 고향명물상품 여행권, 세대지원정책 등에 사용하였다. 그리고 2015년 12월 24일 국가의 종합전략 개정이 각의 결정되었다. 지역전체의 관광전략을 지역호텔과 같은 숙박시설이나 음식점과 연대해서 일괄적으로 움직이는 일본판DMO를 정비하는 계획이 포함되었다. 2016년 1월 20일 지방창생과 관련해서 1,000억 엔의 지방창생가속화 교부금 등 합계 3,189억 엔이 포함된 보정예산이 성립되었다.

일본판DMO는 지역의 돈버는 힘을 끌어 올려 지역에 대한 자부심과 애착을 양성하는 관광지경영의 관점에서 관광지역만들기이다. 그것을 위해 다양한 관계자간의 협력, 명확한 컨셉을 가진 관광지역정책과 전략을 개발하기 위해 조정기능을 하는 기관을 의미한다. 일본판DMO의 기능과 역할은 관광지역만들기를 위해 다양한 관련자간의 합의형성, 각종 데이터를 수집하고 분석해서 명확한 컨셉에 기초한 전략책정, KPI설정, PDCA사이클 확립, 관광관련사업과 전략의 정합성에 관한 조정과 촉진 등을 담당하는 법인이다. 일본판 DMO의 역할을 그림으로 보면 다음과 같다.[9]

〈그림 6〉 일본판DMO의 역할

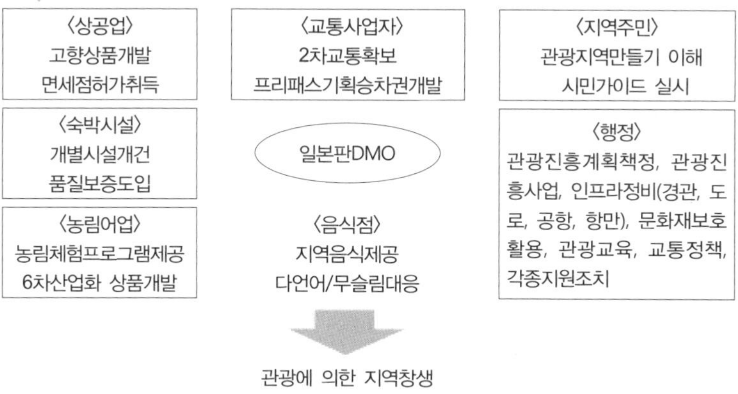

일본판DMO는 지역이 일체화하여 매력 있는 관광지역을 만들고,

9) 観光庁 観光地域振興部 DMO支援室 자료 참조.

다양한 전략에 기초해서 일원적인 관광정보를 발신하여 관광객을 지역에 오도록 유도하는 관광산업 활성화와 지역활성화를 동시에 추구하는 지방창생전략을 추진한다.

아베정부는 지방창생에 정권의 사활과 일본미래를 걸고 있다. 지방창생의 목표를 수치를 통해서 제시하고 그것의 출발과 결과를 꼼꼼하게 점검하여 지역생사를 결정하는 방향으로 가닥을 잡았다. 그것을 구체화하기 위해서 정부는 목표실현을 위한 지원정책을 다음과 같이 제시하고 있다.

〈표 9〉 지방창생의 지원정책

구분		내 용
정책	신형 교부금	- 각 지방자치단체의 지방판총합전략추진을 위한 교부금, 지역자립성이나 관민운동을 요건으로 한 선구성이 있는 사업에 지원, 예를 들면, 인구유입이면 일정기간 유입 수나 증가율과 같은 지방자치단체가 책정한 구체적인 수치목표를 국가가 정사해서 교부금이나 대상사업으로 결정 - 촉진상황을 국가나 지역주민과 함께 매년 검증해서 경우에 따라 수정을 요구하거나 교부를 변경하며, 구체적인 수치목표를 세워 진보상황을 계측하는 KPI(중요실적평가지표)의 설정이나 PDCA 사이클을 확립하고, 개개 사업에서 민간자금을 유치하고, 장래에는 교부금에 의지하지 않고 자립하는 사업구축을 촉진함
	국가 종합 전략 내용	- 4차 산업: 10조엔(2013년 4.7조 엔) - 농림수산물 수출액: 1조엔(2014년 6,117억 엔) - 방일외국여행소비액: 4조엔(2014년 2.0조 엔) - 지역중핵기업, 중핵사업후보지원: 1,000사, 고용수 8만명창출(2014년 0.1만 명) - 연간 지방이주알선건수: 11,000건(2014년 4,000건) - 기업 지방거점기능강화건수: 7,500건 증가(2015년 808건), 지방고용자수를 4만명 증가(2015년 6,600명) - 출신지방대학에 진학하는 비율 평균 36%(2015년 32.3%) - 젊은이 취업률78%(2014년 76.1%)

		- 지원 니즈가 높은 임산부 지원 100% - 남성 육아휴업취득률 13%(2014년 2.30%) - 주민활동조직 3,000단체(2014년 1,656단체) - 연계중추도시권 형성 수 30권역(2015년 4권역) - 중고리폼시장규모 20조엔(2013년 11조 엔)
특구	목적	지역사회활성화를 위해 국가가 규제를 완화하는 특례를 특정지역에 적용하는 제도
	국가 전략 특구	- 산업의 국제경쟁력을 강화하고 국제적인 경제활동거점형성을 위해, 경제사회개혁이나 규제개혁 정책을 추진하는 특구지정, 종합특구나 구조개혁특구는 지방자치단체의 신청을 국가가 인정하여 특구를 지정하지만 국가전략특구는 민간이나 지방자치단체와 국가가 하나 되어 필요한 사업을 추진하기 위해 국가가 주도해서 특구지정 - 국가전략특구제도를 이용해서 지방창생을 목적으로 한 지방창생특구가 있고, 예로서 원격의료, 원격교육, 자동비행, 자동주행 등의 신기술을 실증하는 영역을 확보하고 새로운 상품이나 서비스에 관한 이노베이션 환기를 컨셉으로 하는 근 미래기술 실증 특구가 있음
	종합 특구	- 일본의 경제사회활성화로 지속적인 발전을 위해, 산업구조나 국제적인 경쟁조건변화, 소자고령화진전 등의 경제사회정세변화에 대응해서 산업국제경쟁력강화, 지역활성화에 관한 시책을 추진하는 특구, 산업국제경쟁력강화를 목적으로 한 국제전략 종합특구와 지역 활성화가 목적인 지역 활성화 종합특구 등이 있음
	구조 개혁 특구	- 관민사업이나 경제활동이 규제에 의해 방해되지 않도록 특구를 설정해서 구조개혁을 추진함으로써 지역특성을 활용한 지역 활성화 실현을 목적으로 창설된 특구, 2015년 법 개정으로 특구가 추가됨 - 통상 국가자격이 필요한 통역안내 업무를 지방자치단체의 연수수료로 취득하게 함 - 지방도로 공사의 유료도로시설소유와 운영권을 민간에게 매각 가능하도록 함

지방창생의 장기비전은 정책으로서 지방창생을 위한 교부금지급과 국가에 의한 종합전략으로 구성되었다. 특구로는 국가전략특구, 종합특구, 구조개혁특구 등으로 구성되어 국가가 전략적으로 특구를 특

화시키는 것을 함의하고 있다. 이것은 중앙정부의 권한을 지방자치단체로 이전하는 한편 지방자치단체의 권능과 자율성을 확보하여 지방 활성화를 도모하는데 목적이 있다.

내각관방산하에 있는 마을·사람·일 창생본부에서는 2018년도 지방창생관련 예산을 책정하여 실천할 예정이다. 지원 항목으로는 지방창생추진교부금, 지방대학 및 지역산업창생사업, 종합전략을 포함한 개별시책, 마을·사람·일 창생 사업비, 사회보장충실 등이며 총 2조 7,944억 엔을 투여할 예정이다. 다음은 2018년도 지방창생관련사업 예산이다.

〈표 10〉 2018년 지방창생관련예산(단위: 억 엔)

구 분	사업내용	예 산
지방창생추진교부금	지방자치단체의 자주적이며 주체적인 선도 사업 지원 예) 지역이노베이션, 지역브랜딩(일본판DMO), 상점가활성화, 생애활동마을, 일 방법개혁, 소거점화작업	1,000
지방대학 및 지역산업창생사업	지역산업진흥, 전문 인재육성, 컨소시엄(지방공공단체, 지방대학, 산업계)	100
종합전략을 포함한 개별시책	지역일자리 만들어 안심하고 일하기	2,041
	지역으로의 인구 유도정책	611
	젊은 세대 결혼, 출산, 육아 지원	1,874
	지역 만들기, 안심생활, 지역과 지역연대	2,247
	소 계	6,777
마을·사람·일 창생사업비	지방자치단체가 자주적이며 주체적으로 지방창생에 대해 도전할 수 있도록 지역재정지원, 마을·사람·일 창생사업비	1조
사회보장충실	어린이, 육아지원제도 추진, 의료, 개호서비스 체제개혁촉진	1조67

출처: 内閣官房 まちひとしごと創生本部事務局, 平成29年12月, 『平成30年度予算政府案におけるまちひとしごと創生関連事業』, 内閣官房 まちひとしごと創生本部事務局.

2018년 지방창생관련예산은 지방선도 사업 지원, 지역이노베이션과 브랜딩 등에 1,000억 엔, 지역산업진흥과 전문 인재 육성 및 관산학 컨소시엄 등에 100억 엔, 안심노동, 인구유도, 결혼출산육아, 지역 만들기, 지역일자리 만들기 등에 6,777억 엔, 지방창생의 핵심인 마을·사람·일 창생 사업비 1조엔, 어린이육아, 의료개호 등에 1조 67억 엔 등을 지원하도록 책정하였다. 지방창생을 통한 지역 활성화를 위해서는 우선 각종 사업을 추진할 수 있는 재정지원계획, 각 사업이 지역에 맞게 책정되어 실현이 가능하도록 세운 지역특화계획, 국가보다는 지방공공단체, 지역인재, 지역주민 등의 연대에 의한 지역주체 등이 확립되어 추진되어야 할 것이다.

3. 지방특구정책

지방창생정책 가운데 지역 활성화의 핵심이 되고 있는 것이 특구지정정책이다. 특구지정을 통해 지역을 특화시켜 자생력을 높이는 동시에 지속가능한 지역을 만드는 것이다. 지역특구에서는 창업 및 개업 고용특례, 의료, 농림수산업, 보육교육사회복지 등을 정비하고, 정령이나 조례로 지역규정의 특례를 만들 수 있는 조치를 취할 수 있도록 하고 있다. 총합특구에는 국제전략 총합특구와 지역 활성화 총합특구의 특례를 두고 있다.

다음의 표는 국가가 전략적으로 지역을 특구로 특화시키기 위한 정책적 특징을 소개한 것이다.

〈표 11〉 특구의 정책적 특징

구 분	구체적인 정책내용
특구	〈창업, 개업, 고용특례〉 - 창업이나 연금, 사회보험 수속을 1개소에서 신청 가능하도록 창구설치 - NPO법인 설립수속 신속화 - 창업 직후 기업인재 확보 지원을 위한 국가공무원의 기업으로 전직 후 다시 국가공무원으로 복귀할 경우 수당 배려 - 실버인재센터에 등록한 고령자 노동시간연장 등 고령자고용규제완화 - 외국인 창업요건완화, 가사대행 서비스해금 - 법인세 대우조치 등 과세특례적용 - 특구에서 사업을 경영하는 기업에 융자한 지정금융기관에 이자보조금지급 〈의료〉 - 고도선진치료실현 - 의료법인 이사장에 의사가 아니어도 취임 가능하도록 함 - 혈액을 원료로 하는 시험용 세포 제조 및 판매규제완화 - 임상수련제도에 있어서 외국인의사 수용규제완화 〈농림수산업〉 - 기업의 농업참여요건완화 - 국유림 대부, 사용 대상자나 면적 규제완화 - 어업생산조업설립이나 유지요건인수 완화 〈보육, 교육, 사회복지〉 - 지역한정 보육교사 도입 - 공립학교 관리운영을 민간에게 위탁하는 공설공영학교 설치 - 도시공원에 보육소나 사회복지시설설치 인가 〈마을 만들기〉 - 건축에서 용적률이나 용도지역 규제완화 - 도로 이벤트 등 도로점유규제완화 - 외국인을 위한 숙박업시설에 개인소유맨션 등 이용 가능한 민박, 역사적 건축물을 숙박시설로 활동하는 경우 요건완화 등 여관업법 적용제외 - 도시계획인가절차 일원화 〈정령, 조례 등에 의한 규제특례조치〉
총합 특구	〈국제전략 총합특구와 지역 활성화 총합특구의 특례〉 - 큰 틀에서 주거, 상업, 공장의 용도지역규제완화 - 법인세 우대조치 과세특혜적용 - 특구에 관한 사업을 운영하는 기업에 융자하는 지정금융기관에 이자보조금지원

	- 보조금 등 처분제한과 관련된 수속특례 - 중소기업기반정비기구의 시정촌에 대한 자금대여 - 정령, 조례 등에 의한 규제특례조치
국제 전략 총합 특구	- 국유건물과 부지무상양도 - MICE(국제회의) 참가자를 태운 객선의 기항가능 - 농업용 자동차 차검 유효기간을 1년 연장 - 공장건설시 부지면적에 대한 환경시설설치규제완화

특구에 대한 정책은 의료, 농림수산업, 보육, 교육, 사회복지, 마을만들기, 정령조례 등에 대한 특혜조치 등으로 되어 있다. 총합특구는 국제전략총합특구와 지역활성화총합특구 등으로 되어 있어 지역 활성화와 국제화를 동시에 추진할 수 있도록 하고 있다. 중앙정부는 권한을 지방자치단체에 이전함과 동시에 실현가능한 정책을 통해서 지원하는 전략을 구사하고 있고, 지방자치단체는 이전받는 권한과 지원을 통해 실제 지역현장에서 실천하는 전략을 구사하고 있는 특징이 있다.

지역 활성화정책의 일환으로 추진되고 있는 지역창생특구는 일본 전국의 지방자치단체가 추진하고 있다. 동북지방의 미야기현, 관동지방의 도쿄도, 관서지방의 오사카부, 남부권 히로시마현 등이 추진하고 있다. 지방창생을 위한 국가계획에 의해서 실제로 추진하고 있는 지역창생특구활용 현황과 내용을 소개한 것이다.

〈표 12〉 지역창생 특구활용현황

구 분	특구활용현황
미야기현(宮城県仙台市)	지역한정 보육사시험실시, 도시공원에 보육소 설치 가능한 특례로 대기아동제로를 목표로 함
아키타현(秋田県仙北市)	시내 국유임야이용의 규제완화를 통해 국내외로부터 기업이나 연구자, 일반인이 참가하고 성능이나 조작 기술을 경쟁하는 드론레이스(ドローンレース) 개최예정, 외국인 의사의 지방 진료 해금특

	례를 이용 외국인관광객을 대상으로 한 진료와 지역온천에서의 요양을 조합한 의료 쓰어리즘(医療ツーリズム)확충
니가타현(新潟県新潟市)	농림생산법인설립 요건완화를 이용, 대기업 편의점 등 사업자가 농업에 참가하고 있음
도쿄권(東京都圏, 千葉県千葉市)	도쿄도, 치바시 마쿠와리 도심에서는 도쿄만 임해부의 물류거점에 가깝고, 고층맨션이 많은 특징을 이용해서 맨션각호의 베란다에 드론으로 직접배송 추진, 특구내의 약국으로부터 각 거주지로의 처방전을 보내는 서비스실시예정
가나가와현(神奈川県)	외국인에 의한 가사 대행서비스 해금예정
아이치현(愛知県)	공설민영학교 설치나 기업의 농업참가특례활용 검토
칸사이권(京都府 · 大阪府·兵庫県)	교토시에서는 iPS세포를 개발한 교토대학과 그 주변 iPS관련기업이나 연구시설이 집적되어 있고, iPS세포에서 만든 실험용세포제조 판매특례를 이용해서 관련 산업발전촉진
효고현(兵庫県養父市)	농업의 다양한 담당자를 늘리기 위해 농업에 관련된 특례를 이용해서 신규사업자에 의한 경작휴양지 재생이나 농가레스토랑운영, 대기업의 농업참가추진, 민가를 숙박시설로 활용
히로시마현(広島県)	민간주도의 도로 및 교량거점추진, 히로시마현은 외국인의 가사지원, 창업, 진료 등을 추진
에히메현愛媛県今治市)	이마바리시(今治市)에서는 수의대학 유치, 지역지장산업이나 관광에서의 외국인인재 수용
후쿠오카현(福岡県福岡市)	보행지원로봇개발, 개호자가 베드에서 휠체어로 이동할 수 있도록 이승보조 장치나 개호로봇의 실용화추진, 수도권 고령자가 북큐슈로 U턴해 일하는 경우를 대비해서 시니어 하로 워크설치(シニア·ハローワーク), 고령자고용확대, 인재나 노하우 집적 추진, 민박이나 고민가 등 역사적 건축물을 숙박시설로 가능하게 하는 관광정책추진
오키나와현(沖縄県)	대기업테마파크운영회사의 현 내 사업계획 지원, 국영공원내의 건설제한규제완화
정보활용예	지역경제분석시스템(RESAS)이용한 강좌를 대학에 개설, 학생 등 젊은이들에게 각 지역 현상과 장래에 대한 이해를 높임, RESAS보급을 위해 고교생에서 일반인까지 RESAS를 이용하여 지역 현상과 과제를 분석해서 해결안을 제안하는 정책 아이디어 콘테스트 계획

각 지방자치단체가 추진하는 특수사업의 내용을 보면, 지역한정 보육사시험, 국내외기업유치, 내외관광객을 대상으로 하는 의료 투어리즘 실현, 외국인 가사도움이 수용, 지역대학 협력에 의한 최첨단연구사업 추진, 농가레스토랑운영, 지역산업에 우수한 외국인 인재영입, 지장산업활성화, 개호로봇개발과 활용, 시니어 하로워크(シニア・ハローワーク)정비, 테마파크를 통한 지역경제 활성화, 지역경제 분석시스템(RESAS)을 통한 합리적이며 성공가능성을 높이는 지역 활성화 전략구축 등을 추진하고 있다. 지방창생은 각 지역이 일괄적으로 추진하는 정책과 특화가 아니라 지역고유의 사업과 비전을 갖고 추진할 것을 요구하고 있다.

4. 정보 활용과 인재지원

지방창생전략에는 정보 활용과 인재육성을 위한 지원책이 포함되어 있다. 지원내용으로는 빅데이터 제공, 지방출신이나 의욕이 넘치는 지방창생담당자 파견지원, 프로페셔널 인재전략거점화, 지역 활성화 전문가 파견 및 지원, 지역재생제도 구축, 중심시가지활성화, 도시재생제도정비, 환경모델 및 도시환경미래도시구축 등이 있다. 다음의 표는 지방창생을 위한 정책과 전략으로서 정보 및 인재지원에 관한 계획을 소개한 것이다.

〈표 13〉 정보 및 인재지원계획

구 분	내 용
빅데이터 제공	국가나 민간이 가진 자원정보, 기업 간 거래나 산업분야별 정보, 시간마다의 사람흐름 등 지역경제에 관한 다양한 정보를 수집한 빅데이터제공, 지역경제 분석시스템(RESAS) 제공, 일부의 정보를 제외하고 누구나 이용 가능하도록 함

지방창생	중앙인재 지원	시정촌 보좌역으로 국가공무원이나 대학연구자, 민간싱크탱크인재를 지방창생에 의욕 있는 시정촌의 총합전략시책추진을 위해 파견
	지방창생 담당자	지방자치단체의 지방창생 실시상담과 일괄대응상담창구를 담당할 수 있는 각 도도부현 출신이나 근무 경험이 있는 각 성청직원 파견
인재지원	프로페셔널인재전략거점	각 지역기업과 도시권기업에 상품개발이 가능하도록 다양한 전문지식을 가진 인재를 연결하는 전문 인재뱅크 거점설치, 지역활성화 및 호순환을 위해 지역기업의 사업혁신이나 신상품개발을 적극적으로 추진하는 기업에 대한 경영지원
	지역활성화전도사	지역성장력강화나 고용창출을 담당할 인재육성을 위해 지역산업, 농림수산업, 관광 등 특정지식을 가진 전문가 소개
지역재생계획	지역재생	지역 활성화나 고용창출을 추진하기 위해 지방자치단체의 지역재생계획지원, 농지면적요건에 관련 없는 기업이나 NPO법인의 시설전용가능, 지방에 본사기능을 이전하는 기업에게 세제우대조치 등 규제완화, 관광객 유치, 도로나 공항인프라 정비 사업에 관한 보조금지원시책추진
	중심시가지활성화	중앙시가지, 도시기능이나 경제활동 활성화를 위한 소자고령화, 소비생활 등 사회 환경 변화에 대한 지원, 시정촌이 책정한 중심시가 지역활성화 기본계획에 대해서 지원, 도시재생정비계획사업, 주거사업, 중심시가지공동주택공급사업, 중심시가지 재흥전략보조금, 중심시가지 활성화소프트사업 등 지원
	도시재생	21세기형 도시재생프로젝트나 토지유효이용을 환경, 방재, 국제화 등의 관점에서 추진, 2014년 각의결정한 의료, 복지, 상업시설 등이 주거주변 또는 공공교통으로 접근 가능하도록 하고, 일상생활에 필요한 서비스가 신변주위에서 이루어지는 콤팩트 도시를 지향하고, 생산성향상이나 도시경영비용 감소를 목적으로 하는 도시재생기본 방침추진
	환경모델 및도시환경미래도시	온실가스배출의 대폭적인 삭감을 목표로 세우고, 저탄소사회실현과 지속적 발전을 위한 환경모델도시를 기반으로, 저탄소, 성에너지 등 환경가치나, 개호나 육아 등 사회적 가치, 고용이나 관광 등 경제적 가치가 있는 환경미래도시를 실현하고, 그 성공사례를 국내외도시에 보급

지방창생을 위한 정보 및 인재지원은 우선 개혁과 재생에 필요한 정보를 수집하고 집적시킨 빅데이터를 지방공공단체에 제공하는 것이다. 그리고 지방창생인재지원은 지방창생담당자 육성, 전문가거점 확보, 지역 활성화 전도사를 육성하는 것을 목적으로 하고 있다. 지역재생계획은 지역재생제도를 정비하고, 중심시가지를 활성화하며 도시재생제도를 정비하는 것이다. 환경과 인간이 공존할 수 있는 친 환경미래도시를 건설하는 것이 중요한 목적이다.

5. 마스다보고서의 논쟁점

일본정부가 국내외위기를 극복하기 위해 야심차게 추진하고 있는 지방창생계획은 다양한 목적과 방향성을 가지고 있는 특징이 있지만 다른 한편으로는 비판과 과제를 갖고 있다. 긍정적인 측면은 일본이 처해 있는 위기를 지방창생을 통해서 극복하려는 목적이 있다는 점이다. 그러나 그것을 실천하고 실현하는데 필요한 구체적인 정책과 지원이 부족한 상황이다. 2016년도 신형교부금은 1,000억 엔 규모로 2014년 보정예산으로 계상된 1,700억 엔을 밑돌고 있다. 보정예산을 대폭적으로 요청했던 전국 지역사회로부터 불만의 목소리가 높아지고 있다. 또한 지정된 특구에 대해서 임상수련요건을 완화시켜 외국인의사가 지방 진료소에서도 수용 가능하도록 한 계획에 대해서 일본사회는 단독 진료소에 근무하는 외국인의사에 대해 한 사람의 일본인 지도의사가 있으면 좋겠다는 의견을 내놓기도 하였다.

지방창생방침에 대해서 지역진흥과 활성화를 위해 상당한 예산이 투여되었음에도 불구하고 효과와 결과가 좋지 않다는 문제를 제기하고 있다. 또한 정책이 통일지방선거를 위한 정치적 요인으로 시행되고 있다는 점, 2016년 이후 안정적인 관련예산을 확보할 수 있을지 의문이라는 점, 지방창생관련 사업 대부분은 기존사업의 연장선에서 이루어지고 있다는 점, 지방 문제를 해결할 수 있는 대담한 정책이 아니라는 점 등 비판이 이어지고 있다. 지방창생과 관련해서 책정된 신형교부금 일부는 2014년 조정예산으로 선행 실시되었고 그것이 프리미엄 붙은 숙박권, 고향명물상품 여행권 등과 같이 소비를 환기하는 수단으로 사용되고 있다는 비판이 있다.

그렇듯이 중앙정부가 주도적으로 추진하고 있는 지방창생계획은 각 지방이 처한 상황에 맞는 맞춤정책으로의 전환이 필요한 실정이다. 맞춤정책을 지방자치단체가 주도적으로 이끌어갈 필요가 있고, 그에 대응할 수 있는 재원과 인재가 필요하다. 그런 문제는 당장 필요함에도 불구하고 확보하거나 실천하는데 많은 시간과 비용이 들 것으로 예상된다. 따라서 중앙정부의 계획과 지방자치단체의 계획이 동시에 충족되는 지방창생계획과 실천이 필요하다고 할 수 있다. 현재로선 계획하고 실천하는데 많은 의문과 문제점을 내포하고 있는 것이 사실이다.

특히 지방창생을 탄생시킨 「마스다 보고서」의 시각과 제언에 대한 의문점이 제기되고 있다. 마스다보고서가 제시한 지방소멸론에서는 인구문제와 지방능력문제, 지방자치단체의 쇠퇴문제와 경영파산문제, 국가단위와 지방단위의 소자화문제 등이 혼재되어 주장되고 있다. 혼합된 시각으로 결론을 내린 지방소멸론에 기초해서 지방창생계획을 발표하게 하였다. 지방창생계획은 인구증가, 대도시에서 지방으로의 인구이동방지 등을 해결책으로 제시하고 있는 데 그것은 지방소멸원인을 구체화하지 못한 분석이라는 비판이 있다. 마스다보고서를 둘러싼 분석과 해결안을 둘러싼 논쟁에 대해서 정리하면 다음과 같은 논의가 있다.

〈표 14〉 마스다보고서의 논쟁점

구 분	문 제 점
지방소멸론	지방소멸론에서는 지방소멸원인을 인구감소로 보고 있어 합계특수출생률을 높이고 대도시에서 지방으로의 인구이동을 적극적으로 해결할 필요가 있다고 주장함
지방재정파탄론	지방재정 파탄론에서는 지방자치단체의 소멸은 인구감소도 요인이 되겠지만 2050년까지 많은 지방이 재정문제로 파탄을 초래할 것으로 분석함. 따라서 파탄하지 않는 사회를 실현하기 위해서는 지방자치단체의 경영 문제를 해결해야 함
지방행정개혁론	지방행정개혁론에서는 지방행정개혁으로 지방공무원수 삭감, 자치체간 협력에 의한 공적서비스협력 체제 구축, 관습적 행정개혁, 양적개혁이 아니라 질적 개혁의 필요성을 지적함
다자화론	대도시의 소자화와 인구감소를 해결하기 위해서 대도시의 다자화정책이 필요함
지방생산성론	지방자치단체, 기업, 조직 등의 생산성 향상이 필요하고, 양적 개선이 아니라 질적 개선을 통한 경제네트워크구축, 생산성 높은 지방 만들기 실현이 중요
지방자생론	지방창생은 국가가 지방을 지원하는 시스템으로 지방 자립성이나 자율성, 창조성을 제한하고 있어 근본적으로 지방이 스스로 자립할 수 있는 환경 만들기가 필요함

지방창생을 추진하게 된 마스다보고서는 인구증감에 따른 지역소멸가능성을 주장한 것으로 일본이 처한 인구감소위기론에 기초한 지방소멸가능성을 전면에서 경고한 보고서라는데 의미가 있다. 일본이 직면한 문제를 극복하는 방안으로 지방창생계획에서 인구증가정책, 지역 활성화 정책 등을 구체화하였다. 그러나 인구감소에 의한 지방소멸 이외도 많은 변수가 작동하여 지방축소와 소멸을 위협하고 있는 실정이다. 지방재정 파탄론, 지방행정개혁론, 다자화론, 지방생산

성론, 지방자생론 등에서 지적하고 있는 지방위기가 바로 그것이다. 따라서 지방 활성화를 위한 전략으로 인구감소 극복에 한정하지 않고 지방이 안고 있는 과제를 다양한 차원에서 해결할 수 있도록 총합적인 접근이 필요하다. 앞으로 일본이 어떻게 지방을 살린 것인가에 대한 총합대책으로 지방창생을 새롭게 수정하고 보완하는데 반영할 필요가 있다.

V. 맺는 글

현재까지 일본인구가 감소하게 된 배경에는 일본사회를 둘러싼 다양한 요인이 작용하였기 때문이다. 구조적 문제를 해결하기 위해서는 출생률을 높이는 동시에 도쿄권의 인구유입을 막고, 지방인구 활성화 정책을 추진할 필요가 있다. 국가수준에서 책정한 「장기비전」(長期ビジョン)과 「마을·사람·일 창생총합전략」(まち·ひと·しごと創生総合戦略)에서는 2060년에 1억 명 정도의 인구유지, 도쿄도로의 과도한 집중시정, 지방으로의 기업이나 사람의 이동촉진 등을 착실하게 추진할 것을 제시하고 있다.

지방창생을 추진하는데 중요한 것은 지방이 스스로 생각하고 행동해서 변혁을 일으켜 새로운 지방을 만드는 것이다. 현재 국가가 입안하고 추진하는 지방창생에 대해서 지방이 알아서 추진하고 결과를 내놓으라는 전형적인 국가 주도적 정책의 한계가 노출되고 있다. 따라서 지금부터 지방창생정책은 지방공공단체나 지역의 역량을 비교 진단하고 평가하는 방향으로 진행될 예정이어서 지방창생 성과에 대한 격차에 따라 지원여부가 결정될 가능성이 있어 지방공공단체 간 무리한 경쟁을 촉발시킬 것으로 보인다. 앞으로 고도경제성장기부터 버블성장기까지 진행된 일본개조, 전국의 킨타로아메형(金太郎飴型: 동일한 유형의 발전) 지역개발은 종언을 고하게 될 것으로 보인다.

지방창생이 추구하는 정책과 전략에 기초해서 각 도도부현과 지방공공단체는 인구추계 및 각종 조사를 통해 인구비전을 제시하는 가운데 종합전략의 기본목표를 설정하고, 행해야 할 시책에 관한 기본적 방향 설정, 구체적 시책과 객관적 지표설정, 효과검증방법확립 등을 추구하고 있다. 여기에서 중요한 것은 지방창생이 지향하는 정책분야에 대한 구체적인 제안이다. 중앙정부가 제시하는 정책과 전략뿐 아니라 각 지방공공단체가 구상하는 정책과 실천전략에 따라 결과에서 많은 차이를 보이기 때문이다. 2018년 현재 지방창생전략은 구상하고 실천한 만큼 좋은 결과를 내는데 한계를 보이고 있어 정책에 대한 찬반이 갈리고 있다.

지방창생정책이 성공을 거두기 위해서는 지적한 부정적인 과제들을 우선 해결해야 할 것이고, 다양한 차원의 정책과 계획을 세워 접근할 필요가 있다. 지방창생장기비전과 지방창생종합전략은 도시 간에 형성된 인구조정정책으로 추진되고 있지만, 중요한 것은 우선 도시 간에 작동하고 있는 각종 먹이사슬을 깨는 것이 필요하다. 그리고 중앙정부는 도도부현이나 지방자치단체에 대해서 다양한 상황을 파악할 수 있는 각종 빅데이터를 제공하는 정보지원, 국가공무원을 소규모 지자체에 파견하는 인적지원, 새로운 교부금 지원 등 지방공공단체가 필요로 하는 지원을 적극적으로 제공해야 할 것이다. 동시에 지방공공단체는 거주하는 사람, 일하는 사람, 유입되는 사람 등 사람 중심의 행복한 문화 환경을 만들기 위한 국가지원과 지역의 능력을 활용할 필요가 있다.

제3장 문화정책와 문화창조

Ⅰ. 머리글

문화를 둘러싼 논의는 문화개념과 내용의 다양화, 국제화의 진전, 인구의 국제적 이동, 사회구성원의 다국적화, 문화전파의 확대, 이문화간 교류증진, 문화매체와 수단의 전문화 등이 발생하면서 문화의 질과 양에 대한 문제, 문화 간의 경쟁, 이문화간의 갈등 또는 조화, 문화정의와 범위, 문화정책과 문화 창조 등의 측면에서 나타나고 있다.[1] 문화는 기존의 정신적 가치라는 정신세계에 한정한 개념으로 인식하거나 수용하기 보다는 근대화와 산업화의 진전으로 발생한 물질문명을 포함한 개념으로 확대시켜 인식하고 있다. 동시에 문화정책과 관련하여 문화 창조를 중시하고 있으며, 다양한 영역과 연결하여 융합문화를 만들어내고, 인간 삶에서 다양한 문화적 가치를 창출하고 있다.[2]

문화정책은 국가, 지방공공단체, 문화단체, 문화기업 등이 문화의 양적 향유와 질적 향상, 이문 화간의 갈등 및 조화, 문화 창조와 활성

1) 이 내용은 "구견서, 1999,『일본학보』제43집,「일본의 문화정책」, 한국일본학회" 논문을 대폭적으로 보완한 것임.

2) 太田和子, 1981,『地域時代の文化論』, 東京大学出版社; 森好夫, 1982,『文化と社会的役割』, 恒星社厚生閣; 井上純, 1986,『文化と意識 : 合理性の文化社会学』, 晃洋書房; 山崎正和, 1987,『文化開国への情報挑戦』, 中央公論社; 森こう, 1988,『異文化への理解』, 東京大学出版社; 西田庄, 1994,『異文化と人間行動の分析』, 多賀出版株式会社; 根木昭, 1996,『文化政策概論』, 晃洋書房.

화, 문화경제화, 문화재보호, 문화관련 제도 수정 및 정비, 문화 산업화, 대중문화창출 등을 추구함으로써 구체화되어 실현될 때 존재가치가 있는 것이다. 일반적으로 문화정책은 대중을 대상으로 생활 속에서 즐기는 문화의 양적·질적 향유할 수 있도록 하는 대중문화정책, 국민정서와 교양을 함양시키려는 교양문화정책, 각 문화의 특성과 정신을 상대화시켜 존중하고 국경을 넘어 문화 간의 교류와 공유를 모색하는 국제문화정책, 각 민족의 문화적 특성을 유지 및 보전하며 그것을 기초로 각 민족의 문화적 동질화를 추구하는 민족문화정책 등 다양하게 나타나고 있다.

문화는 문화를 정책대상으로 하는 정책결정자의 관점, 문화를 생활 속에서 소비하고 향유하는 문화 소비자의 관점, 문화를 창조하고 만들어내는 문화인과 같은 문화 창조자의 관점, 문화를 자본으로 만들기 위해 대량생산하는 문화자본가의 관점 등에서 보면 다양한 내용과 종류로 구성되어 있으며 특징에서도 차이도 있다. 첫째는 문화경제적 가치를 심각하게 유도하기 보다는 즐기는 대상으로 인식하여 심적 정신적 부담이 적고, 유행에 민감하게 작용할 뿐 아니라 오락적 형태로 향유하는 문화 유희형이 있다. 둘째는 문화 상업화의 진전으로 무상으로 즐길 수 없는 투자성과 대가성이 가미된 문화소비로 정신적 금전적 부담이 큰 금전소비형이 있다. 경제가 성장하면서 문화가 경제재로서 기능하여 문화 산업화와 상업화가 진전되면서 유행하고 확산하고 있다.

셋째는 문화 활동을 통해 생활에 필요한 문화적 기술이나 교양을 습득하여 생활의 질을 윤택하게 하며 삶의 질을 향상시키는 동시에 자기만족을 주요목적으로 문화를 소비하는 교양지향형이 있다. 국가나 지방공공단체가 최근 문화생활을 표방하면서 교양과 교육의 수단으로 문화를 중시하고 있으며, 국민이나 지역주민의 문화적 니즈가 급증하고 있다. 문화가 생활 속으로 들어와 생활 일부가 된 것이다. 넷째는 새로운 문화를 창출하는 문화 창조형이다. 전통적으로 계승된 문화나 현재 즐기거나 생성되고 있는 문화에 머물지 않고 다양한 시대적 변화와 수요에 맞춰 새로운 미래적 문화를 창조하는 특징이 있다.

다섯째는 문화를 자본형성재원으로 보아 문화를 기업형으로 운영하는 문화 산업형이 있다. 여기에서 문화는 경제재로서 인식하고 문화자본을 만들이 내는 중요한 자본재로 활용하고 있다. 문화는 아마추어에 의해서 생산되는 것이 라기 보다는 기업문화인들이 조직적으로 문화적 가치를 가진 문화를 만들어내어 대중문화시장에서 거래하도록 하고 있다. 문화기업가가 문화기업을 만들어 문화시장을 통해 문화소비를 하게 하여 문화자본을 창출하고 있다. 문화가 산업화되는 가운데 문화생산과 문화소비가 전문화되고 있다.

여섯째는 문화를 역사와 민족정신이 함의한 문화재로 인식하여 보호하고 계승하는 문화보호형이다. 문화재는 무형문화재나 유형문화재처럼 역사를 통해서 전승되고 계승되는 특징을 가지고 있어 국가나 지방공공단체, 그리고 문화연구자에 의해 발굴되고, 보호되고, 계승되고 있다. 일곱째는 문화를 정책대상으로 인식하고 문화 활성화를 추구하는 한편 교류와 공유를 할 수 있도록 행정대상으로 인식하여 활성화를 추구하는 문화 행정형이 있다. 문화는 단순하게 소유하거나 독점하기 보다는 공유하고 교류하는데 가치가 있는 것으로 인식한다. 최근 문화는 이질성에 기초해서 차별하는 준거가 아니라 각 문화가 갖고 있는 고유한 특징을 인정하고 공유하는 가운데 문화적 가치를 창출할 수 있도록 행정문화화를 요구하고 있다.

위에서 보는 것처럼, 문화향유 유형은 다양한 문화정책을 유발하게 하는 원동력으로 작용한다. 문화정책은 시대적 상황, 문화정책자 사상, 문화인과 문화소비자의 활동, 문화법, 문화정책조직, 문화재원, 문화 인프라, 문화소비자의 취향 등 다양한 요인에 의해 영향을 받는다. 이 책의 목적은 전후 일본이 추진한 문화정책의 특징을 고찰하고 새로운 문화정책과 문화 창조 방향을 제시해보는데 있다. 연구방법은 문화에 대한 이론적 검토를 통해 정책대상으로서의 문화개념을 새롭게 정의하고, 전후 일본문화정책의 체계를 검토하는 한편 문화정책을 유형화하고자 한다. 문화유형화에 기초해서 문화 창조적인 관점에서 도쿄도 에도가와구(東京都江戸川区)의 문화정책을 검토한 다음에 일본 문화정책의 한계 및 특징, 그리고 새로운 문화정책과 문화 창조의 방향성과 과제를 제시하고자 한다.[3]

Ⅱ. 문화정의와 문화론

1. 문화정의

문화와 관련된 사회과학서적에서 내린 문화에 대한 정의는 4백 개를 넘고 있다.[4] 그런 사실은 문화가 몇몇 언설로 정의할 수 없고, 보는

3) 에도가와구를 문화정책의 분석대상으로 한 이유는 실제 문화정책이 어떻게 현장에서 이루어지고 있는가를 파악하기 위해서 국가 또는 도도부현 단위보다는 일정하게 한정된 지역이 필요했기 때문이다. 둘째는 에도가와구는 전통성과 근대성을 동시에 보유하고 있어 전통문화와 근대문화가 공존하고 있는 특징이 있기 때문이다. 셋째는 저자가 에도가와구에서 거주하면서 문화체험을 하여 문화 환경에 익숙해 있기 때문이다.

4) Tylor, E.B., 1871, Primitive Culture. London : Murray; Kaplan, D. and Manners,

시각에 따라 특성과 내용이 다르다는 것을 의미한다. 문화가 되기 위한 조건과 기준은 정해진 것이 없을 뿐 아니라 있다 하더라도 가변적인 것이며, 시대성이나 인간의 가치관에 따라 다양하게 나타나고 있다. 일반적으로 문화는 언어형태, 가치관, 태도, 생활양식, 사고체계, 시대상, 문명, 상품, 예술 등과 같은 내용과 상징을 띠고 있으며, 시대, 민족, 개체를 초월해서 존재하여 계승하며 전파하는 초 시공간적 커뮤니케이션 전승매체이다.

문화에 대한 정의 가운데서 가장 폭 넓게 인용되고 있는 것이 문화인류학의 아버지라고 불리는 타일러의 정의이다. 즉 "문화 또는 문명은 사회 구성원으로서 인간이 획득한 지식, 신념, 예술, 도덕, 풍습, 습관, 재능 등을 포함하는 복합적 전체"라는 고전적 정의이다.[5] 정의에서 보면, 문화는 인간이 창조하거나 전승해서 획득한 정신적인 것과 물질적인 것이 함의되어 있다. 따라서 문화는 동물이 아닌 인간이 창조하고 학습하며 계승한 것이라는 중요한 기준을 제시하고 있다. 그리고 정신적인 체계로서 문화(culture)와 물질적 체계로서 문명(civilization)을 문화개념으로 동일시하고 있어 물질세계와 정신세계가 하나의 문화영역에 속하게 되었다.

제임스(James)는 "문화를 분산되어 다가오는 아이디어를 선택하여 재구성하고 형태를 만들어 양식화하는 활동"이라고 정의했다.[6] 문화는 생각이 모여 실존하고 만지고 느끼고 향유할 수 있는 구체적인 형태로 존재해야 하는 것으로 정의하고 있다. 그리고 "문화란 인간행동

1972, Culture Theory, Englewood Cliffs. New Jersey;Nieburg, 1973; Biesanz, M. H., 1973, Introduction to Sociology,N.J. : Prentice- Hall.

5) Tylor, E.B., 1871, Primitive Culture, London : Murray.

6) James, William, 1950, The Principles of Psychology, New York. p.638.

에 의해서 학습된 부분이다. 그것은 인간 스스로가 창조하여 자신 환경의 일부로 삼은 사고방식, 감정양식, 행위양식 등을 지칭 한다".[7] 여기에서는 문화가 인간의 학습과 창조의 산물이라는 점을 강조하고 있다. 문화는 인간의 사회적 커뮤니케이션으로 상징과 도구를 형성하거나 조작하는 인간능력과 관련되어 있는 것으로 보고 있다.

위와 같이 문화에 대한 정의는 다양하지만 "문화가 인간에 의해서 학습되고 창조되는 것'을 의미한다는데 공통점을 갖고 있다. 그런 관점에서 본다면, 문화의 범주에는 인간이 학습하고 창조한 정신적인 것과 물질적인 것이 함의되어 있다. 다만 문화정의 중에는 문화가 정책 대상이며, 정책에 의해 생사가 갈리거나 학습되고 창조되는 존재라는 점이 누락되어 있거나 인지하고 있지 못하다는 한계가 있다. 또한 문화범주가 추상적으로 되어 있어 정책 대상이 되는 문화를 새롭게 정의할 필요가 있다. 이런 점에서 기존 일반적 개념으로서의 문화와 범주, 정책대상으로서의 문화와 범주 등을 함의한 새로운 문화정의가 내려져야 할 것으로 보인다. 그것이 이른바 정책대상으로서의 문화에 대한 정의이다.

일반적 개념으로서 문화와 정책대상으로서 문화와 반드시 일치하는 것은 아니기 때문에 문화정책을 논하기 위해서는 정책대상으로서의 문화를 규정할 필요가 있다. 정책대상으로서의 문화는 추상적으로 존재하기보다는 실체로서 존재하는 특징이 있으며, 법적으로 공평성을 유지하고 편파성을 배제하려는 관점에서 정의되는 특징이 있다.[8]

---

7) Biesanz, M. H., 1973, Introduction to Sociology, N.J.; Prentice-Hall. p.54.

8) 일본에 있어서 문화청은 문부성의 외국으로 1968년에 설치되었다. 당시 문부성의 내국에 있던 문화국과 외국의 문화재보호위원회를 통합해서 문화에 관한 정책을 통일화하려고 하였다. 문화청의 설치는 「문부성 설치법」에 근거하고 있으며

예를 들면「문부성설치법 제2조」에 의하면 문화는 "예술 및 국민오락, 문화재보호법이 규정하는 문화재, 출판 및 저자권법이 규정하는 권리 및 그것들에 관한 국민의 문화적 생활향상을 위한 활동"이라고 규정하고 있다.

여기에서 정책대상이 되는 문화와 범주는 예술 및 국민오락, 문화재, 저작권, 국어, 종교 등이라고 할 수 있다. 예술 및 국민오락은 동조의 후단에 "그것들에 관한 국민의 문화적 생활향상을 위한 활동"이라고 규정하고 있다. 문부성조직령의 예술문화과 및 지역문화진흥과의 소관 사무에 관한 규정에서 보면, 문화를 "예술, 생활문화, 국민오락" 등으로 분리하고 있다. 예술은 문학, 음악, 미술, 연극, 무용, 영화 등으로 문화의 상부구조를 형성하고 있고, 생활문화는 다도, 화도(花道), 예법 등의 생활예술, 분재, 복장, 실내장식, 의식주 등을 함의하고 있다. 국민오락은 바둑, 장기, 오락 등을 의미한다.

이렇듯이 정책대상으로서 문화는 예술, 국민오락, 문화재, 종교, 언어, 저작권, 생활문화, 관광, 각종 물질상품, 정신상품, 생활환경, 스포츠, 의식주 등을 의미하고 있는 매우 포괄적인 개념이다. 더욱이 정책대상으로서 문화개념은 국가가 추진하는 문화정책과 지방공공단체가 자율적으로 추진하고 있는 문화정책이 본격화되면서 더욱 내용과 특징이 확연하게 드러났다. 더욱이 문화가 강조되면서 국가와 지방공공단체는 국가 또는 지방공공단체의 총합계획과 문화정책을 일치시키려는 시도가 다양하게 이루어지고 있다. 따라서 총합계획과 문화정책은 서로 구분하기 어렵고 별도로 진행되기 어려운 개념이 되어 함께 시행되고 있다.

정책대상으로서 문화도 동법에서 규정하고 있다.

문화정책은 하드(hard) 측면에서 경관계획과 어메니티(amenity)계획이 있고, 소프트(soft)측면에는 문화계획, 문화지침 등으로 구체화되고 있다. 문화는 기존 정의에서 규정된 것뿐 아니라 경관, 어메니티, 수변, 공원, 도로, 도시, 삼림, 전원 등 생활환경 전반을 포괄하고 있다. 또한 생애학습, 복지, 문화활동 등을 포함하고 있어 지방공공단체가 추진하는 문화정책은 매우 포괄적이다. 따라서 정책대상으로서의 문화는 '인간·사회·자연을 둘러싸고 존재하는 유형적 무형적인 생활환경'이라고 정의할 수 있다. 정책대상으로서의 문화는 일반적 개념으로서의 문화를 포함할 뿐 아니라 생활환경 전체를 대상으로 하는 특징이 있다.

2. 문화론

문화론은 문화기능에 대한 논의라고 할 수 있다. 문화가 사회와 구성원에게 어떤 기능을 하고 있고, 인간의 삶에 어떻게 영향을 주고 있는가를 중심으로 진행되고 있다. 문화론은 문화기능과 존재가치에 대한 논의로 문화가 시대적 상황이나 향유하는 방법에 따라 진화한다는 문화진화론, 문화가 사회에서 일정한 기능을 하는데 가치가 있다는 문화기능론, 문화가 인간의 사고와 행동이 반영된 것이며 일정한 체계를 가지고 있다는 문화체계론, 문화가 환경에 적응하는 과정에서 존재한다는 문화생태론 등으로 구성되어 있다.

문화진화론은 민족문화형성을 설명하는 원리에서 출발했다. 문화는 시대 변화에 따라 내용과 형식이 변한다는 점을 강조하고 있다. 문화는 저차원적인 하급문화에서 고차원적인 고급문화로 변한다는 주장이다. 문화진화사상은 다윈(Darwin)의 생물진화론에 기초하고 있다. 인간의 문화생활에 대한 실증적 연구는 타일러(Tylor)의 『원시문화』(primitive culture)나 모간(Morgan)의 『고대사회』 등이 있다.[9] 문화진화론은 문화를 인간경험의 누적적 집합으로서 보는 시각이며, 문자로 기록된 문화 즉 보편문화에 기초하고 강조하고 있어 인간문화와 동물문화를 확실하게 구별하고 있는 특징이 있다.

그러나 문화진화론은 문화의 순기능에 대한 분석이 누락되어 있다. 즉 종교, 기술, 제도 등의 진화와 전파를 강조하여 문화의 통합성이나 개별문화의 순기능을 등한시하는 경향이 있다. 문화에 대한 진화주의 접근방법은 서구적 가치를 기반으로 하여 서구문화를 고차원적인 것으로 위치지우고, 비서구 문화를 저차원적인 것으로 위치 지워 문화간의 차별을 인정하는 문화차별론이라는 측면이 있다. 문화차별은 문화가 갖고 있는 특징과 내용의 차이를 문화 간의 차별로 인식하여 문화를 서열화하거나 다양한 특성과 기능을 가진 민족문화를 무시하는 약점이 있다.

문화기능론은 문화진화론이 무시했던 문화 통합성을 중시하고, 문화 기능성을 인정한다는 점에서 문화의 사회적 기능을 강조하는 기능주의(functionalism)에 기초하고 있다. 이 관점은 문화가 사회를 분화시키는 기능 보다는 통합하는 기능을 강조하고 있다. 문화 통합성을 강조하는 문화기능론자는 문화를 관습의 누적으로 보지 않고 하나로 통합된 전체로서 위치지우는 특징이 있다.[10] 그리고 사회 제도 및 조직이

---

9) Tylor, E.B., 1871, Primitive Culture, London : Murray.

10) 말리노프스키(Marinovsky, 1970)의 기능주의 시각은 뒤르케임(Durkheim)이 기능주의에 기초하고 있다. 뒤르케임의 기능 연구는 부분적 요소가 전체사회구조의 존속과 유지에 기여하는 움직임을 명확하게 하였다. 말리노프스키는 개인의 기본적 욕구 충족을 위해 문화 부분이 수행하는 역할과 문화 부분간의 유기적 통합적 연관성을 연구하였다.

상호 어떻게 관련을 맺어 하나의 시스템을 형성하고 있는가를 분석하는 문화기능성을 강조 한다.[11]

문화기능론이 강조하고 있는 점은 어떤 문화체계도 생존하기 위한 필수 조건으로서 기능을 하게 된다는 점이다. 이런 조건을 충족할 때 문화시스템은 존속할 수 있다. 만약 문화시스템이 조건을 충족시키지 못할 경우, 자체가 파괴되거나 소멸되며 또한 변형되는 운명에 처하게 된다. 그러나 문화기능론은 인간사회의 기능 요건 중에서 하나만 결핍되면, 실제로 사회나 문화가 소멸되고 있는가, 그것이 현실적으로 가능할 것인가, 또한 사회나 문화가 소멸됐다는 판단 기준은 무엇인가, 더욱이 그들 기능 요건이 잘 작용해서 사회나 문화가 발전했을 경우, 그 판단은 가능할 것인가 등과 같은 문제에 명쾌하게 답을 내지 못하는 약점이 있다.[12]

문화기능론이 공헌한 것은 문화 연구방법이나 이론이 무 문자시대나 부족사회에 한정하지 않고, 고도로 발전한 사회에서도 적용할 수 있다는 점이다. 따라서 인류학과 사회학에서 고도로 복잡한 문명사회에 대한 연구가 왕성하고 면밀하게 이루어지는 계기가 되었다. 시스템이나 기능론적 관점에서 문화에 대한 연구는 파슨즈(Parsons)에 의해 문화체계론으로 발전하였다.[13] 문화체계론에서 문화는 인간 행위와 행위의 산물을 형성하는 요인으로 작용하는 가치·관념·상징·의미 체계의 내용과 형태로 보았다. 사회는 개인 간 또는 집단내의 관계, 집단 간의 관계로 형성되는 것으로 위치 지웠다. 사회와 문화를 구분

11) Davis, Kingsley, 1959, “The Myth of Functional Analysis as a Special Method in Sociology and Anthropology”, ln American Sociology Review, p.24.

12) Kaplan, D. and Manners, 1972, Culture Theory, Englewood Cliffs; New Jersey.

13) Parsons, Tacott. 1951, Social System, New York Free Press.

하는 관점은 말리노프스키가 애매하게 쓴 문화개념을 명확히 하였다는데 가치가 있다.

파슨즈는 인간 행위의 전 영역을 포함한 이론 체계화를 시도하고, 그것을 행위이론으로 보아 하나의 체계(system)로 규정하였다. 행위의 일반체계를 구성하는 하위체계는 행동 유기체 체계로서 유전적 유기체, 퍼스널리티 체계로서 학습에 의한 개인의 행동조직, 사회체계로서 개인의 상호행위에 관계되는 행동조직, 문화체계로서 사회적으로 공유된 가치 즉 가치규범, 신념과 지식, 표현형식 등의 형태조직으로 구성된다. 그런 체계는 독립된 체계이지만 상호 의존적이며 상호 침투적인 동시에 하위체계에 의해 분할되어 각각 체계의 유지기능을 한다.

체계 존속을 위한 4가지 기능요건은 각 체계가 주위 환경에 적응하는 적응(Adaptation : A), 각 체계가 목표를 달성하는 목표달성(Goal attainment : G), 각 체계 간 조화와 통합(Integration : I), 각 체계가 형태를 유지해서 구성요소 간의 긴장을 처리하는 잠재(Latency : L) 등이다. 그것이 사회체계의 균형과 불균형을 설명하는 AGIL모델이다. 사회나 문화 체계는 AGIL모델에 기초해서 변동하면서 새로운 사회나 문화로 전환되는 특징이 있다. 변동과정에서 쇠퇴, 발전, 전환, 성장, 균형, 불균형 등 다양한 모습으로 체계화된다.

문화체계에서 A는 지성과 관련된 영역으로 과학에 기초한 경험체계이고, G는 감성이나 감각과 관련된 영역으로 예술에 기초한 표현체계이다. I는 가치 즉 진위, 미추, 호악, 선악 등을 평가하는 영역으로 가치관에 기초한 가치체계이며, L은 질서에 대한 관념과 가치관을 정하는 영역으로 세계관에 기초한 질서체계를 의미한다. 파슨즈의 문화체계론은 사회와 문화를 연결시키는 I체계를 중시한다. 가치체계는 업적(A), 공헌(G), 화합(I), 충족(L: 교육, 오락)가치로 구성되어 있다. 다음은 문화의 AGIL체계를 표현한 것이다.

〈그림 1〉 문화의 AGIL체계

업적(Adaptation) 지성과 과학 경험체계	공헌(Goal) 감성과 예술 표현체계
통합(Integration) 가치와 가치관 가치체계	충족(Latency) 질서와 세계관 질서체계

문화체계론은 문화체계가 사회체계와 동일하게 균형과 불균형을 이루며 체계적 변화를 하고 있다는 점을 강조하고 있다. 문화체계가 변동하여 균형을 이루면 생존하지만, 불균형을 이루면 쇠퇴하는 것으로 규정하고 있다. 그러나 이런 가치를 통한 유형화 방법은 현실적으로 다양하게 존재하여 생존해온 민족문화를 분석하는데 한계를 가지고 있다는 약점이 있다.

문화생태론은 문화진화론자들이 주장한 문화이론과 관련되어 있고, 문화와 환경의 상호작용을 강조하는 입장이다. 문화생태론은 문화시스템으로서 환경전체에 대한 적응방법, 문화시스템에 대한 적응결과에 중점을 두는 이론이다. 즉 적응 과정을 통해 문화가 어떻게 결합하고 유지되며 변형되는가를 파악하고, 공간을 초월한 문화 간의 상이점과 문화내의 시간을 초월한 상이점을 파악하는데 중점을 두고 있다. 문화생태론자는 과학기술진보를 문화파악의 핵심개념으로 사용하여 과학기술을 중시한다.[14] 또한 문화 간에는 상이점이 있다는 인

14) Kaplan, D. and Manners, 1972, Culture Theory, Englewood Cliffs ; New Jersey.

식을 중시하지만 그것이 문화차별을 의미하는 것은 아니다. 문화생태론은 문화의 독자성이 있다는 점을 인정하면서도 문화상대성이 내재하고 있다는 점을 강조하고 있는데 이론적 가치가 있다.

문화에 대한 논의는 문화진화, 문화기능, 문화체계, 문화생태 등의 관점에서 진행되고 있다. 주지하는 바와 같이 문화의 성격, 특징, 기능 등을 한 관점에서 규정하는 것은 무리가 있다. 문화는 규정하는 시각의 차이에 의해 다양한 형태로 존재하며, 존재양식에 따라 기능도 다양하다. 문화논의에 나타난 공통점은 문화가 인간 삶과 관련되어 있고, 거기에서 일정한 역할과 기능을 하고 있으며, 인간과 공존하는 존재이기 때문에 인간을 떠나서는 존재가치가 없다는 점이다. 다음은 문화와 인간생활의 방향과 내용을 규정하는 문화정책에 대한 고찰을 시도하고자 한다.

Ⅲ. 문화정책의 체계

1. 문화정책담당조직

국가의 문화정책과 관련된 조직으로는 문화법을 제정하거나 개정하는 국회조직, 문화법에 근거해서 조직된 행정조직이 대표적이다. 국회는 문화법을 제정하는 최고기관으로 중의원과 참의원이 있고, 그들이 구성하는 문교위원회가 있어 문화법 제정과 개정을 주도하고 있다. 문화위원회에는 위원이 입법을 할 수 있도록 도와주는 조사실이 있다. 국회는 국회에 제출된 법안을 각 관련위원회가 중심이 되어 검토한 다음에 법안으로 확정한다. 새로운 시대에 맞게 문화법을 제정하여 문화정책을 원활하게 하고 국민이 문화를 향유할 수 있도록 제도적으로 활력을 불어넣는 역할을 하고 있다. 다음은 문화법을 담당하는 입법조직을 그림으로 본 것이다.

〈그림 2〉 문화정책담당 입법기관구조

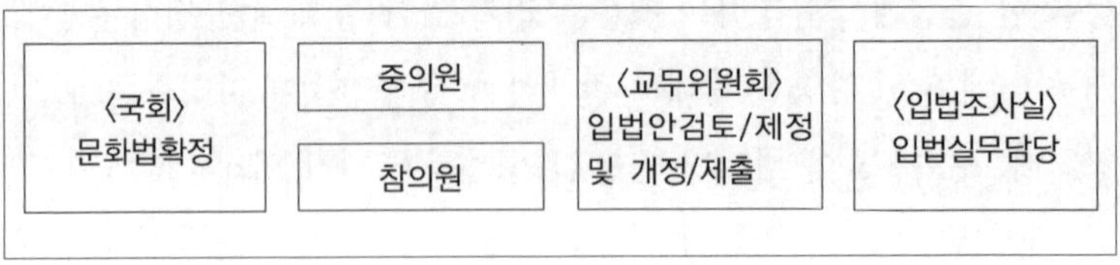

문화법에 근거해 조직되어 문화정책을 수행하는 행정부의 임무는 문화입법을 추진하고 문화정책을 실행하는데 있다. 행정부의 문화조직은 수상의 직속기관인 문부성과 그 산하의 문화청 및 관련성 등으로 구성되어 있다. 수상의 문화정책 자문기관으로는 1979년 오히라 전 수상이 설치한 「정책연구회 문화시대 연구그룹」, 그리고 이후 설치된 「문화교류간담회」 등이 대표적이다.

문화정책을 추진하는 대표기관으로서 문화청은 문화청 조직과 심의회를 통해 문화정책을 수립한다. 심의회는 법적으로 설치된 심의회와 사설자문기관으로서의 심의회로 구성되어 있다. 한편 장관이나 국장의 사적 자문기관으로 행정부의 내부규칙에 의해 설치되는 간담회가 있는 경우도 있다. 대표적인 예가 「문화정책추진회의」이다. 문화정책에 있어서 중요한 역할을 하는 심의회는 법률로 규정된 219개의 심의회 가운데 6개가 있다. 다음은 문화정책을 담당하는 중앙정부의 문화행정조직을 소개한 것이다.

〈그림 3〉 중앙정부의 문화행정조직

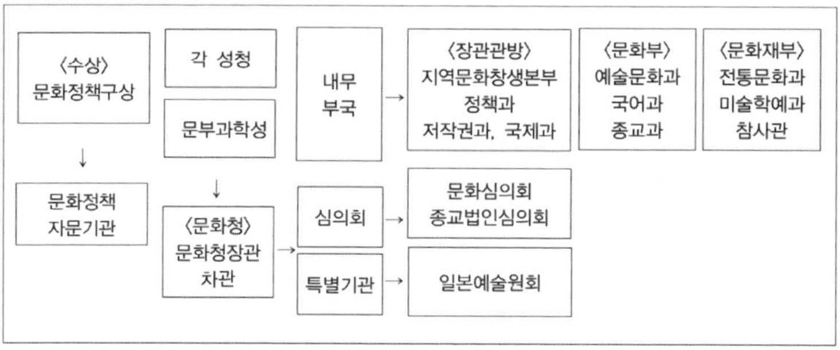

종합적인 문화정책은 수상이 최종결정권자이며 수상 산하에 문화정책자문기관을 둘 수 있다. 문화행정사무는 문부대신을 장으로 하는 문부과학성을 중심으로 관계성이나 문화청이 담당한다. 문부과학성 이외에도 문화와 관련된 사무와 주무부서는 문화교류를 담당하는 외무성, 생애학습을 담당하는 문부과학성, 문화시설정비를 담당하는 농수산성, 생활문화산업과 전통공예품을 담당하는 통산성, 문화관광을 담당하는 운수성, 공공예술장소를 담당하는 건설성, 교부금을 담당하는 자치성, 자연보호와 문화재보호를 담당하는 환경청 등이 있고, 그리고 각 성청은 문화정책과 관련된 인재양성, 시설정비, 자금제공, 정보발신, 제도정비 등을 담당한다.

「문부성설치법」과 조직령에 의해 문부성 본성과 외국으로서 문화청이 분리되어 있다. 문화청은 문화청 장관을 장으로 하고 전반적인 문화행정사무를 담당한다. 문화청에는 문화청장관과 차관이 있어 문화전반업무를 관장하고, 산하에 내무부국, 심의회, 특별기관 등이 있다. 내무부국산하에는 장관관방(지역문화 창생 본부, 정책과, 저작권과, 국제과), 문화부(예술문화과, 국어과, 종교과), 문화재부(전통문화과, 미술학예과, 참사관)

등이 있다. 심의회에는 문화심의회와 종교법인심의회가 있고, 특별기관으로는 일본예술원회가 있다.

국가 부속기관으로서 문화관련 기관은「국가행정조직법」제8조 2항에 근거해서 설립된 박물관과 미술관이 있다. 박물관과 미술관은 국가수준과 지방공공단체 수준에서 건립되고 있으며, 역사자료, 예술자료, 민속자료, 자연과학자료 등을 수집해서 전시하고 연구조사를 한다. 국가의 부속기관 이외에 문화 활성화와 문화국제화를 적극적으로 추진하고 있는 특수법인이 있다. 특수법인으로는 일본문화의 국제화를 지원하는 국제교류기금(인재교류 : 외무부), 문화예술진흥을 지원하는 일본예술문화진흥회(예술단체조성 : 문화청), 문화인력 양성을 지원하는 중앙 직업능력 개발협회(인재양성 : 노동부), 지역진흥정비공단(자금제공 : 국토청), 일본 국내 및 국제관광 활성화를 지원하는 국제관광 진흥회(관광 : 운수성), 총합연구개발 기구(기획과 조사 : 경제기획청) 등이 있다.

지방공공단체의 문화조직은 지방행정부와 지방의회가 대표적이다 문화행정기관으로는 지방 행정부와 행정부 내의 관계기관을 총괄하는 지방공공단체장이 있고, 산하에 교육위원회가 있다. 그리고 문화정책을 현장에서 실시하고 지원하는 각종문화관련 행정부서가 있다. 지방의회는 조례제정, 예산의결, 지방세부과, 재산 취득 및 처분 등을 법률 범위 내에서 행사한다. 지방의회에는 문화정책을 담당하는 문교위원회(후생, 복지, 노동관련)가 있지만 때에 따라 총무위원회에서도 업무를 담당하는 경우도 있다. 지방의회는 지방공공단체장의 제안을 심의하고 문화에 관한 평가를 한다. 다음은 지방정부의 문화행정조직을 소개한 것이다.

〈그림 4〉 지방정부의 문화행정조직

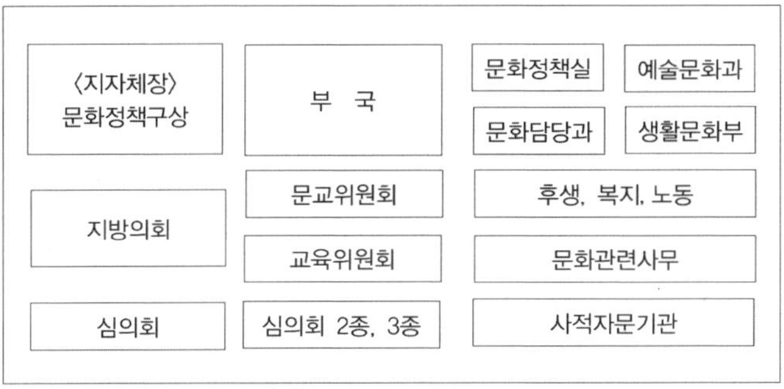

국가가 위임하는 문화정책이나 행정은 지방공공단체장과 그 산하에 있는 부국이 주로 담당하고 있다. 부국산하에는 생활문화, 지역정책, 지역문화진흥 등을 담당하기 위해 생활문화부, 예술문화과, 문화담당실, 문화정책실 등이 설치되어 있다. 문화진흥사업은 각 지방공공단체의 부국에 속한 문화담당과가 담당한다. 시·정·촌에서는 교육위원회와 단체장 부국의 문화담당계가 담당하고 있다. 에도가와구의 경우는 구청장 산하에 정책문화실을 운영하고 있다. 정책문화심의는 기획과(9명), 문화·리조트과(8명), 재정과(7명), 비서과(6명), 부주간(구민시설담당, 103명), 주간(1명) 등으로 구성되어 있어 에도가와구의 문화정책을 총괄하고 있다.[15]

지방공공단체의 문화에 관한 사무는 문화청이 대상으로 하는 문화에 관한 사무를 교육위원회가 담당하고 있다. 특히 1980년 이후 급속히 증가하여 도도부현 중에서 37개현(79%)이 설치하고 있다. 교육위원회는 문화재보호, 하생예술교육, 생애교육으로서 문화 활동(사회교육시설에서의 활동), 미술관 및 박물관의 설치와 운영 등을 담당한다. 지방

15) 江戸川区編, 1997,『江戸川区事務事業報告書』, 江戸川区.

공공단체장뿐 아니라 교육위원회는 지역문화정책을 추진하는데 중요한 역할과 활동을 하고 있다. 그들은 문화예술, 교육학습, 문화재보호, 문화시설정비, 문화지원 등을 총괄하고 있으며 그 중에서 생애교육을 문화적 차원에서 지원하고 활성화하는 것이 특징이다.

지방공공단체에는 법률이 정한 심의회(제1종심의회), 각종 위원회, 지방공공단체가 임의로 설치한 심의회(제2종심의회), 지방공공단체 독자의 조례에 근거한 심의회(제3종심의회), 사적자문기관(제4종심의회) 등이 존재한다. 그 가운데 문화진흥만을 담당하는 제1종심의회는 지방공공단체에 존재하지 않는다. 제2종심의회는 생애학습관점에서 문화활동을 진흥시키는 생애학습심의회가 있다. 한편 시·정·촌 수준에서의 생애학습심의회는 제3종심의회이다. 일본에서 도도부현(都道府県) 중에서 전체 62%에 해당되는 29개현이 설치하고 있다.

문화정책에 관한 심의회는 홋카이도(北海道), 치바현(千葉県), 가나가와현(神奈川県) 등 197개현, 지방공공단체장과 교육위원회의 문화연락에 관한 위원회는 이바라키현(茨城県) 등 7개현, 문화상 선정과 시설정비, 특징예술문화를 심의하는 곳은 오사카 등 3개현에서 두고 있다. 문화재보호에 관한 심의회는 각 도도부현에 문화재보호심의회를 두고 있다. 심의회의 구성원은 학식경력자, 지방예술단체, 매스컴 관계자 등으로 구성되어 있어 도도부현 민의 대표자는 포함되어 있지 않다.

2. 문화정책법

문화정책은 기본적으로 문화정책법에 기초해서 기획되어 실천되고 있다.[16] 문화정책은 법에 의해 실시되기 때문에 일정하게 강제성과 구

16) 구견서, 2014에서 인용하였으며, 자세한 것은 본 논문을 참조하기 바람.

속성을 가져 역동적으로 추진될 수 있다. 전후 일본에서 문화정책을 규정하고 있는 문화정책법으로는「일본국헌법」,「교육기본법」, 문화행정법인「문부과학성설치법」,「문화재보호법」,「저작권법」,「지방자치법」,「종교법인법」,「문화예술진흥기본법」등이 있다. 그리고 그 연장선에서 제정된 표창에 관한 법령으로 문화훈장령, 문화공로자 연금법, 일본예술원령 등이 있고, 문화진흥에 관한 법령, 기타관계법령, 국가나 지방공공단체가 제정하는 각종 문화진흥조례가 있다. 문화정책을 추진하기 위해서 제정된 문화정책법을 보면 다음과 같다.

〈표 1〉 문화정책법 현황

구 분	법령명	내 용
문화권	일본국헌법	국민이 향유할 수 있는 기본 권리로서 문화권 규정
문화기본 법제	교육기본법	문화정책 및 문화예술진흥기본 규정
문화정책 주무기관	문부성설치법 (1999년 이전)	정책대상으로서 문화 규정, 문화청 부속기관설치 근거, 문화청 설치 및 임무, 문화는 예술문화, 생활문화, 국민오락, 문화재, 국어 및 저작권 등으로 규정
	문부과학성 설치법(1999년 이후)	문화행정조직, 문화진흥, 종교에 관한 행정사무, 국제문화교류, 문부과학성 조직령 및 문부과학성조직규칙(문화청), 문화범위규정, 독립행정법인 문화심의회 및 종교법인심의회, 문화규정
문화재 보호	문화재보호법	유형문화재 및 무형문화재보호
	저작권법	문화적 소산의 공정한 이용 및 권리보호
표상	문화훈장령	문화공로자 훈장수여
	문화공로자 연금법	문화공로자 연금지급
	일본예술원령	일본예술원과 관련된 규정
문화예술 진흥	문화예술진흥 기본법	문화진흥정책규정, 신 국립극장설치운영, 예술문화진흥기금 조성

기타 관계법령	종교법인법	종교법인승인, 지도조언
	흥행장법	문화생활, 오락시설운영에 관한 법률
	소방법	환경위생관련 운영의 적정화에 관한 법률
지방공공단체 문화진흥	지방자치법	지방공공단체의 문화에 관한 사무규정
	도도부현 문화진흥조례	도쿄도는 1983년 제정, 이후 각 지방공공단체 문화조례제정
	시정촌 문화진흥조례	아키다시(秋田市), 요코스카시(横須賀市) 등 기초자치단체제정

문화정책법 중에서 문화권은 일본국헌법, 문화기본법제는 교육기본법, 문화정책주무기관은 문부과학성설치법, 문화재보호는 문화재보호법과 저적권법, 표창은 문화훈장령, 문화예술진흥은 문화예술진흥기본법, 종교는 종교법인법 등에서 각각 규정하고 있다. 그리고 지방공공단체의 문화진흥에 관해서는 지방자치법, 도도부현문화진흥조례, 시정촌문화진흥 조례 등으로 규정하고 있다.

일본은 문화정책을 추진하기 위해 다양한 목적과 내용을 가진 문화정책법을 제정하였다. 그 이외에도 문화정책에 직·간접적으로 영향을 주는 것으로는 문화예술단체 법인화에 관한 특정비영리활동촉진법, 민법의 공인법인에 관한 규정, 메세나 세제관련 규정 등이 있다. 특히 경제적 사회적 문화적 권리에 관한 국제규약, 세계문화유산 및 자연유산의 보호에 관한 조약, 무형문화유산 보호에 관한 조약, 문화적 및 미술적 저작물 보호에 관한 만국저작권조약, 레코드저작권 및 방송기관 보호에 관한 조약(로마조약) 등이 있다.

문화정책을 추진하기 위해 제정된 문화정책법에서 상위법은 하위법을 규정하면서 동시에 법 이념과 개념을 설정하고 있다. 상위법에 기초해서 제정된 하위법은 그 내용을 구체화하는 방법으로 제정되어 문화정책을 세밀하게 실천할 수 있도록 하고 있는 특징이 있다. 일본에서 문화정책법은 문화정책을 충실하게 추진하고 풍부한 문화적 결실을 맺게 하고 있다는 점에서 가치가 있다. 일반적으로 문화정책은 국가나 지방공공단체가 문화재보호, 문화 활성화, 문화생활화, 문화진흥지원 등의 차원에서 추진하고 있지만 점차 종합발전정책이나 지역활성화정책으로 확대하여 추진하는 경향이 있다. 특히 국가나 지방공공단체 수준에서 추진될 뿐 아니라 국제사회가 적극적으로 지원하는 문화정책은 지역문화생활증진과 문화교류 활성화에 매우 고무적으로 작용하고 있다.

3. 문화정책유형

일본에서 추진되고 있는 문화정책은 행정부의 문화방향, 문화입법목적, 문화행정조직, 문화관계법 등에 의해 성격, 특성, 유형, 성과 등의 관점에서 많은 차이를 보이면서 추진되었다. 그 중에서도 문화정책은 중앙정부뿐 아니라 지방정부가 어떤 이념과 구상을 가지고 어떻게 추진하는가에 따라 그 결과는 매우 다르게 나타난다. 최근 문화정책은 국민이나 지방주민의 정신적 물적 문화를 향유하고 생활화하여 문화적 가치를 높여주는 방향으로 추진되고 있다. 특히 문화정책이 국가나 지방공공단체의 종합개발정책으로 위상을 새롭게 하고 있어 더욱 중요하게 여겨지고 있어 다양하게 진행되고 있다. 문화정책이 국가 살리기와 지방 살리기 정책의 일환으로 촉진되고 있는 것이다.

일본에서 다양한 목적과 내용을 가지고 추진되어온 문화정책의 특징에 기초해서 유형화해보면, 문화를 교육적 차원에서 강조한 교육문화정책, 문화를 다자간 교류 차원에서 추진하는 교류문화정책, 문화를 생활문화로 정착시키려는 생활문화정책, 문화를 고유한 민족성으로 규정하여 보호하고 보존하여 계승하려는 특수문화정책 등으로 나타나고 있다. 문화정책 유형을 그림으로 보면 다음과 같다.

〈그림 5〉 문화정책유형

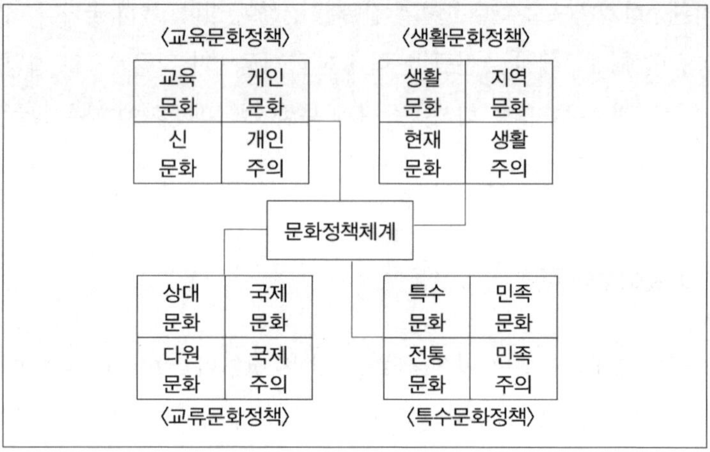

교육문화정책은 문화교육화를 통해서 개인주의, 개인문화, 신문화 등에 입각해서 새로운 문화를 창조하고 교육하는 문화교육을 활성화한다. 교육문화정책의 특징은 문화를 개인이 창조하는 것으로 보아 개인의 문화 창조 잠재력과 능력을 극대화하려는 문화교육에 초점이 맞추어지고 있는데 있다. 최근에 강조되어 추진되고 있는 문화교육은 생애학습교육이다. 인간이 일생을 각 시점에 맞춰 평생토록 학습해서 새로운 문화적 삶을 살게 하는데 목적이 있다.

생활문화정책은 문화생활화를 통해서 생활주의, 지역문화, 현재문화 등에 기초하여 생활문화를 활성화한다. 생활문화정책은 생활인이 지역생활을 중심으로 문화를 공유하고 향유할 수 있도록 하는 등 생활문화정착을 유도하는 경향이 있다. 따라서 문화는 생활이고 생활이 문화라는 관점에서 추진되고 있어 생활문화가 문화생활을 의미한다. 문화가 생활을 떠나서는 존재가치가 없다는 점을 전제로 하고 있다.

교류문화정책은 문화상대화를 통해서 국제주의, 국제문화, 다원문화 등에 입각해서 교류문화를 활성화한다. 교류문화정책의 특징은 국제적으로 통용되는 새로운 문화 창조뿐 아니라 문화 교류에 역점을 두어 추진되고 있다. 문화는 일정한 국경과 경계를 초월해서 모든 문화 소비자가 향유하는 것으로 위치지우고 있다. 따라서 이문화간의 이해를 극대화하고 문화개방을 적극적으로 추진하는 경향이 있다. 여기에서는 문화 간에 격차가 존재하지 않으며 모든 문화는 각각 자신의 고유한 특성과 가치가 있어 누구나 공유할 수 있고 교류할 수 있는 것으로 인식하고 있다.

특수문화정책은 문화특수화를 통해서 민족주의, 민족문화, 전통문화에 기초하여 특수문화를 활성화한다. 특수문화정책은 문화 동질화를 통해 국가와 민족의 정체성을 유지하고 문화를 계승하고 보호하는데 중요한 목적이 있다. 특히 계승되어 온 전통문화 또는 민족문화를 통해 국가와 민족의 결속을 다지는 경향이 있지만 다른 한편으로는 문화 간의 갈등을 심화시키는 경향이 있다. 또한 민족주의와 민족우월주의를 표방하여 민족 간의 문화갈등과 마찰을 유발하게 하는 경우도 있다.

위와 같은 문화정책은 교육, 생활, 교류, 특화 등의 방식으로 문화존재가치를 높이고, 문화 활성화를 꾀하고 있다. 문화진흥을 위한 것이라는 점에서 공통점이 있고, 문화는 독자성과 녹립성을 가지고 있지만 교류와 공유할 수 있는 보편적인 실체라는 점에서 공통하고 있다. 문화정책은 시대와 민족이 처한 상황과 문화성향에 따라 다양하게 실시되는 경향이 있지만, 적어도 문화가 인간 삶에 순기능 하도록 추진되고 있다는 점을 부인하기 어렵다. 그러나 국가나 지방공공단체가 추구해온 문화정책은 문화가 정신적 가치를 생산하는 것을 전제로 하고 있지만 문화가 삶의 가치를 생산할 뿐 아니라 지역 활성화를 위해 매우 중요한 수단이라는 것을 인식하여 적극적으로 실천할 필요가 있다. 앞으로 국가나 지방공공단체는 문화정책을 창조적 관점에서 그리고 종합정책이라는 관점에서 추진할 필요가 있다.

Ⅳ. 창조적 문화정책실태

1. 교육문화정책

에도가와구에서 실시되고 있는 교육문화정책은 다양한 교육 목적과 내용을 가지고 추진되고 있다.[17] 교육문화정책은 문화강좌를 중심으로 추진하고 있는 문화교육 강좌와 구민대학 강좌, 문화활동 활성화를 위한 문화 활동후원사업, 지역문화인재를 교육하는 문화인육성사업, 다양한 문화교육프로그램 등으로 전개되고 있다.[18] 문화교육 강

---

17) 江戸川区 区政情報室, 1999,『えどがわ』, 江戸川区 区政情報室.

18) 에도가와구는 도쿄도에 속해 있으면서도 주변에 속한 도시이다. 지역적 특징은 전통성과 근대성이 동시에 공존하고 있고, 전통문화와 근대문화가 병존하고 있는 데 있다. 인구는 60여만 명이고, 15세에서 64세 비율이 75%, 64세 이상이 10.8%을 차지하고 있다. 연간 재정은 2천 4백 7십 3억 엔으로 특히 어린아이와 고령에 대한 배려가 행·재정적으로 잘 마련되어 있다. 행·재정적으로는 국가의 자치법과 도쿄도의 각종 조례에 근거해서 정책과 방향을 추진하고 있고, 정책문화실을 중심으로 문화도시를 구축하기 위해서 문화정책에 힘을 기울이고 있다.

좌는 구에 구성되어 있는 각 협의회가 주관이 되어 주도하고 있고, 에도가와구는 재정, 시설, 프로그램, 행정서비스 등을 지원하고 있으며, 구민의 자유로운 결정과 참여로 이루어지고 있다.

문화교육 프로그램은 각 전문가로 구성된 문화인과 문화기관이 담당하고 있다. 시타만도린 강좌(음악협의회), 차 즐기는 회(다도협의회), 고문서 입문세미나(서클협의회), 가와야나기문학 이해강좌(川柳작가연맹), 사진 강좌(문화사진연맹), 단가강좌(단가연맹), 다도교양강좌(다도연맹), 뜨개질 입문강좌(서클연합회), 어머니와 딸을 위한 강좌, 하이쿠강좌(排句연맹) 등이 있다. 연간 참가 인원수는 약 2천 2백여 명 정도이다.[19]

문화강좌 및 교양강좌는 문화에 대한 이해와 실제 생활에서 향유할 수 있는 생활문화를 중점적으로 교육하여 장려하고 있다. 특히 지역에 근거지를 두고 있는 전문적인 문화인과 문화단체의 적극적인 협력 하에서 이루어지고 있다. 문화는 결코 전문적인 문화인만이 즐기는 것이 아니라 관심을 가지고 있는 모두가 즐길 수 있는 것으로 인식하여 추진하고 있고, 지역주민과 지역 외국인에게 개방한 것은 매우 고무적이다.

구민대학 강좌는 자기를 알고 상대를 알기, 일본어 볼런티어 양성 강좌, 일본어 좋은 이야기, 지역을 이해하는 방법, 특별강좌 등으로 구성되어 있다. 이 강좌프로그램은 일본과 지역사회에 대한 이해뿐 아니라 전문성을 터득해 일본문화를 타인에게 전달하고 관심 있는 자에게 지식을 전수해 줄 수 있는 문화인을 양성하는 것을 목표로 하고 있다. 에도가와구 내에 거주하고 있는 구민의 연간 참가인원수는 약 친 5백여 명 징도이다.

19) 江戸川区編, 1997,『江戸川区事務事業報告書』, 江戸川区.

문화진흥후원 프로그램은 콘서트(에도가와구 음악협의회), 소년소녀 합창단 연주회, 신인 연주회, 관악기 연주회(관악기 연맹), 필하모니오케스트라 연주회(에도가와구 필하모니오케스트라), 합창정기연주회(합창연맹), 서클연합발표회(서클연합회), PTA합창대회(소 중PTA위원회), 에도가와구 음악제(음악협의회) 등이 있다. 문화진흥사업은 전문가, 학생, 주민 등이 협력해서 음악을 통해 지역정체성을 형성하는 한편 취미생활을 할 수 있도록 배려하고 있다. 에도가와구의 경우, 구에서 필하모니오케스트라를 운영하고 있으며, 구민이 연주회에 참여할 수 있게 개방하고 있고 주민이 주체가 되어 연주회를 개최하고 있다. 다만 음악의 경우 대중음악보다는 이른바 건전음악으로 알려진 고전음악중심으로 편성되어 있어 대중음악을 즐기는 젊은 층에 대한 배려가 미약하다는 한계를 가지고 있다. 문화인 육성프로그램은 에도가와구의 필하모니오케스트라 육성사업과 에도가와구 소년소녀합창단 육성사업이 대표적이다. 그것은 지휘자 파견(94회), 악기대여(16점), 연습장 제공(24회) 등의 활동이 주축을 이루고 있다.

교육문화정책은 주민의 문화교육을 책임지고 있는 구의 행정능력과 인력을 통한 문화교육프로그램, 역내에 주거하여 활동하고 있는 전문예술인 및 문화인의 주도와 지도, 지역에 거주하면서 문화교육을 받고자 하는 주민참여 등 구, 예술인, 주민 등이 삼위일체가 되어 이루어지고 있다. 특히 주민의 교양과 문화지식을 향상시켜 문화생활을 생활화할 수 있도록 문화교육 참여를 유도하고 있다. 교육문화정책은 지역주민의 참여교육에 바탕을 두고 지역주민을 문화소비자뿐 아니라 문화생산자와 전도사로서 양성하려는 의도를 충분히 반영하여 추진하고 있다.

2. 생활문화정책

생활문화정책의 목적은 문화가 풍부한 지역을 만들어 에도가와구민의 문화적 삶의 질을 향상시키는데 있다. 구에서는 그런 목적을 달성하기 위해 문화진흥프로그램과 문화공간을 확보하는데 주력하고 있다. 생활문화정책은 문화생활 공간정비 및 확대, 생활문화제가 중심적이다. 구내에 설비되어 있는 문화생활공간으로는 문화시설사업(구 운영호텔), 공동체 도서관(구내6개소), 공원(131개소), 아동유원지(257개소), 광장(307개소), 구민관(5개소, 이용자 약80만 명), 지역회관(487개소, 이용자수 3만 명), 구 종합문화센터 등이 있다.

특히 구가 운영하는 종합문화센터는 각종 행사를 할 수 있을 뿐 아니라 회의실과 다양한 모임시설을 구비하고 있어 필요하면 언제든지 이용 가능하도록 개방되어 있다. 연 이용자수는 90만 명에 달한다. 문화생활 공간 중에서 가족이 모여 문화 활동할 수 있는 공원이 각 지역 요소요소에 설치되어 있다. 그리고 그곳에서 가족놀이와 지역공동체놀이를 할 수 있도록 정비한 것은 문화생활 중에서 가족 중심의 공동체 놀이가 매우 중요하다고 인식하고 있다는 것을 알 수 있다. 생활문화 공간정책은 문화시설 확대를 통해 주민에게 문화공간을 이용할 수 있게 하고, 그 속에서 각종 문화기능을 자율적으로 터득하며 즐길 수 있는 문화시설을 정비하는데 있다.

특히 지역수준에서 잘 발달한 제도와 시설이 완비되어 있고, 지역주민의 이용도가 높은 곳이 구내 지역도서관이다. 구민 모두가 다양한 용도로 함께 사용할 수 있도록 하고 있다는 점에서 공동체 도서관이라는 의미가 강하다. 도서관은 일반도서와 아동도서를 포함해서 16만 여권을 소장하고 있고 연 이용자수는 약 20만 명에 이르고 있다.

구 직영도서관은 6개이며, 니시카사이(西葛西)의 경우, 도서관 구조는 1층에 아동열람실, 잡지실, 비디오실 등이 있고, 2층에는 개가열람실이 있으며, 3층에는 지역주민이 모임을 할 수 있는 회의실이 마련되어 있다. 도서관 열람자격은 구에 거주하는 구민이며 외국인도 동등하게 이용하거나 사용할 수 있다. 도서 대출의 경우, 개인당 5권 2주까지 가능하며 구내에 있는 어떤 도서관에서도 대출과 반납이 가능하다.

지역문화진흥과 활성화에 공로가 있는 문화인이나 단체를 격려하기 위해 문화상을 수여하고 있다. 생활문화제는 주민들이 터득한 문화기능을 경연을 통해 질적·양적으로 향상시키는데 목적이 있다. 에도가와구가 야심차게 실시하고 있는 것이 국화전(출품 194점), 꽃꽂이대회, 다도전, 서도전, 배구대회, 미술전, 가와야나기대회, 단가대회 등이다. 문화상을 통해 문화인을 격려하고 인정하고, 문화경연을 통해 문화인을 양성하고 문화계승을 동시에 추구하고 있어 많은 효과를 거두고 있다.

생활문화정책은 문화가 곧 생활이며, 문화가 복지라는 슬로건 하에서 시행되고 있어 좋은 결과를 내고 있다.[20] 에도가와구뿐 아니라 주민이 만족하는 문화교육이 이루어지는 이유이다. 문화생활화는 주민 모두가 참여하여 문화를 즐기고, 전문 문화공동체를 만들어 유지하는 가운데 문화의 맥을 이어가고 있다는 점에서 매우 중요하다. 그리고 그런 방향은 앞으로 문화정책을 추진하는 원동력이 될 뿐 아니라 지역문화 공동체를 발전시키고 강화시키는 역할을 할 것으로 기대된다. 생활문화정책은 문화시설의 확충을 통해 지역주민이 이용할 수 있는 문화공간을 마련해주며 또한 문화 활동을 통해 문화적 기능을

20) 江戸川区 福祉部福祉推進課, 2008,『熟年者福祉事業一覧』, 江戸川区 福祉部福祉推進課.

터득하고 문화역량을 발휘하여 구의 문화적 환경을 풍부하게 하고 문화를 생활화하고 활성화시키고 있는 특징이 있다.

3. 교류문화정책

교류문화정책은 지역 내 주민간의 문화교류를 왕성하게 하여 문화와 문화 활동을 통해서 문화생활화를 구축하고 동질성을 느껴 함께 교감을 갖는 가운데 풍요로운 문화적 삶을 살 수 있도록 하는데 목적이 있다. 근대화와 산업화가 진행되는 가운데 가족공동체가 해체되고 가족 간 그리고 지역 교류가 소원해지고 있다. 따라서 가족공동체를 대신할 수 있는 문화공동체를 형성하여 지역생활과 개인생활을 만족하도록 교류문화정책을 추진하고 있다.

다른 한편으로는 국제화와 일본개방으로 각국에서 많은 외국인이 지역으로 유입되어 지역 국제화가 급속도로 확산되고 있다. 주민의 국제화의식을 높이고 공존할 수 있는 공간과 연결고리를 창조하고 구축하는 것이 매우 중요한 과제로 등장하였다. 외국인과의 공존, 외국문화에 대한 이해, 문화교류 통한 이질성해소 등 문화교류는 다양한 기능과 역할을 하고 있다. 이문화간의 문화적 이해를 높여 문화 간 마찰을 해소하고 문화를 통한 갈등을 극복하려는 의도가 있다. 그것뿐 아니라 자기문화를 상대방에게 알리고 상대방 문화를 이해하는데 교류의 의미가 있다. 상대방 문화를 적극적으로 수용하고 인정하려는 차원에서 추진되고 있는 교류문화정책은 외국인과 이문화를 서로 이해하고 공유할 수 있다는 점에서 매우 중요한 역할을 하고 있다.

에도가와구에서 추진하고 있는 교류문화정책은 도시간의 자매결연을 통한 문화교류, 지역에 기초를 둔 학교간의 학생교류, 언어, 음악, 민속무용, 경제, 복지 등과 같은 영역에서 지역 간 및 국제 간 교류로 추진되고 있다. 문화교류사업 중에서 이문화간의 문화교류는 언어교육 및 언어연수, 문화체험, 음악, 전통무용 등이 중심을 이루고 있고, 인적 교류는 학생 및 교사, 구의 단체장 및 구의회 의원, 행정담당자 등의 교류가 활발하다. 기타 활동으로는 문화제, 경제, 복지 등의 영역에서도 교류가 활발하게 이루어지고 있다.

지방공공단체의 국제화로 인하여 자매결연을 통한 외국도시와의 교류가 활발해지고 있다. 에도가와구의 자매도시는 호주의 시드니 시와 고스포트 시가 있다. 자매도시와의 교류는 행정 및 경제교류, 시의원 교류, 자매도시 간 행사 교류 등으로 이루어지고 있다. 학생 간 교류는 중등학교 학생교류, 대학생 교류 등을 통해 음악 및 문화체험 교류를 하고 있다. 일본어 교류는 홈스테이를 적극적으로 활용하고 있고 일본어를 학습하는 외국인에게 언어 및 문화체험을 할 수 있도록 하고 있다. 음악교류는 각종 민속 및 대중음악 교류, 합창단 교류 등을 하고 있다. 민속무용교류는 각국의 민속무용단을 초대하여 교류를 하고 있다. 그 이외에도 벚꽃 축제 시 외국인을 초빙하는 문화교류를 하고 있다.

교류문화정책은 지역 내의 문화교류를 통해 동질성을 회복하여 지역공동체 기능을 강화하고, 동시에 문화적 교류를 통해 생활에 활력을 불어넣는 역할을 하고 있다. 그리고 문화뿐 아니라, 행정, 사람, 제도 등 교류대상도 다양해지고 확대되고 있다. 외국과의 교류는 각국 전통문화를 일본에 소개하거나 일본전통문화를 외국에 소개하고, 문화를 직접적으로 체험하여 이문화를 이해하고 공유하는 방향으로 진행하고 있다. 아직까지는 국제간 문화교류는 자매도시간의 교류와 같이 일정한 지역에 한정되고 있고, 문화교류의 다양성이 부족하다는 약점이 있다.

4. 특수문화정책

현재 각 지방공공단체는 젊은이와 지역인재의 유출이 심각해지고 있을 뿐 아니라 지역공동체 해체라는 위기에 직면해있다. 지역공동체 해체는 지역사회해체, 지역 상권과 산업 해체 등으로 이어져 지방공공단체의 기능약화와 축소로 이어지고 있다. 따라서 지역의 전통성을 살리고 발전을 추구하기 위한 문화전략이 매우 중요해졌다. 에도가와구도 예외는 아니다. 고령화율이 높아지고 젊은이의 비율이 낮아지고 있다. 그런 차원에서 보면, 특수문화정책은 전통문화를 활성화하고 육성하는 동시에 문화공동체와 지역공동체를 만들어 구민의 결속과 정체성을 강화하기 위해서 실시하고 있는 측면이 있다.

에도가와구가 추진하고 있는 특수문화정책은 전통적으로 전승되어온 마쓰리정책, 세대 간 계승되어온 문화재보호정책, 다양하게 분산되어 있는 전통문화진흥정책 등이 대표적이다. 그 중에서도 지역에서 추진하고 있는 마쓰리가 대표적이다. 에도가와구의 마쓰리는 에도가와구가 주관하는 구민 마쓰리와 각 지역이 담당하는 지역마쓰리로 구성되어 있다. 지역마쓰리는 고이와, 시시보네, 카사이, 고마쓰가와, 도부 등에서 약 13개 마쓰리가 열리고 있다. 참가인원도 약 100만 명이 되고 있다. 에도가와구 구민 마쓰리는 구가 주관하는 것으로 개최일은 매년 10월 10일이며, 대회장은 도립 시오자키 공원이다. 1996년도 참가자수는 54만 명으로 에도가와구에서 제일 큰 마쓰리이다.

에도가와구에서 추진하고 있는 지역마쓰리는 유원지, 공원, 강, 구민관, 학교, 각 지역상가 등에서 이루어지고 있고, 누구나 참여할 수 있도록 하고 있다. 〈표 2〉는 에도가와구에서 열리고 있는 마쓰리 현황이다.

〈표 2〉 애도가와구의 지역마쓰리 현황

지역명	마쓰리명	개최장소 및 참가인원
고이와(小岩)	고이와 미도리히마쓰리, 중부마쓰리, 서고이와마쓰리, 고이와구민마쓰리, 기타 고이와마쓰리	아동유원지, 공원, 구민관 등에서 개최, 약 15만여 명 참가
시시보네(鹿骨)	시시보네구민관 마쓰리	시시보네구민관 5만여 명 참가
카사이(葛西)	카사이간다마쓰리, 후로카와마쓰리, 카사이마쓰리	카사이구민관 및 공원 20만여 명 참가
구민과	중앙지역마쓰리, 시오자키마쓰리	시오자키공원 50만여 명 참가
고마쓰가와(小松川)	청년카니발, 히라이마쓰리	고마쓰초등학교, 중학교 6만여 명 참가
도부(東部)	도부지역마쓰리	도부구민관 및 도부공원 5만여 명 참가
계	13개 마쓰리	약 100만여 명

출처 : 江戸川区編, 1997, 『江戸川区事務事業報告書』, 江戸川区에서 작성.

지역마쓰리는 지역에 대한 동질성을 확보하여 지역공동체를 강화하고, 문화정체성을 창출하여 지역민간의 유대를 돈독히 하는 역할을 하고 있다. 지역마쓰리는 지역주민이 주축을 이루고 있고, 지역 특징을 살리는 방향으로 추진되고 있다. 지역마쓰리는 일반적으로 하나비(花火) 마쓰리라는 불꽃놀이가 중심적이다. 벚꽃이 피는 봄철에는 하나미(花見) 마쓰리가 주축을 이루고 있다. 하나미 마쓰리는 지인이나 가족, 친족, 직장인 들이 벚꽃놀이를 하는 것이다. 다른 하나는 소단위 지역을 중심으로 시행되고 있는 지역마쓰리가 있다. 이것은 지역주민이 주체가 되어 미코시(御輿)를 들고 행렬을 하며 도시락을 먹고 즐기는 놀이이다. 상인과 지역유지가 중심이 되는 상가(商街)마쓰리는 지역경제를 활성화하려는 의도가 담겨있는 특징이 있다.

지역문화재는 지역에 있는 전통문화재라는 의미를 갖고 있지만 관광자원이 되거나 도시 브랜드의 상징이 되고 있어 매우 중요하다. 문화재 보호관리 사업은 역사적으로 승계되고 있는 전통문화가 지역에서 보존되고 학습장소로서 활용되는 특징이 있다. 문화재 보호를 위해서 구에서는 문화재 장려금과 보조금을 지급하는 등 적극적으로 추진하고 있으며, 문화재보호 장려금 및 보조금으로 연간 약 4백만 엔을 지원하고 있다. 문화재 종류는 유형문화재, 무형문화재, 유형민속문화재, 무형 민속 문화재, 사적, 천연기념물 등이 있다.

문화재보호프로그램은 문화재조사사업, 문화재보호 및 정비, 문화재활용 및 보호사상 보급, 문화재 서머스쿨운영, 문화재 사적 견학, 광고 및 보급 활동 운영, 전통문화진흥사업 등이 있다. 문화재보호정책은 문화재보호 및 관리가 주축이 되고 있다. 그것은 향토자료실 관리 및 운영 등을 통해 문화재 활용과 보호사상을 확산시켜 문화재 사적을 널리 알리고 전승하기 위한 문화정책이다. 문화재를 지정하는 문화재 심의회의는 14명의 위원으로 구성되어 있고 연2회 개최한다. 구성은 부회로 되어 있는데 제1 및 2부회는 유형문화재, 제3부회는 무형문화재, 제4부회는 민속 문화재, 제5부회는 사적 천연기념물을 각각 담당한다.

위와 같이 전후 일본에 추진되고 있는 지역문화정책은 다음과 같은 특징이 있다. 첫째는 문화정책이 교육문화, 생활문화, 교류문화, 특수문화 등을 활성화하는 방향에서 시행되고 있다. 일본의 문화정책은 중앙에서 총체적 차원에서 추진하고 있지만, 각 지역에서 추진하고 있는 문화정책은 지역특성에 맞는 방향에서 추진하고 있다. 문화정책의 구체적인 내용은 각 지역의 특성과 환경에 따라 차이를 보이고 있지만 획일적이라는 비판이 일고 있다. 지역특화를 전제로 지역발전과 활성화를 목적으로 하는 창조적인 문화정책을 추진할 필요가 있다.

둘째는 문화기반정비와 확대사업이 필요하다. 지방공공단체는 지역문화진흥을 위해서 전반적인 문화제도 정비, 문화정보시스템 정비, 문화단체조직 정비, 문화시설의 물적 기반조성, 예술가 인재육성, 지역문화 인프라 구축, 문화재정지원 등을 적극적으로 추진하고 있다. 동시에 문화 활동을 활성화하기 위해 장려하고 원조도 하고 있다. 그것은 예술가 및 예술단체, 지역주민 등이 문화 활동을 하는데 있어 창조적이며 선구적으로 하도록 유도하는 정책이며, 재정지원과 예술제 중심적으로 추진되고 있지만 총합적 문화지원책을 새롭게 구상해야 할 것이다.

셋째는 문화생활화 전략이다. 문화는 생활이고 생활은 문화이며, 문화 활동은 생활 활동이고, 생활 활동은 문화 활동이라는 차원에서 추진되고 있다. 문화는 구경하는 것이 아니라 생활 속에서 들여와 향유할 수 있고, 지역 활성화와 공동체를 만들어 내는 힘으로 활용하는 것이다. 따라서 주민이 문화행사 및 문화제에 참가하여 향유할 수 있는 기회를 확산시키고 지원하는 것이 중요하다. 그런 맥락에서 문화재보호와 활용이 적극적으로 이루어지고 있다. 문화재는 그 자체가 일본문화와 역사를 상징하고 있어 미래문화의 기초가 된다는 인식하에서 적극적으로 보호 및 관리하고 있다.

넷째는 문화를 통한 지역내교류, 국내교류, 국제교류 등을 추진하고 있다. 문화는 단순히 예술문화에 한정하고 있는 것이 아니라 생활에 관련된 물적 정신적 환경을 문화로 보고 있다. 따라서 문화교류 범위가 확대되고 다양화되는 특징이 있다. 문화교류는 일본과 일본국민이 국내사회와 국제사회에서 문화 간 교류를 통해 서로 이해하고 공유하는 국제적 문화네트워크를 구축하는 방향으로 추진되고 있다. 문화영역에서 탈 국경화가 촉진되고 있다.

위와 같이 일본에서 추진되고 있는 지역문화정책은 주민을 실제로 문화 활동에 참가시키는 참여적인 문화 활동을 강조하고 있다. 문화를 향유하고, 창조하고, 생활화하기 위한 문화지식과 정보를 충분하게 발신해주는 기능을 하고 있다. 다양하게 요구하는 문화소비자의 기호에 맞는 문화 내용과 활동 프로그램을 구체화하여 대응하고 있다. 그런 의미에서 보면, 지역문화정책은 추상적이며 형식적인 문화정책으로부터 탈피하고 창조적이며 실천적인 문화전략과 정책을 통해 문화 살리기와 지역 살리기를 추구하는 방향에서 시행할 필요가 있다.

V. 맺는 글

일본에서 진행되고 있는 지역문화정책은 많은 장점을 가지고 있지만 더욱 활성화하기 위해서 다음과 같은 점을 개선하는 방향에서 추진되어야 한다. 첫째는 행정 중심적 문화정책으로부터 생활문화론에 기초한 생활자 중심적 문화정책으로 패러다임을 전환해야 한다. 생활문화는 행정적 차원의 문화정책과 시민적 차원의 문화정책을 포괄하는 것으로 총체적인 문화정책을 지향하며 생활자가 문화를 생활화하는 것을 목적으로 해야 한다. 문화행정은 행정부서가 주체가 되어 추진하는 문화정책으로 주민이 주체가 아니라 대상이 되는 것이다. 따라서 문화소비자 입장에서 문화행정과 문화전략을 추진할 필요가 있다.

둘째는 국제문화정책의 확대와 실효적인 전략이 필요하다. 지역문화정책은 문화공간과 문화내용을 정비하고 다양화하여 향유하도록 하고 지역공동체를 강화하는데 주력하고 있다. 특히 외국인의 거주자가 증가하고 있는 현실에서 문화정책은 문화를 외국인에게 알리는 것에 머무르고 있어 외국인의 문화욕구에 대응하지 못하는 한계를 노출시키고 있다. 국제문화정책은 국내 지역으로 유입된 외국과 문화로 인해 유발되는 문화 간의 갈등을 민간차원에서 극복할 수 있는 통로가 된다는 점에서 앞으로의 문화정책에서도 중요한 위치를 점하게 될 것이다. 또한 국외지역과의 문화교류 통해서 대중문화와 전통문화를 공유하는 새로운 정책이 필요하다. 문화는 이질성을 강조하는 전통적 문화인식에서 벗어나 새로운 동질성과 정체성을 공유하는 차원에서 추진하는 것이 중요하다.

셋째는 지역에 의한 대중문화정책이 필요하다. 문화정책은 전통문화를 대상으로 적극적으로 추진하고 있어 문화정책의 중요한 대상이 되며 문화소비재로서 가치가 있는 대중문화에 대한 정책이 미약하다. 전통 지향적 문화정책은 형식적이며 온존적인 성향을 띠거나 차별성과 이질성을 노출시킬 위험성이 있다. 따라서 문화정책의 형식화와 비현실화를 극복하기 위해서는 전통문화와 대중문화를 균형 있게 추진할 수 있는 문화정책개발이 필요하다. 새롭게 등장하여 빠르게 전파되어 흡수하고 수용하는 대중문화활성화 정책을 적극적으로 추진할 필요가 있다.

21세기는 문화공유시대이며 문화정책공유시대이다. 이런 흐름에 부응하기 위해서 문화정책은 경계를 초월해서 교류되고 수용되어야 한다. 또한 각 문화가 갖고 있는 특징에 대한 질적 평가는 상대적이어야 하며 공평해야 한다. 문화는 누구나 향유하고 이해하고 공유할 수 있는 새로운 문화개념이 필요하고, 각 문화가 갖고 있는 문화경계를 초월해서 누구나가 이해하고 향유할 수 있어야 한다. 지역화와 국제화가 급속히 진행되고 있는 현시점에서 지역은 교류 문화공간과 생활문화를 창출하고 있을 뿐 아니라 문화 국제화의 주체로서 각광을 받고 있어 지역발전과 성장을 주도할 수 있는 종합적인 문화정책을 적극적으로 추진해야 할 것이다.

제4장 지역문화시대와 문화진흥

Ⅰ. 머리글

문화는 시대적 사상과 인간의 삶 환경에 의해 다양한 유형과 내용으로 나타나 정의하기가 매우 어렵다.[1] 어떤 의미에서 보면, 문화는 인간 삶을 윤택하게 하고 정신적 가치와 물질적 풍요를 확보하기 위해, 자연을 이용가능 하도록 하는 과학과 지식을 발전시키며, 생각과 사상을 구체화하는 과정에서 형성해온 물질적이며 정신적 실체이다. 인간 삶을 윤택하게 하는 요소는 의식주라는 생활양식을 시작으로 기술, 학문, 예술, 도덕, 종교, 정치, 경제, 상품, 가치관, 사상, 교육, 또한 사회를 구성하고 있는 사람들에 의해 형성된 관습, 전달되는 행동양식, 언어, 풍습, 다양한 제도 등으로 존재한다.

미래문화는 존재하지 않지만, 문화는 인간의 과거나 현실에 존재하여 인간 삶과 사회에 영향을 주는 동시에 미래사회에도 영향을 미치는 특징이 있다. 인간은 미래적 활용을 예측하여 문화를 새롭게 창조하고, 과거 및 현재 문화를 활용하여 문화적 가치를 생산하여 삶을 풍요롭게 한다. 필요하면 미래를 위해 기존 문화를 버리고 유용한 문화를 창조할 수 있다. 문화는 일상화하고 제도화하며, 전략적으로 개발하고 보존하며, 창작하고 활용하여 인간 삶의 윤택함을 촉진시키는데 존재가치가 있고, 그것을 위한 것이 이른바 문화정책이라고 할 수 있다.

---

1) 이 내용은 "구견서, 2014,『일본학보』제98집,「일본에 있어서 지역문화정책의 기본방향」, 한국일본학회" 논문을 대폭적으로 수정 보완한 것임.

일본에서 문화정책은 제국주의시대에 국가정책의 일환으로 추진되었다는 의미에서 문화통제성격을 강하게 띠었다. 문화가 국민결속과 국가사상을 홍보하고 실천하는 수단으로 활용된 것이다. 이 시점에서 문화정책의 대상이 되는 문화는 대중이나 국민이 향유할 수 있는 순수 문화라기보다는 이념이 가미되어 왜곡된 국책문화의 성격을 강하게 띠었다. 역사적으로 문화는 대중이 생활 속에서 즐길 수 있다는 점에서 순수하기도 하지만, 국가가 목적을 갖고 이용하고 왜곡되기도 한다는 점에서 정책과 전략의 대상이 된다.

전후 일본은 포츠담 선언을 수락하면서 제국주의적 문화정책에서 벗어났다. 이후 일본은 제국국가나 문화통제국가에서 벗어나 문화국가로의 길을 선택하였다. 그것은 전시 중 각종 문화예술 활동을 엄격하게 통제하고 제재했던 치안유지법, 신문지법, 영화법 등을 폐지하는 한편 문화지도의 이름으로 존재했던 통제나 간섭을 배제하는 것을 의미하였다. 전전의 문화통제에 대한 반성으로 문화예술 활동의 자유를 인정하고, 국가나 지방공공단체가 문화예술 활동에 대해서 간섭하지 못하도록 하였다. 그런 의미에서 전후 일본은 문화국가를 구축하는 방향에서 문화를 전쟁의 반대개념이나 이념으로 규정하는 한편 평화국가를 만드는 기본적인 토대로 인식하였다.

일본문화정책의 기본이념은 「일본국헌법」, 「지방자치법」, 「문화예술진흥법」 등에서 다양한 목적과 전략을 가지고 폭넓게 규정하고 있다. 문화관련법에 기초한 국가의 문화정책 기본이념은 일본 국가를 문화국가로 건설하는데 있다. 그것은 제국주의적 문화국가가 아니라 민주적이며 자유주의적인 문화국가이다. 강압과 통제가 아니라 선택과 자유의지를 실현하는 문화국가를 의미한다. 따라서 문화나 문화정책에는 국가 개입보다는 국민의 자유의지가 반영되는 것이 무엇보다도 중요하였다.

문화국가를 구축하기 위해 문화정책이 추진된 것은 중앙정부수준에서 폭넓게 규정한 일본국헌법에 근거하고 있지만, 1968년 문화정책기관으로서 「문화청」이 설치되면서부터였다. 중앙정부의 문화정책은 문화국가를 구축하는 동시에 문화지역을 만들어 내기 위해서 지방분권주의, 지방자치주의 등을 충실하게 시행하여 지역문화정책을 활성화하는 의도가 함의되어 있다. 지방공공단체는 각종 문화관련법에서 규정한 문화정책에 관한 의무를 실행하여 지방문화를 활성화하는 동시에 지방 활성화를 추구하고 있다.

지방공공단체 수준에서 문화정책은 「지방자치법」이 제정되고, 지역문화진흥과 지역 만들기를 활성화하는 방향에서 추진되고 있다. 1983년 이후 매년 자치성은 지역 만들기 우수 지방공공단체를 선정해서 장관 표창을 실시하여 지역 만들기와 지역 활성화를 적극적으로 추진하는 동기를 부여하였다. 1990년 문화예술진흥기금이 창설되면서 문화정책이 활성화되었고, 2001년 2월 문화예술관계자들의 오랜 숙원이었던 「문화예술진흥기본법」이 공포되어 문화예술정책이 본격화되었다. 그와 동시에 지역문화관련 행정방향을 규정하는 「문화예술진흥에 관한 기본적 방침」이 구체화되면서 지역문화정책이 본 궤도에 오르게 되었다.

일본은 전통문화보전을 위해 문화재보호법을 구체화하였고, 새로운 일본적 문화 창출과 국제적 문화교류를 활성화하기 위해 각종 문화관련 조항을 체계화하였다. 그것은 문화국가 건설과 함께 도래한 문화공유시대에 대응하기 위한 국가나 지방공공단체의 적극적인 시도에서 시작되었다. 1980년대 촉발된 문화시대를 구축하기 위해 문화정책이 본격화되었을 뿐 아니라 지역문화시대를 구축하기 위한 지역문화정책이 구체화되었다.

문화정책은 문화진흥을 중요한 내용으로 규정하여 많은 가치를 창출하고 있어 중요성이 더해가고 있고, 지역문화정책은 지역문화진흥을 중요한 목적으로 하여 지역문화예술 활성화와 지역발전을 도모하고 있다. 이 책에서는 국가 및 지방공공단체 수준에서 문화정책이 추진하는 문화진흥과 관련된 이념과 방향을 문화정책관련 법제와 문화예술진흥 관련 법제를 통해 분석하여 체계화하고자 한다. 국가문화정책과 지방공공단체 문화정책은 문화진흥을 꾀하도록 일정하게 법적으로 규정된 이념과 방향에서 추진하고 있어 구속력과 강제성을 띠고 있는 특징이 있다.

Ⅱ. 지방시대와 문화시대

1. 지방시대의 태동

지방시대가 등장한 배경에는 전후 30여 년에 걸친 경제성장과 함께 선진국 일원으로 과학기술발전에 동반한 국가성장이 있었다. 다른 한편으로는 공업화, 산업화, 도시화 등이 진전되어 도시중심의 발전이 이루어져 대도시가 형성되면서 상대적으로 지방은 저발전과 함께 위축되는 가운데 도시와 지방간의 큰 격차가 있었다. 발전과정에서 환경파괴, 자원낭비, 인간소외, 생활 풍부함 결여 등과 같은 비경제적인 측면에서의 과제가 노출되어 경제성장에 대한 반성과 수정을 요구하는 사회 목소리가 높아졌다.

세계적으로는 슈마허가 『작은 것이 아름답다』(small is beautiful)를 주창하면서 대량생산과 과잉발전에 대해서 경고를 하였고, 하드측면의 발전보다는 소프트 측면의 발전을 강조하여 국제사회에 영향을 주었다. 일본에서는 정치적인 측면에서 지방개혁과 발전을 시도하려는 혁신 지방공공단체의 움직임이 활발하였다. 혁신 자방공공단체는「중앙포위망론」(中央包囲網論)을 주창하여 새로운 지방시대의 방향과 비전을 제시하였다. 지방공공단체는 중앙정부의 시책 메뉴얼과 재원을 받고, 지정도시로 인정받아 지역진흥과 연결시키는 중앙- 지방연결망을 구체화할 것을 강하게 요구하였다.

혁신 지방공공단체의 개혁적 움직임은 지방시대라는 구체적인 슬로건을 탄생시켰다. 지방시대는 대도시 개발보다는 지역개발을 주창하는 지역 살리기를 의미한다. 지역이 자치의식을 갖고 스스로 개발하고 발전시키는 적극적인 의미를 함의하고 있다. 1976년「지방제도조사회 제16차 답신」에서는 주장한 자치의식 향상이 지역개발의 핵심이라고 인식하였다. 중앙정부의 계획이나 지원에만 의존하는 개발이 아니라 지방스스로가 자주적인 계획과 의지를 갖고 발전시키는 것이다. 중앙과 지방의 격차를 줄이는 동시에 지방의 자립성과 자율성을 확보하는 것이다.

지방시대라는 개념은 1970년대 후반에 들어서 본격적으로 주창되었다. 지방공공단체 장이었단 나가스 가즈지(長洲一二), 하타 야와라(畑和), 미야자키 히로시(宮沢弘) 등이 지방자치와 지방 발전을 강조하는 의미에서 주창한 것이다. 1978년 7월「제1회 지방시대 심포지엄」(第一回地方の時代シンポジウム)이 요코하마시에서 2일간 개최되어 나가스 가즈지(長洲一二)지사는 '시방시대라는 것은 정치 및 행·재정시스템이 위임형 집권에서 참가형 분권제로 전환할 뿐 아니라 생활양식이나 가치관의 변혁을 포함한 새로운 사회시스템의 탐구'라고 정의하였다. 지

방시대 심포지엄에서는 지방시대라는 개념을 등장시키고 동시에 지역개발과 발전의 중요성을 강하게 피력하였다.

1979년 「지방제도조사회 제17차 답신」에서는 국가 및 지방의 행·재정 간소효율화, 지방분권 달성 등이 지역개발이나 지방시대를 구축하는 기본적인 핵심실천사항으로 제시되었다. 그것을 위한 기본적 과제는 행정 역할수정과 행·재정 간소효율화, 지방공공단체의 자율성 및 자주성강화, 지방행정에 있어서 지역적 다양성 중시, 광역 및 근린 행정수요에 대한 적절한 대응, 주민자치의식 향상 등 5개 항목을 제시하였다[2]. 지방시대는 정치, 행정, 재정 등의 영역에서 자립성을 확보하고 경쟁력을 향상시켜 독립하는 것을 의미한다.

지방시대를 강하게 주장한 곳은 주로 대도시권 주변에 있는 지방공공단체였다. 1978년 도쿄도, 사이타마현, 가나가와현, 요코하마시 및 가와사키시 등 5개 지방공공단체가 모여 설치한 「수도권지방자치연구회」(首都圈地方自治研究会)는 지방공공단체가 직면한 수도권문제 해결과 지방공공단체의 자기개혁과 방향 탐구와 같은 지방공공단체가 당면한 과제를 해결하기 위한 정책 제언 프로젝트의 일환으로 추진되었다. 이후 1979년 지방시대라는 슬로건이 유행어가 되어 1979년 통일지방선거를 앞두고 정치적으로 이용되었다.

지방시대가 주창되는 가운데 대도시권의 지방공공단체가 아니라 지방의 지방공공단체 장이었던 히라마쓰 모리히코(平松守彦) 오이타지사(大分県知事) 등은 기존의 주장과는 다른 지방시대를 주창하였다. 지방공공단체 개혁을 추구하는 의미에서는 동일하지만 대도시권과의 격차를 줄이고 발전시키려는 새로운 방향을 제시하고 있다는 점에서

2) 増島宏, 1982,『現代日本の思想構造』, 法律文化社. pp.233-242, 구견서, 1999,『현대일본사회론』, 지문당, pp.176-183.

차이가 있다. 중앙정부에서는 1979년 오히라 마사요시(大平正芳)수상이 성장정책의 한계를 극복하기 위해「전원도시국가구상」(田園都市国家構想)이라는 새로운 발전개념을 주창하였다. 학계에서는 마쓰시타 규이치(松下圭一), 니시오 카쓰(西尾勝), 치카라이시 사다가즈(力石定一) 등이 지방시대를 구축하기 위한 이론을 구체화하여 제언하기도 하였다.

중앙정부는 다양한 측면에서 지역개발정책을 추진하였고, 지방정부는 지방시대에 기초한 지역개발정책을 추진하였다. 정부수준에서 강조한 것은 1979년 8월 각의결정한「신경제사회7개년계획」이다. 신경제사회7개년계획에서는 종래 공공행정이 담당하는 분야나 새로운 주민니즈로 상정한 분야를 공적 서비스로 인식하였다. 특히 지방에 있어서 정주조건의 정비 일환으로 높은 수준의 교육, 문화, 보건, 의료, 복지 등의 기능을 적정하게 배치할 필요성을 인식하는 한편 그것들을 발전시키기 위해 총합적 도시개발계획이나 지역개발프로젝트 영역으로 편입하였다.[3]

1980년대 지방시대는 구상한 대로 큰 진전이 이루어지지 않았다. 1980년대는 중앙정부가 재정건전화정책을 적극적으로 추진하여 지방으로의 재정자금지원을 감소시켰다. 더불어 지방으로부터의 인구유출이 재연되었으며, 대도시권과 지방권의 격차가 더욱 확대되었다. 그 상황에 대해서 히라마쓰 모리히코(平松守彦) 오이타 지사는「지방시련의 시대」(地方試練の時代), 호소가와 모리히로(細川護熙) 쿠마모토 지사는「지방반란의 시대」(地方反乱の時代)라고 불렀다. 호소가와는「일본 하나로 만들기 운동」(日本一づくり運動)을 추진하면서 실천내용을『히나노논리』(雛の論理)에서 주장하였다. 1980년대 지방시대가 본격적으로

3) 增島宏, 1982,『現代日本の思想構造』, 法律文化社, p.256.

실천되지 못하여 지방으로부터의 이의제기가 있었고, 독자적인 지방 시책이 새롭게 각광을 받았다.[4]

1990년대에는 경제대국을 구가하던 일본경제가 위기를 맞게 된다. 1990년 초 버블경제가 붕괴되면서 중앙정부에 대해서 다양한 요구가 제기되었다. 버블경제붕괴에 따른 경기대책으로 국가의 적극적 개입을 요구하였다. 국가는 지방에서 양적인 공공사업을 적극적으로 실시하였다. 그러나 국가사업의 내용과 사업 량 확보가 중시되는 면이 있어 신뢰를 얻지 못하는 정책으로 인식되었다. 그런 정책에 대한 반향으로 '중앙논리로는 지방이 좋아지지 않는다'라는 반성이 지방에서 펴졌다. 가지와라 히로무 기후현(梶原拓, 岐阜県)지사 등은 「지역다움」(地域らしさ)을 제시하고, 지방공공단체의 독자적인 시책으로 선정경쟁(善政競争)을 주장하는 등 지방 스스로 지방을 살리려는 움직임이 일어났다.

1998년 도쿄대 교수 쓰키오 요시오(月尾嘉男)의 주창으로 데라다 스케시로 아키타현 지사(寺田典城, 秋田県知事), 마스다 히로야 이와테현 지사(増田寛也 · 岩手県知事), 아사노 시로우 미야기현 지사(淺野史郎 · 宮城県知事), 가지하라 히로무 기후현 지사(梶原拓 · 岐阜県知事), 기타가와 마

4) 히나노논리(鄙の論理)는 호소가와 모리히로와 이와구니(細川護熙 · 岩国哲人)가 쓴 책이다. 국가가 바뀌지 않으면 지방에서 바뀌는 것을 보여줄 필요가 있다는 주장이다. 호소가와는 쿠마모토지사이고, 이와구니는 시마네현 이즈모시장(島根県出雲)이었다. 구마모토와 이즈모는 비행기로 도쿄에서 1시간정도 걸리는 거리에 있지만, 도쿄를 중앙으로 하는 행정기구에서 보면 지방에 불과하다. 이 책에서는 지방공공단체장이 중앙정부의 행정 왜곡을 개혁하라는 요구를 했다. 이와구니는 대학을 지방으로 분산시키고, 소비세를 지방세로 하는 한편 지방의 거주환경정비를 우선적으로 추진할 것을 주장하였고, 호소가와는 인간운영과 생활유형을 문화로 인식하고, 로컬 온리원 존재로서 특화할 수 있도록 환경기본조례를 제정했다.

사야스 미에현 지사(北川正恭·三重県知事), 하시모토 다이지로 코지현 지사(橋本大二郎·高知県知事), 그리고 후에 가입한 도우모토 아키코 치바현 지사(堂本曉子·千葉県知事), 가타야마 요시히로 돗도리현 지사(片山善博·鳥取県知事) 등은 개혁파그룹을 형성하여 지방 살리기를 위해 본격적으로 협력하였다. 전국지사회는 친목단체적인 색채가 강했지만 2003년 가지와라 지사의 주창으로「싸우는 지사회」(闘う知事会)라는 슬로건 하에 국가에 대해서 적극적으로 지방 살리기를 해줄 것을 강하게 요구하였다.

지방공공단체는 중앙정부의 지방 살리기와는 별도로 지방 활성화를 위해 다양한 슬로건과 발전계획을 실천하였다. 다음은 지방시대의 도래과정을 소개한 것이다.

〈그림 1〉 지방시대의 도래과정

지역개발과 발전을 강조하는 지방시대는 구체적으로 자방공공단체 경영론과 지역개발주의로 구체화되었다고 할 수 있다. 자방공공단체 경영론이 강조된 것은 1980년대 일본도시센터 및 도시 행·재정 연구회의 최종보고서「새로운 도시경영의 방향」에서 구체적으로 나타났다. 여기에서는 도시경영에 대한 중요과제로서 도시에 재원과 권한을 포괄적으로 부여해 책임을 지게 하는 체제를 통해서 자치권을 확충하도록 하였다. 거기에「스스로 다스리는 자립, 자기 도움」정신을 강조하였다. 1970년대 이후 주창된 지역개발시대의 의미를 가진 지방시대는 지역문화시대를 촉진시키는 중요한 계기가 되었고, 지역문화정책과 문화예술진흥을 강력하게 추진하는 원동력이 되었다는데 가치가 있다.

2. 문화시대의 태동

일본에서 문화시대라는 용어가 사회적으로 확산하게 된 것은 1980년대 초 오히라 마사요시 수상이 제창한 전원도시국가구상에서 제기되었기 때문이다. 오히라 수상의 정책자문기관인 정책연구회는 1980년대 이후 국가정책의 목표로「전원도시국가구상」(田園都市国家構想)을 제시하였다. 이 개념은 19세기 영국의 사회운동가 하워드가 주창한 전원도시를 염두에 두고 오히라 수상이 구상하였다. 오히라 수상의 전원도시국가구상에는 '도시에 전원 여유를, 전원에 도시 활력'을 이라는 의미가 함의되어있다. 이 정책은 오히라 수상이 사망함으로서 실천되지 못하였지만 인구감소, 소자고령화, 공실증가 등과 같이 일본사회에 내재하여 진행되고 있는 위기를 극복하기 위한 대안이었고, 이후 지방시대와 함께 문화시대를 여는 중요한 계기가 되었다는데 의의가 있다.

오히라 수상은 학자와 문화인 교류를 통해 정권수립 후 정책자문기관으로서 연구그룹을 구성하였다. 1978년 12월 제1차 오히라 내각 발족 후 1979년 9개 연구그룹을 구성하였다. 오히라 수상의 9개 연구그룹을 소개하면 다음과 같다.

〈표 1〉 오히라 수상의 연구그룹

연구그룹명	대표자	연구그룹명	대표자
문화시대연구그룹 文化の時代研究グループ	야마모토싯페이山本七平	대외경제정책연구그룹 対外経済政策研究グループ	우치다다다오內田忠夫
전원도시구상연구그룹 田園都市構想研究グループ	우메사오다다오梅棹忠夫	문화시대경제운영연구그룹文化時代の経済運營研究グループ	다치류이치로館龍一郎
가정기반충실연구그룹 家庭基盤充實研究グループ	이토젠이치 伊藤善市	과학기술사적전개연구그룹科学技術の史的展開研究グループ	사사키마나부佐々木学
환태평양연대연구그룹 環太平洋連帶研究グループ	오키타사부로大来佐武郎	다원화사회의 생활관심연구그룹 多元化社会の生活関心研究グループ	하야시지키오林知己夫
총합안전보장연구그룹 総合安全保障研究グループ	이노키마사미치猪木正道	-	-

오히라 수상은 총리취임 후 정책연설에서 근대합리주의에 기초한 문질문명가치가 한계를 노출시키고 있어 문화중시, 인간성회복에 필요한 모든 정책의 기본이념을 정립한 해결책으로서 전원도시국가구상을 시도하는 것이라고 명백하게 주장하였다. 경제성장과 발전이 인간성의 성장과 발전에 반하는 역방향으로 진행되고 있는 근대사회 결

함을 인식하여 성장과실을 즐기는 인간다운 삶을 위해 전원도시국가 구상을 제창하였다.

전원도시국가구상 제1차 회의에서는 5가지 목표가 제시되었다. 첫째는 장기간에 걸친 국가 만들기(国づくり), 사회 만들기(社会づくり)를 표방할 것, 둘째는 지역개성을 살려 기초자치단체의 자주성을 적극적으로 존중할 것, 셋째는 도시계획이나 도시모델이 정형화되지 않도록 할 것. 넷째는 현대적 지역주의사상에 기초해서 어디까지나 개방되는 도시와 도시, 도시와 농촌 간 서로 관계를 중시하고 상호 보완적일 것, 다섯째는 교육, 문화 등을 포함한 인간운영을 폭 넓게 인식할 것 등을 주장하였다. 오히라 수상은 정책연구회의 제언을 통해 일본국가 만들기와 사회 만들기를 기본정책으로 인식하고 실천하려 했다.

문화시대라는 용어는 정치권에서 내건 슬로건으로 오히라 마사요시(大平正芳)수상의 위촉을 받은 정책연구회 「문화시대 연구그룹」(文化時代 研究グループ)이 내놓은 보고서에서 유래하였다. 정책연구회 보고서 제3장 「지역에 있어서 문화 활동의 전개」(地域における文化活動の展開)에서 문화론이 주장되었고, 오히라 수상은 그것을 시정연설에 자주 인용하였다. 오히라 수상은 「문화시대의 도래」를 예측하고 다극 중층적으로 형성된 문화 생활권을 정비하여 새로운 지역문화를 형성할 것을 주장하였다. 따라서 문화시대는 문화 블록, 전국 수준의 극장, 박물관을 정비하는 사업의 일환으로 생각하였다.[5]

정책연구회 보고서는 이후 일본사회에 문화의 중요성을 인식시키는 계기가 되었고, 문화가 국가 정책의 중요한 대상이 되었으며, 중앙정부나 지방공공단체가 문화정책을 추진해야하는 정당성의 근거가

5) 大平正芳著, 2011,『大平正芳全著作集 5』, 講談社.

되기도 하였다. 일본에서 문화가 강조되는 기본적인 조건은 경제성장이라는 비문화적인 요인이었다. 경제는 삶의 질을 향상시키고, 인간의 경제적 풍요와 함께 물질적 풍요를 누리게 하는 중요한 수단이고, 문화는 현실생활에서 경제적 풍요에 따른 삶의 질을 높이고 인간성을 풍요롭게 하는 수단이었다. 경제적 풍요와 문화적 풍요가 충만한 생활을 향상시키려는 움직임이 문화시대를 불러왔고, 동시에 문화정책의 중요성을 인식하고 독려하는 시대적 촉진제가 되었다.

1980년대 일본의 경제성장은 다양한 측면에서 변화를 일으켰다. 각 사회영역에서의 근대화, 도시화, 산업화, 기계화 등을 가속화시켰다. 그 과정에서 지역주민이 지역을 떠나는 현상으로 이어져 비대해진 도시와 나약해진 지역이 발생하였고, 도시와 지역 간의 격차가 생기는 2중구조화가 형성되었다. 지역은 인구가 줄고, 젊은이가 사라져 산업과 상업이 약화되었고, 지역경제와 행정 능력이 떨어지는 지역공동화 현상으로 나타났다. 지역공동화는 지역 살리기와 지역문화시대의 도래를 촉진시키는 계기가 되었다. 일본에서 문화시대가 발생하게 된 배경을 그림으로 보면 다음과 같다.

〈그림 2〉 문화시대의 도래과정

〈그림 2〉 문화시대의 도래과정에서 보면, 문화시대는 우선 일본의 경제성장이나 정치성장으로 인하여 문화영역에서 새로운 시대적 변화가 일어남으로써 발생하였다. 패전으로 시작된 제2근대화정책은 경제를 성장시키는 가운데 서구문명을 향유하도록 방향전환을 하는 한편 일본전통을 무시하는 경향이 있었다. 그리고 산업화로 인하여 물질적 풍요를 향유하는 가운데 정신적 결핍을 경험하였고, 도시화가 급속하게 진행되어 삶의 편리성을 도모하는 가운데 지역공동화를 초래하였다.

일본을 발전시킨 요소들은 역으로 전통문화중시, 정신적 풍요 추구, 지역 만들기, 인간성 회복 등을 총괄적으로 포함하는 문화시대를 촉발시킨 것이다. 문화시대는 문화정책을 가속화시키는 계기가 되었고, 문화개념을 광의적으로 해석하는 가운데 개성 있고 자립성을 갖추며, 동시에 문화적 특징을 가진 지역 만들기(町づくり, 街づくり, まちづくり)로 나타났다. 문화시대의 도래는 지역문화정책 추진을 위한 문환관련 법제와 문화예술진흥을 충실하게 구축하고 정비하는 결과로 이어졌다는데 가치와 의의가 있다.

Ⅲ. 문화정책과 문화진흥

1. 문화정책진흥

국가나 중앙정부는 문화정책을 진흥하기 위해서 각종 문화정책과 관련된 법제정이나 개정을 통해서 추진하고 있다. 문화정책과 관련된 법제는 선언적이며 이념적인 내용을 담은 국가기본법제, 정부조직과 기구를 구체적으로 규정하는 행정조직법내의 문화법제, 문화정책과 직접적으로 관련된 개별법제 등으로 구성되어 있다. 문화정책에 관한 기본법제로는「일본국헌법」,「교육기본법」,「문화예술진흥기본법」, 행정조직법 가운데「문부과학성설치법」, 문화정책에 관한 개별법제로서「문화진흥조례」, 문화 보존과 활용에 관한「문화재보호법」, 표창에 관한 법제, 기타 관계법제 등으로 존재한다.

문화진흥과 관련된 법제는 문화정책의 기본방향을 규정하는 특징이 있어 중앙정부나 지방정부가 문화정책과 지역문화정책을 추진하는 중요한 법적 근거가 되고 있다는 데 중요성이 있다. 일본의 문화정책관련법제에 나타난 문화정책과 지역문화정책의 기본방향을 보면 다음과 같다.

〈표 2〉 문화정책진흥의 기본방향

구 분	문화진흥방향
일본국 헌법	- 일본국헌법에서는 헌법기본원리인 민주주의, 평화주의, 기본적인 인권 존중을 규정 - 제13조 행복추구권(문화예술진흥기본법의 문화예술창조 향유권과 연결됨) - 제19조 사상 및 양심의 자유, 제20조 정교분리, 제21조 표현의 자유, 제23조 학문의 자유(문화예술진흥기본법의 자주성과 창조성 존중과 연결) - 제25조 사회권과 생존권(문화예술진흥기본법의 문화권 또는 문화기본권과 연결됨) - 제26조 신교의 자유
교육 기본법	- 교육기본법은 헌법기본원리인 민주주의, 평화주의, 기본적 인권 존중을 교육 측면에서 실현하기 위해 교육과 문화에 관한 기본을 명시하고 있음 전문: 민주적으로 문화적 국가를 건설하여 세계 평화와 인류복지에 공헌하는 헌법정신에 기초해서, 교육은 보편적으로 개성 풍부한 문화 창조를 위해서 문화 창조와 발전에 공헌하는 한편, 교육 영위와 문화 창조가 서로 불가분의 관계에 있는 것을 확인하고, 교육과 함께 문화진흥을 추구하는 것을 기본이념으로 규정

문부과학 성설치법 1999년 개정	- 문부과학성설치법은 문화행정조직, 문화진흥, 종교에 관한 행정사무, 국제문화교류, 문부과학성 조직령 및 문부과학성조직규칙(문화청: 문부과학성 외국), 문화범위규정, 독립행정법인(국립미술관법, 국립박물관법, 일본예술진흥회법), 문화심의회 및 종교법인심의회 등의 내용 규정 - 문화규정(1999년 이전): 문화는 예술문화, 생활문화, 국민오락, 문화재, 국어 및 저작권 등으로 한정 - 문화규정(1999년 이후): 문화는 예술 및 국민문화, 문화재보호법에 규정한 문화재, 출판 및 저작권, 그 저작권법에 규정한 권리 및 그것에 관한 국민의 문화적 생활향상을 위한 활동으로 규정
문화 개별 법제	- 문화예술진흥기본법, 일본문화예술진흥회법, 음악진흥을 위한 학습환경 정비에 관한 법률, 미술품의 미술관 공개촉진에 관한 법률, 아이누문화진흥 및 아이누 전통에 관한 지식보급 및 계발에 관한 법률, 문화 활자 문화진흥법
	- 문화재보호법, 고도의 역사적 풍토 보존에 관한 특별조치법, 지역전통예능을 활용한 행사실시에 의한 관광 및 특정지역상공업진흥에 관한 법률, 저작권법
	- 종교법인법: 종교행정규정
	- 문화훈장령, 일본예술원령, 문화공로자 연금법
	- 문화시설에 관한 흥행장법, 문화예술단체의 법인화에 관한 특정비영리활동촉진법, 민법의 공인법인에 관한 규정, 메세나 세제관련 규정
국제규약	- 경제적 사회적 문화적 권리에 관한 국제규약, 세계문화유산 및 자연유산보호에 관한 조약, 무형문화유산 보호에 관한 조약, 문화적 및 미술적 저작물 보호에 관한 베루누조약, 만국저작권조약, 레코드저작권 및 방송기관 보호에 관한 조약(로마조약)

출처: 根本昭, 2007, 『文化政策の展開』, 放送大学教育振興会, pp.57-62를 참고해서 구성.

〈표 2〉 문화정책진흥 관련법제 중 일본국헌법에 나타난 문화진흥 방향은 매우 포괄적으로 규정하고 있다. 국가의 문화진흥방향은 민주주의, 평화주의, 기본적인 인권존중 규정, 문화예술창조 및 향유권과 관련된 행복추구권, 사상 및 양심의 자유, 정교분리, 표현의 자유,

자주성 및 창조성 존중과 관련된 학문의 자유, 사회권, 문화권 및 문화기본권과 연결된 생존권, 신교의 자유 등이다. 일본국헌법이 규정하는 문화정책의 기본방향은 일본의 평화민주주의를 실현하며, 인간의 행복추구와 생존하는데 필요한 권리를 보장하는데 있다.

일본국헌법의 기본원리에 기초해서 제정된 교육기본법의 문화정책 방향은 국민교육과 문화에 관한 기본을 명시하고 있다. 전문에는 민주적으로 문화적 국가를 건설하여 세계 평화와 인류 복지에 공헌할 것을 제시하고 있다. 교육은 보편적인 지식교육을 하지만 개성 풍부한 문화 창조를 위해서 문화 창조와 발전에 공헌하는 한편, 교육영위와 문화 창조가 서로 불가분의 관계에 있는 것을 확인하고, 교육과 함께 문화진흥을 추구하는 것을 기본이념으로 규정하고 있다. 교육기본법의 문화정책방향은 교육과 문화를 하나로 인식하고, 교육을 통해 문화를 창조하고, 문화진흥을 통해 문화를 향유할 수 있도록 규정하고 있다.

문부과학성설치법은 상위법에서 명시한 문화정책의 기본방향을 추진할 수 있는 담당부서를 설치하고 임무를 부여하여 문화정책을 구체적으로 실천하도록 규정하고 있다. 문화조직 및 업무분장을 지정한 동시에 문화에 대한 정의를 통해 문화범위, 문화내용, 문화종류 등을 큰 틀에서 규정하고 있다. 문부과학성설치법의 문화정책 방향은 문화국가를 건설하고 국민과 지역민이 문화진흥을 통해 문화를 생활화할 수 있는 문화 환경과 인프라를 체계적으로 구축하는 것을 지향하고 있다.

문화개별법제에는 문화예술진흥기본법, 일본문화예술진흥회법, 음악진흥을 위한 학습 환경 정비에 관한 법률, 미술품의 미술관 공개촉진에 관한 법률, 아이누문화진흥 및 아이누의 전통에 관한 지식보급 및 계발에 관한 법률, 문화 활자 문화진흥법, 문화재보호법, 종교법인법, 문화훈장령, 문화시설에 관한 흥행장법 등이 있다. 일본국내뿐 아니라 국제적인 문화를 규정한 국제규약, 조약 등이 문화정책의 기본방향에 영향을 주고 있다. 문화정책을 규정한 문화관련법은 중앙정부와 지역의 문화정책에 대한 기본방향, 목적, 계획, 내용 등을 구체적으로 실천하도록 규정하고 있다.

2. 문화예술진흥

문화예술진흥 관련법제 가운데 지역문화정책의 문화예술진흥을 구체적으로 규정한 것이 2001년에 제정한 「문화예술진흥기본법」(이하 문예법으로 칭함)이라고 할 수 있다. 문예법은 2001년 11월 30일 제153차 임시국회에서 성립되었고, 12월 7일에 공포되어 시행되었다. 문예법은 국가와 지역의 문화예술진흥을 위한 기본적인 법적 근거가 되고, 중앙정부의 문화예술진흥에 대한 전반적인 내용을 망라해서 담고 있으며 지방공공단체의 문화예술진흥에 관련된 사항을 규정하고 있다.

문예법은 정부수준에서 문화예술진흥에 관한 기본적 방침을 책정하고, 문화예술진흥을 추진할 것을 명시하고 있다. 문예법은 문화예술진흥방향, 기본이념, 문화예술진흥에 대한 기본시책으로 나눌 수 있다. 전체구조는 전문, 제1장 총칙(제1조-제6조), 제2장 기본방침(제7조), 제3장 문화예술진흥에 관한 기본시책(제8조-제35조), 부칙 등으로 구성되어 있다.[6] 문예법은 포괄적으로 규정된 일본국헌법의 문화예술진흥 관련 사항을 구체적으로 규정하고 동시에 지역에 의한 문화예술진흥

---

6) 根本昭, 2003,『文化政策の法的基盤』, 水曜社, pp.238-243.

과 관련된 사항을 직접적으로 규정하고 있다. 문예법에서 문화예술진흥 방향을 규정한 내용을 보면 다음과 같다.

〈표 3〉 문화예술진흥의 방향

기본방향	세부방향	문화진흥방향
문화예술진흥 기본	- 문화예술창조 및 향유 - 마음 풍부한 사회 - 문화예술기반 조성	- 인간의 문화적 기쁨 찾기: 문화예술을 창조 및 향유하고, 문화적 환경을 구축하여 살아가는 기쁨을 찾아내는 것 - 마음이 풍부한 사회구축: 인간의 창조성과 표현력, 인간마음연대와 상호존중, 세계평화기여 - 국가와 시대의 기반 구축: 국민 공통의 정체성형성, 국제화와 자기인식, 문화적 전통존중 - 문화예술 기반 및 환경 조성: 전통 문화 예술계승 및 발전, 문화예술창조촉진 - 문화예술진흥: 문화예술 활동가의 자주성 존중, 문화예술의 국민향유를 위한 포괄적 시책추진, 법률제정
	문화예술진흥	- 문화예술진흥: 인간혜택창출, 기본이념구축, 국가 및 지방공공단체의 책무 및 시책 기본규정 - 문화예술 활동가의 자주적 활동촉진: 문화예술진흥 시책의 종합적 추진, 국민생활 및 활력 있는 사회실현
기본이념	지역별 특색 있는 문화예술 발전	- 문화예술진흥에 있어서 지역 주민이 주체적으로 문화예술 활동할 수 있도록 배려 - 각 지역 역사, 풍토 등을 반영한 특색 있는 문화예술 발전추진
	지방공공단체 문화예술책무	- 지방공공단체는 기본이념에 따라 문화예술 진흥에 관해서 국가와의 연계를 지속적으로 추구 - 지방공공단체는 자주적이며 주체적으로 지역특성에 어울리는 시책을 책정해서 실시할 책무 있음
	지역의 문화예술진흥	- 국가는 각 지역에 있어서 문화예술 진흥을 추진하기 위해 각 지역 문화예술 공연, 전시 등에 지원 및 시책강구 - 지역고유의 전통예능 및 민속예능(지역민에 의해 행해지는 민속예능)에 관한 활동에 대한 지원과 시책강구

	지역의 문화 예술활동 충실	- 국가는 국민이 접근 가능한 문화예술 활동 장 충실 - 각 지역에서 문화시설, 학교시설, 사회교육시설 등을 쉽게 이용할 수 있도록 조치 및 시책강구
	문화예술진흥 정보제공	- 국가는 지방공공단체 및 민간단체가 행하는 문화예술 진흥을 위한 활동을 촉진하기 위해 정보제공, 그 이외 필요한 시책강구
	문화기관 간 연대	- 국가는 예술가 및 문화예술단체가 학교, 문화시설, 사회교육시설, 복지시설, 의료기관 등과 협력해서 지역주민이 문화예술을 감상하고, 그것에 참가하고, 또한 문화예술을 창출할 기회 제공에 노력
문화 예술 진흥 기본 시책	지방공공단체 문화예술진흥 시책	- 지방공공단체는 제8조부터 전조(예술진흥, 미디어예술진흥, 전통예능 계승 및 발전, 예능진흥, 생활문화, 국민오락 및 출판물보급, 지역문화예술 진흥)추진 - 국제교류 추진, 예술가양성 및 확보, 문화예술에 관련 교육연구기관정비 - 국어에 대한 이해, 일본어교육충실, 저작권확보 및 이용, 국민의 감상기회 충실 - 청소년문화예술 활동 충실, 학교교육에 있어서 문화예술 활동충실, 극장 및 음악당충실, 미술관 박물관 도서관 충실, 지역에 있어서 문화예술 활동충실, 공공건물 건축에 대한 배려 - 정보통신기술 활용추진, 지방공공단체 및 민간단체에 정보제공, 민간지원활동활성화 - 문화관계기관간의 연대, 표창, 정책형성에 민의반영 - 국가시책을 감안해서 그 지역 특성에 대응한 문화예술 진흥을 위해 필요한 시책 추진

출처: 根本昭, 2003,『文化政策の法的基盤』, 水曜社, pp.239-243을 참고해서 구성함.

〈표 3〉 문예법에서 규정된 문화예술진흥방향은 인간이 문화적 기쁨을 찾고, 문화예술을 창조 및 향유할 수 있는 문화적 환경을 구축하여 살아가는 기쁨을 찾아내는 것이다. 또한 마음이 풍부한 사회를 구축하기 위해 인간의 창조성과 표현력, 인간마음연대와 상호존중,

세계평화에 기여하는 것이다. 그런 목표를 달성하기 위해서는 국가와 지역의 문화적 기반을 구축하고, 국민 공통의 정체성형성, 국제화와 자기인식, 문화적 전통을 존중하는 것이다. 더욱이 문화예술 기반 및 환경조성, 전통 문화 예술계승 및 발전, 문화예술창조 촉진, 문화예술진흥을 위한 문화예술 활동가의 자주성 존중, 문화예술의 국민향유를 위한 포괄적 시책추진, 법률제정 등을 추구하는 것이다.

지역에 의한 문화예술진흥방향은 지방공공단체가 각 지역에서 특색 있는 문화예술을 발전시키고 지역주민이 생활 속에서 문화예술을 향유할 수 있도록 하는 것이다. 각 지역은 자주적으로 지역에 기반을 둔 전통문화나 예술을 진흥시키고, 지역의 문화예술특화를 위해 필요한 문화나 예술을 개발하거나 창조하도록 규정하고 있다.[7] 그와 더불어 지역문화를 특색 있게 하는 주체로서 지방공공단체는 국가와의 공조를 통해서 문화예술을 진흥시키고, 특색 있는 문화예술을 활성화하기 위한 정책을 개발하고 실천할 의무를 부여하고 있다. 국가나 지역의 문화예술정책을 규정하고 있는 문예법은 일본의 문화예술지원과 계획, 문화예술정책의 내용, 문화예술정책의 기본방향 등을 규정하여 국가와 지역이 문화예술진흥을 꾀하도록 의무를 강제하고 있는 특징이 있다.

7) 문화정책과 관련해서 사용되고 있는 문화예술이라는 개념은 문화예술진흥기본법에 기초하면 다음과 같은 의미를 함의하고 있다. 즉 문화예술이란 예술, 미디어예술, 전통예능, 예능, 생활문화, 국민오락, 출판물, 문화재 등으로 되어 있다. 또한 인간의 지식, 사상, 신조, 인식 등과 같은 인간의 심리적 감정을 의미하고 있으며, 시간경과를 통해서 형성된 유형 또는 무형의 소산물로서 문화재, 토목건축물, 구조물, 제, 신사, 행사, 생활(의식주) 등을 의미한다. 인간이나 조직, 지역형성이나 그 존재특성이나 행동특성을 가진 것으로 인간의 개성, 조직(기업문화)의 특성, 지역특성 등도 함의하고 있다.

3. 지역문화예술진흥

지역문화예술진흥의 기본방향은 지역문화정책관련 법제와 문화예술진흥기본법과 더불어 2002년 12월 10일 각의 결정된「문화예술진흥에 관한 기본적인 방침」(이하 '문예기본방침'이라 함)에 기초하고 있다. 그 중에서 지역문화예술주체의 진흥, 지역문화예술의 진흥, 지역문화예술활동의 진흥, 지역문화예술시설의 진흥 등을 추진하기 위한 문예기본방침은 문화예술진흥기본법 제7조 1항의 규정에 기초해서 지역문화예술진흥에 관한 시책을 종합적으로 규정하고 있다.

문예기본방침에서는 문화를 인간이 이상을 실현해 가기 위한 정신적 활동 및 성과라는 측면에서 인식하고 진흥의 필요성을 명백하게 밝혔다. 그리고 문화정책을 인간이 인간답게 살기 위한 환경정비, 함께 살아가는 사회기반 형성, 질 높은 경제활동 실현, 인류의 진정한 발전에 대한 공헌, 세계평화 기초 등을 위한 것으로 규정하였다. 2007년 제2차 문예기본방침에서는 문화정책과 문화예술의 전개방향을 제시하였다.[8] 문예기본방침에서 규정하고 있는 문화정책의 최고목적은 국가나 지역이 문화예술진흥을 추구하여 인간의 문화적 행복을 추구하는데 있다.

지역문화예술진흥을 위해 문예기본방침이 규정하고 있는 기본이념은 지역의 특색 있는 문화예술 발전을 추구하는 것이다. 구체적으로는 각 지역에 있어서 사람들의 일상생활 가운데 포함된 다양하고 특색 있는 문화예술이 일본의 문화예술 기반을 이루고 있다는 것을 인식하는 것이다. 그리고 지역민에 의한 주체적인 문화예술 활동이 이루어지도록

---

8) 織田直文, 2009,『文化政策と臨地まちづくり』, 水曜社, pp.12-13.

지역문화예술시설을 확충하여 충실하게 하고, 동시에 각 지역의 역사와 풍토 등을 반영한 특색 있는 문화예술발전을 추구하는데 있다.

문예기본방침은 지역문화예술진흥을 위해서 주체를 규정하고 그들이 해야 할 업무분장과 역할에 대한 기본 방향을 정하고 있다.

〈표 4〉 지역문화예술주체의 진흥

주체	지역문화예술진흥 역할
국가	- 문화예술 활동은 국민이 그것을 통해서 창조성을 발휘하고, 배양하여 개성을 신장시키고, 스스로 계발을 꾀하도록 자발적이며 자주적으로 운용하여, 문화예술을 향유하고 또는 문화예술이 국민스스로에게 귀착하도록 하는 것 - 문화예술진흥에 대한 국가 역할은 문화예술 활동 주체인 국민의 자발적 활동을 자극하고, 신장시킴과 동시에 국민모두가 문화예술을 향유하고 획득하기 위한 조건 정비 - 국가는 스스로 조건정비를 꾀하는 동시에, 지방공공단체 추진을 촉진시키고, 개인이나 단체 활동으로서 한계가 있는 곳에 필수적으로 손을 내밀어 도움을 주고 지원해서, 전체로서 문화예술진흥을 꾀할 수 있도록 필요한 조치강구
지방 공공 단체 및 민간	- 지방공공단체는 문화예술진흥을 위해 자주적 및 구체적으로 국가와의 연대를 지속적으로 함 - 각 지역 특성에 응해서 다양하고 특색 있는 문화예술을 진흥하고 지역주민의 문화예술 활동을 추진하는 역할 담당 - 지방공공단체는 문화예술 진흥을 위해서 각 문화예술진흥을 위한 기본방침에 기초해서 시책을 추진하고, 광역적인 시야로 각 지방공공단체가 연대해서 문화예술진흥을 추진 - 개인, 민간기업, 단체 등의 문화예술 활동에 대한 지원은 자발성에 기초하고, 국민이 문화예술을 소중하게 하며, 자유로운 선택적 배려가 이루어지고, 문화 다양성에 기초한 양성이 이루어지며, 민간으로부터의 지원확대
중앙 기관	- 문화예술진흥에 관한 시책을 추진하는데 있어 관계부성 간 밀접한 연대 및 협력 체제를 정비하고, 총합적이며 일체적으로 추진 - 관계기관, 지방공공단체, 관계단체와의 연대를 심화하고 효과적인 시책 추진

지역 기관	- 문화예술진흥에 관한 시책을 효과적으로 추진하기 위해 국가, 지방공공단체, 기업, 예술가, 문화예술단체, NPO, NGO, 문화 볼런티어, 문화시설, 사회교육시설, 교육연구기관, 보도기관사이에 연대 강화 - 문화예술과 교육, 복지, 의료, 그 이외분야의 연대를 꾀하고, 지역에서 사람들이 다양한 장소에서 문화예술을 감상하고 참가하며, 창조할 수 있도록 하고, 예술가 및 문화예술단체와 학교, 문화시설, 사회교육기관, 의료기관 등과의 협력을 촉진하도록 노력

출처: 根本昭, 2003,『文化政策の法的基盤』, 水曜社, pp.246-249를 참고해서 구성함.

지역문화예술진흥을 위한 기본방향은 문화예술진흥을 위해 국가, 지방공공단체 및 민간, 관계기관 등이 협력하도록 하고 있다. 국가는 문화예술 활동을 하는 자의 자주성 존중, 문화예술 활동을 하는 자의 창조성 존중과 지위향상, 문화예술의 감상과 창조가 가능한 환경정비, 일본 및 세계 문화예술의 발전, 다양한 문화예술보호 및 발전, 각 지역의 특색 있는 문화예술 발전을 위한 지원, 일본문화예술의 세계로의 발신, 국민의견반영 등의 역할을 하도록 업무를 부여하고 있다.

지방공공단체는 국가와 연대를 통해서 지역의 특색 있는 문화예술을 진흥시키고, 개인, 민간기업, 단체 등의 문화 활동을 지원하도록 하고 있다. 그 가운데서도 지역문화예술과 관련해서 지역은 무엇보다도 각 지역에 특색 있는 문화예술을 창조하고 발전시키는 역할을 하는 것이다. 각 지역의 특색 있는 문화예술발전은 국가뿐 아니라 지방공공단체가 지역주민생활 속에서 창조적인 문화예술을 통해 독창적인 문화예술 활동을 주체적으로 할 수 있도록 배려하고 지원하며, 지역에 기반을 둔 전통문화나 예술을 보존 및 발전시키고, 지역역사나 풍토를 반영한 문화예술을 창조하는 것을 의미한다.

「문화예술진흥에 관한 기본방침」을 구체화하기 위해서 제2조에「문화예술진흥의 기본시책」을 규정하고 있다. 그것은 문화예술진흥을 위한 지역문화정책과 관련된 기본시책으로 구체화되었다. 지역문화예술진흥방침에서 규정한 지역문화예술진흥 내용을 소개하면 다음과 같다.

〈표 5〉 지역문화예술의 진흥

기본시책	지역문화예술진흥 내용
지역문화예술진흥기금조성	- 폭넓고 우수한 문화예술을 창조하고, 국민이나 지역민에게 친밀하도록 지방공공단체나 관계단체가 적극적이며 지속적으로 추진할 수 있도록 함 - 폭넓은 문화예술단체 활동을 지원하도록 문화예술진흥기금 조성
지역전통예능 계승과 발전	- 일본 고래의 전통예능은 긴 역사와 전통을 통해서 만들어져 지키고 전해온 국민 재산이며, 미래에도 확실하게 계승하여 발전을 추구할 필요 있음 - 시책으로 국립극장, 국립노가쿠(能樂)당 및 국립 분가쿠(文楽)극장에서 공연할 수 있도록 하고 각 지역에 보급하기 위해 지역공연 추진
지역생활문화, 국민오락,출판물 보급	- 생활문화, 국민오락, 출판물 보급을 유도하기 위한 시책 추진 - 지방공공단체나 관계단체 추진에도 유의하고, 생활에 밀접한 의식주에 관계되는 생활문화나 국민사이에 밀착되고, 오랫동안 즐겨온 국민오락에 관한 활동을 추진함과 동시에 관계단체 육성추진
지역문화재보존 및 활용	- 유형문화재의 종류나 특성에 대응해서 계획적으로 보존 및 복구를 추진하고, 보존시설 정비, 건조물 안전성향상, 방재안전대책, 전통적 건조물 보존지구를 시작으로 문화재집중지역에 종합적인 방재대책 검토와 방재대책을 추진 - 세계문화유산 및 자연유산보호에 관한 조약에 따라 지방공공단체와 연대해서, 일본문화유산 등록추천을 진행함과 동시에 등록 후 문화유산의 적절한 보존 - 어린이들이 학교나 지역에서 계속적으로 문화재를 학습하고 체험할 수 있는 기회를 충분히 제공 - 문화재보존 및 활동에 대해서 지방공공단체, 대하, 전뮤기관, NPO, NGO 등 민간단체 활동이나 문화 볼런티어의 자주적이며 주체적인 활동과 적절한 연대협력추진

국어의 올바른 이해	- 언어는 의사소통수단인 동시에 언어를 모국어로 하는 사람들의 문화와 깊게 관련되어 있음. 그런 문화기반으로서 국어의 중요성을 발판으로 개인은 사회전체 구성원이라는 점을 중요하게 인식하고 국어에 대한 이해를 높이며, 생래를 통해서 국어능력을 몸에 익힐 필요가 있어 다음과 같은 시책 추진 - 분석력이나 논리적 사고, 표현력, 창조력 등의 관점에서 시대에 요청되는 국어능력을 몸에 익히기 위해 구체적인 시책을 명백하게 하고, 가정, 학교, 지역을 통해서 총합적으로 국어교육 질적·양적 충실을 꾀하도록 새로운 시대를 향한 국어능력 향상 시책 추진 - 가정이나 지역에서 국어에 대한 의식을 높이기 위해 언어에 관한 강연회 개최나 체험활동을 추진하고 국어능력 육성 및 향상추진
일본어교육보급 및 충실	- 최근 일본어를 학습하는 외국인이 국내외적으로 증가하고 있고, 학습목적도 다양함. 그와 같은 다양한 학습수요나 사회변화에 대응해서 외국인의 일본 및 문화예술에 대한 이해를 촉진시키기 위해 다음과 같은 시책 추진 - 지방공공단체 등 관계기관이나 일본어볼런티어 등과의 연대협력을 꾀하고, 지역실정에 맞는 일본어교실개설, 폭넓은 지식이나 능력을 가진 일본어볼런티어 양성 및 연수 등을 실시하여 지역에서 일본교육 충실을 꾀함

출처: 根本昭, 2003,『文化政策の法的基盤』, 水曜社, pp.250-253을 참고해서 구성함.

〈표 5〉에서 강조하고 있는 문화예술진흥을 위한 기본시책은 예술진흥기금 조성, 전통예능계승과 발전, 생활문화, 국민오락, 출판물 보급, 문화재보존 및 활용, 지역의 문화예술진흥, 일본어의 올바른 이해와 일본어수요자에 대한 교육기회제공 등을 중심축으로 하고 있다. 특히 일본어를 올바로 이해하고, 국가나 지방공공단체 수준에서 학교나 지역교육단체에 의해서 개발된 국어교육프로그램을 통해 일본어교육의 보급을 충실하게 하여 언어를 통한 민족정체성을 확보하려는 의도가 있다. 국가와 지방공공단체는 우수한 예술을 창조하고, 문화

예술단체 활동을 활성화하기 위해 필요한 예술진흥기금을 조성해야 한다. 그리고 역사적으로 전승되어 온 전통예능을 계승 및 발전시키는 동시에 지역에 보급하는 것이다.

생활문화, 국민오락, 출판물보급 활동을 추진하고 지원하는 동시에 예술문화단체를 육성하는 한편, 지역의 건조물보존지구를 포함한 세계문화유산 가치가 있는 문화재를 보호 및 활용하고, 소수민족문화인 아이누문화와 같은 전통적이며 지역적인 문화를 진흥하는 것이다. 지역문화단체나 봉사자의 자주적이며 주체적인 활동이 되도록 문화단체 간 연대를 추구하고, 지역에서 개성 풍부한 문화예술 활동을 할 수 있도록 환경을 정비하여 지역문화예술진흥을 꾀하는 것을 중요한 업무로 규정하고 있는 특징이 있다.

지역문화예술진흥을 위한 정책은 지역문화예술진흥을 위한 주체와 역할을 규정하고, 그들이 추진해야 하는 문화예술진흥 대상을 설정하였다. 따라서 이후의 과제는 지역문화예술 활동을 어떻게 촉진시킬 것인가 하는 점이다. 지역문화예술 활동 진흥의 내용을 소개하면 다음과 같다.

〈표 6〉 지역문화예술활동의 진흥

기본시책	지역문화예술활동 진흥 내용
지역문화예술정책 형성에 민의반영	- 각 지역에 있어서 국가 및 지방공공단체의 문화행정담당자, 예술가, 문화예술단체가 각 지역문화예술을 둘러싼 상황이나 활동, 문화예술진흥을 위한 과제 등에 대해서 정보나 의견을 교환하는 장을 적극적으로 구축 - 지역민의 문화예술니즈를 파악하고 그것이 지역문화예술정책에 반영할 수 있도록 함
	- 국민이 거주하는 지역에 관계없이 동등하게 문화예술을 감상하고 참가하며 창조할 수 있는 환경을 정비하고, 마음 윤택한 사회를 실

국민문화 예술활동 진흥	현하기 위해서 고령자, 장애자, 청소년에게 세심한 배려를 제공하기 위해 다음과 같은 시책추진 - 국민이 가까이서 문화예술을 향유할 수 있도록 각 지역에 다양한 문화예술 공연, 전시 등을 지원 - 국민의 문화예술 활동에 대한 참가가치가 있는 문화 볼런티어활동의 활성화를 위해서 각 지역이나 문화시설에 문화 볼런티어활동의 장 정비, 정보제공, 상호교류추진 등 환경정비를 꾀함 - 청소년을 대상으로 한 문화예술 공연, 전시 등을 지원함과 동시에 각 지역에 사회교육문화 관련 단체가 청소년에게 자주적인 문화예술 활동 장이나 기회를 제공하도록 함 - 각 지역에 청소년에 대한 지도나 조언을 행하는 지도자양성 및 확보 촉진 - 각 지역의 미술관, 박물관, 문화회관, 도서관 등에 학습 자료를 구비해서 교육활동 및 체험기회 확대, 동시에 학교교육과의 연대융합촉진
지역민 문 화예술활 동진흥	- 지역에 있어서 다양한 문화예술융성은 일본문화예술이 발전하는 원천으로, 전국지역에 있어서 국민이 생애를 통해 가까이에서 문화예술을 접하고, 개성 풍부한 문화예술 활동을 활발하게 할 수 있는 환경 정비를 추진할 필요가 있어 다음의 시책을 추진 - 지역주민의 문화예술 활동참가를 촉진하기 위한 기회나 각 지역공연, 전시 등에 대한 지원 - 도시와 농산어촌의 공생과 교류를 추진하는 시점에서, 각 지역역사에 근거한 개성 풍부한 제사행사, 민속예능, 전통공예 등 전통문화에 관한 활동계승 및 발전, 생활 및 생업과 관련해서 형성된 문화 보호 추진 - 지역의 특색 있는 문화예술이나 풍부한 지역을 새롭게 하고, 마을 만들기와 같은 활동을 통해 지역에 근거한 문화예술 활동 촉진 - 지역의 문화예술 활동 지도자나 지역 문화예술단체 육성을 추진함과 동시에 지역 간 문화예술교류 촉진 - 아이누문화 진흥 및 아이누 전통에 관한 지식보급 및 계발에 관한 법률에 기초해서 아이누문화 진흥을 꾀함과 동시에 아이누문화 전통에 관한 지식보급 및 계발추진

출처: 根本昭, 2003,『文化政策の法的基盤』, 水曜社, pp.254-256을 참고해서 구성함.

〈표 6〉에서 보면, 국민이 거주하는 지역에 관계없이 동등하게 문화예술을 감상하고, 참가하며, 창조할 수 있는 환경을 정비하고, 마음 윤택한 사회를 실현하기 위해서 특히 고령자, 장애자, 청소년에게 세심한 배려를 제공하기 위해 시책을 추진해야 한다. 국민문화로서 문화예술을 즐길 수 있는 문화예술 활동을 촉진하기 위해서는 지역에서 문화예술 활동을 할 수 있는 환경을 정비하고 학교문화교육과 연대를 통해 청소년의 문화예술 활동을 강화하는 것이다. 그것은 문화예술 공연이나 전시확대, 문화시설확충, 문화예술가를 중심으로 한 문화 봉사자 활동 지원, 지역문화인이나 예술인 육성 등으로 추진되고 있다.

지역문화예술진흥을 위한 시책으로서 중요한 것은 문화예술시설을 정비하고 확충하는 것이다. 문화시설확충, 지역에 기반을 둔 박물관이나 미술관, 도서관이 충실한 시설을 갖추고, 지역문화예술 활동장을 마련하고, 지역공공건물의 예술적 감각을 반영하는 한편, 문화예술정보를 제공하고, 문화예술기관 간 연대를 추진하여 지역문화예술진흥을 꾀하는 정책을 추진하는 것이다. 지역문화예술시설을 진흥하기 위한 내용을 소개하면 다음과 같다.

〈표 7〉 지역문화예술시설의 진흥

기본시책	기본방향내용
지역문화시설충실	- 극장, 음악당 등이 우수한 문화예술창조, 교류, 발신의 거점이나 지역주민의 밀접한 문화예술 활동 장으로서 활용 가능하도록 하고, 기능이나 역할이 충분하게 발휘하도록 하는 시책 추진 - 각 지역의 극장이나 음악당 공연지원, 예술가 배려지원, 정보제공을 충실하게 함과 동시에, 그 이외의 극장, 음악당, 학교와 연대한 활동 촉진 - 각 지역 극장이나 음악당 시설설비의 적절성 및 안전 환경을 확보함과 동시에 시설관리운영에 관해서 각각의 목적에 맞게 대응하고 다양한 수법을 활용해서 서비스 향상, 운영효율화 촉진

지역미술관, 박물관,도서관충실	- 국민욕구의 다양화와 고도화에 따라 미술관 및 박물관이 우수한 문화예술 창조와 교류, 발신거점, 지역주민의 문화예술 활동 장으로서 활용가능 하며, 기능과 역할이 충분히 발휘하도록 다음과 같은 시책추진 - 각 지역의 미술관이나 박물관 전시지원을 충실하게 하고, 학습장으로서 기능충실, 이외의 미술관, 박물관, 사회교육시설, 학교 등과 연대한 활동촉진
지역문화예술활동의 장 충실	- 각 지역 문화시설이나 공민관 등 사회교육시설에 대해서 지역예술가, 문화예술단체, 주민 등이 원활하게 이용하기 쉽게 운영촉진 - 학교시설에 대해서는 학교교육에 방해가 되지 않은 한 학교교육 이외 이용을 인정하는 것, 학교교육에 이용되지 못하는 여유교실이나 폐교시설에 대해서는 다양한 용도에 따라 변동이 가능하도록 하여, 지역예술가, 문화예술단체, 주민 등이 공연, 전시, 연습장, 또한 문화예술작품의 보존 장소로서 이용하도록 촉진 - 학교나 문화시설이외 시설이나 장소에 대해서 지역 예술가, 문화예술단체, 주민 등이 문화예술 활동 장으로 폭넓게 이용하도록 유도
공공건물건축에 대한 배려	- 공공건물 시설정비에 대해서 건물 외관이 주위 자연적 환경이나 지역 역사나 문화 등과 어울리도록 형상, 색채, 디자인 등을 고려하도록 노력
정보통신기술활용추진	- 문화예술에 관한 정보에 대해서 지리적 제약을 받지 않고 활용 가능하도록 정보통신 네트워크 구축
지방공공단체나 민간단체에 정보제공	- 지방공공단체, 예술가, 문화예술단체, NPO, NGO, 문화 볼런티어 등이 행하는 문화예술진흥을 촉진하기 위해 다음과 같은 시책 추진 - 국내외의 문화예술에 관한 각종 정보나 자료, 특색 있는 추진사례를 적극적으로 제공 - 국내외 문화예술관계자가 국가문화예술진흥에 관한 시책의 내용이나 국내외 문화예술에 관한 각종 정보, 전문지식을 파악할 수 있도록 정보통신기술이나 방법을 활용하여 적극적으로 제공함과 동시에 상담, 조언 창구기능 정비 - 지방공공단체, 예술정보계획 등 문화예술단체에 의한 정보제공추진

출처: 根本昭, 2003,『文化政策の法的基盤』, 水曜社, pp.257-259를 참고해서 구성함.

〈표 7〉에서 보면, 우선 지역문화예술진흥을 위해서는 지역주민들이 문화예술을 즐길 수 있는 장소로서 극장, 음악당, 박물관, 미술관 등과 같은 시설을 정비하여, 우수한 문화예술 창조, 교류, 발신의 거점이나 지역주민의 밀접한 문화예술 활동 장으로서 적극적으로 활용되도록 하는 것이다. 그리고 문화예술시설이 지역민을 위한 문화제공 기능이나 역할을 충분하게 발휘할 수 있도록 시책을 추진할 필요가 있다. 더불어 지방공공단체, 예술가, 문화예술단체, NPO, NGO, 문화 볼런티어 등이 지역문화예술진흥을 촉진할 수 있도록 지원과 활동 장을 마련하는 것이다.

문화예술에 대한 정보를 제공하여 정보를 공유하고 교류를 촉진시키는 것이다. 특히 문화예술과 교육, 복지, 의료, 그 이외분야의 연대를 꾀하고, 지역에서 사람들이 다양한 장소에서 문화예술을 감상하고, 참가하여 창조할 수 있도록 하고, 예술가 및 문화예술단체와 학교, 문화시설, 사회교육기관, 의료기관 등과의 협력을 촉진하도록 노력하여 지역문화예술 발전을 위해서 함께 활동하는 것이다. 그것은 지역문화예술에 기초한 문화정체성을 함양함과 동시에 지역연대와 지역통합, 지역발전 등을 추구하는 지역 활성화와도 연관되어 있는 특징이 있다.

Ⅳ 맺는 글

일본에 있어서 지역문화정책과 문화진흥의 목적은 인간행복과 평화를 추구하는 문화국가를 구축하는 동시에 지방시대나 지역개발시대에 부응하며 지역민들이 문화생활을 영위할 수 있는 문화시대를 구축하는 데 있다. 지방시대와 문화시대를 실현하기 위해서는 지역발전과 지역문화의 활성화를 통해 지역 살리기를 적극적으로 추진할 필요가 있다. 지역 살리기는 지역특화를 통해 개성 있는 지역으로 발전하는 것을 의미하는 동시에 지역문화예술의 발전과도 깊이 연결되어 있다.

지방 살리기를 포함하고 있는 지역문화정책은 주체로서 중앙정부와 지방공공단체를 담당기관으로 규정하고, 중앙정부와 지방정부간의 문화진흥네트워크를 구축하며, 지역 내 문화주체간의 연대를 통해서 문화예술을 진흥하도록 하고 있다. 중앙정부는 도시와 지방간의 다양한 격차를 줄이기 위한 총합정책을 추진할 의무가 있고, 지방공공단체는 정부의 지원과 계획을 바탕으로 추진함은 물론이고 스스로 계획을 세우고 방향을 잡아 지방을 발전시킬 시대적 사명을 갖고 있다. 지역문화정책은 지역을 발전시키는 총합정책이라는 데 가치가 있다.

지역문화정책은 문화적인 측면에서 전통문화보전과 활성화, 지역문화예술진흥, 지역관광개발, 문화예술 공연 확대, 문화생활화 등을 추진하고 있다. 정치적인 측면에서는 지역공동체 만들기와 활성화, 지역역할강화, 지역특화 및 브랜드화, 지방공공단체의 각종 행·재정서비스강화 등이 함의되어 있다. 경제적인 측면에서는 지역경제 활성화, 지역상업 활성화, 지역문화산업활성화, 지역주민소득향상, 문화자본축적, 지역노동환경개선 등이 있다. 사회적인 측면에서는 지역공동체활성화, 지역공동화방지, 지역인재육성, 지역주민 삶의 질 향상, 지역민유출방지, 지역문화생활유도 등을 추진하는 방향에서 진행되고 있다.

현재 국가나 지역에 의해서 강하게 추진되고 있는 지역문화정책은 지역문화예술진흥, 지역경제 활성화, 지역정체성확립, 지역사회공동체 구축 등을 통해 지역주민의 삶을 향상시키고 지역 활성화를 추구하는데 목적이 있다. 지역문화정책은 지역발전을 추구하는 의미를 담고 있지만 실제로 지역생존과 관련된 정책이라는 점에서 중요성이 더해가고 있다. 지역종합발전정책이라는 특징을 가진 지역문화정책을 활성화하고 효율적인 결과를 도출하기 위해서는 국가와 지방공공단체간의 연대, 사회영역간의 인적 물적 인프라 구축, 지역문화정책의 모델화 등의 과제를 해결할 필요가 있다.

제5장 지역문화정책과 문화법

Ⅰ. 머리글

전후 일본은 패전으로 인하여 자의적이며 타의적 의지로 새로운 일본을 구축하는 데 국력을 집중하게 된다. 새로운 일본은 정치적 요소를 강조하는 군사국가가 아니라 비정치적 요소를 강조하는 문화국가와 경제 국가를 지향하는 건설적인 국가체제를 구상하였다.[1] 문화국가를 구축하기 위해 국가차원에서 총합적으로 실시한 정책 중의 하나가 문화정책이다. 경제 국가는 군사 국가를 극복하기 위한 전략으로 군수품을 생산하는 군사경제가 아니라 생활용품이나 상품을 생산하는 생활경제를 의미한다.

문화국가를 구축하기 위한 문화법제는 구체적으로 문화정책과 관련된 기본법제, 문화행정조직과 관련된 문화법제, 문화정책과 관련된 개별법제 등으로 크게 구분할 수 있다.[2] 문화정책과 관련된 개별법제는 문화진흥에 관한 법제, 문화적 소산의 보존 및 활용에 관한 법제, 표창에 관한 법제, 기타 관련법제 등으로 구분할 수 있다. 그리고 지방공공단체와 관련된 문화법제는 지방자치법을 일반적인 근거로 독

1) 이 내용은 "구견서, 2014,『일본학보』제100집,「전후 일본에 있어서 문화정책관련법의 동향」, 한국일본학회" 논문을 대폭적으로 수정하고 보완한 것임.

2) 이 책에서는 문화관련법은 문화법으로, 문화정책관련법은 문화정책법으로, 지역문화관련법은 지역문화법으로, 지역문화정책관련법은 지역문화정책법 등의 용어로 사용하고자 한다.

자적이며 자주적으로 규정하는 문화진흥조례가 대표적이다.

문화법제에 기초해서 추진한 전후 문화정책은 중앙정부를 필두로 지방공공단체, 문화기업, 시민단체, 문화단체, 지역문화인 등에 의해 다양한 모습으로 실시되어 왔다. 초기 문화정책은 국가기본이념을 규정한 일본국헌법을 비롯한 문화법이 제정되면서 시작되었다. 문화법은 문화정책을 추진할 수 있는 중요한 근거가 되었고, 문화범위, 문화정책목적, 문화정책주체, 문화정책대상 등 다양한 부분을 규정하였고, 문화정책을 강제성과 구속력을 갖고 추진할 수 있도록 하였다.

문화정책은 예술문화진흥에서 출발해서 국민의 종합적 복리추구로 귀착하고 있다. 문화정책 대상으로서 문화정의와 범위는 1999년 개정이전 문부성설치법에서 '예술 및 국민오락, 문화재보호법에 규정하는 문화재, 출판 및 저작권, 저작권법에 규정하는 권리 및 그것에 관한 국민의 문화적 생활향상을 위한 활동'으로 규정하였다. 그러나 2001년 1월 시행된 새로운 문부과학성설치법에서는 문화에 대한 정의와 범위가 삭제되었다.

문화정책을 주관하는 문화청은 문부과학성설치법 제26조에서 임무규정과 함께 문화에 대한 포괄적인 규정을 하고 있다. 문화청은 문화진흥 및 국제문화교류 진흥을 꾀함과 동시에 종교에 관한 행정사무를 적절하게 시행할 임무를 규정하고 있다.[3] 여기에서 문화진흥의 대상이 되는 문화는 기본적으로 문화재, 국어, 저작권, 종교, 교육, 경제, 정보 등과 관련된 영역도 포함하고 있어 문화와 문화정책의 범위가 확대되고 있다.

문화법제에 기초해서 추진하고 있는 문화정책은 국가 및 지역 활성

3) 根木昭, 2001,『日本の文化政策 : 文化政策学の構築に向けて』, 勁草書房, p.43.

화, 국제화, 국가 간 교류, 사람 간 이념 허물기, 총합적 복지창출, 문화적 공유와 교류, 문화국가구축과 문화생활정착 등을 목적으로 추진하여 문화적 가치를 창출하고 있다. 문화정책과 관련된 국가, 지역, 기업은 문화정책을 추진하면서 각 영역의 발전을 동시에 도모하고 있다. 국가는 문화국가를 통한 국가성장과 민족정체성확보, 지역은 지역문화 활성화를 통한 지역특화 및 문화생활화, 기업은 문화산업을 통한 기업이익과 문화공헌 등을 추구하고 있다.

21세기에 접어들면서 시대개념으로서 비정치적이며 경계를 자유롭게 넘나들어 좋은 관계를 만들어 내는 문화가 강조되고 있다. 문화정책은 인간의 포괄적 복지를 추구하는 방향에서 추진되고 있으며, 양적·질적으로 윤택한 문화생활을 촉진시키고, 국내외적 문화교류를 활성화하여 다양한 가치를 창출할 수 있도록 강화되고 있다. 이 책에서는 다양한 목적과 문화적 가치를 창출하기 위해 추진하고 있는 문화정책의 기반이 되는 문화정책법의 특징에 대해서 고찰하고자 한다.

Ⅱ. 지역문화정책법의 체계

1. 국가와 지역문화정책법

문화정책은 기본적으로 문화정책법에 기초해서 기획되고 실천된다. 문화정책은 법적 규정에 기초해서 추진되기 때문에 강제성과 구속성을 갖게 된다. 전후 일본에서 포괄적인 문화정책이나 지역문화정책을 규정하고 있는 문화정책법으로는 「일본국헌법」, 「교육기본법」, 문화행정법인 「문부과학성설치법」, 「문화재보호법」, 「저작권법」, 「지방자치법」, 「종교법인법」, 「문화예술진흥기본법」 등이 있다.

그리고 그 연장선에서 제정된 것으로는 표창에 관한 법령인 「문화훈장령」, 「문화공로자연금법」, 「일본예술원령」 등이 있고, 문화진흥에 관한 법령, 기타관계법령, 지방공공단체가 제정하는 각종 「문화진흥조례」가 있다. 국가수준의 문화정책법 종류와 기본적인 규정내용을 보면 다음과 같다.

〈표 1〉 국가수준의 문화정책법

구 분	법령명	내 용
문화권	일본국헌법	문화권에 규정
문화기본법제	교육기본법	문화정책 및 문화예술진흥기본 규정
문화정책 주무기관	구문부성설치법 (1999년 이전)	정책대상으로서 문화규정, 문화청 부속기관 설치 근거, 문화청 설치 및 임무, 문화는 예술문화, 생활문화, 국민오락, 문화재, 국어 및 저작권 등으로 한정
	문부과학성설치법 (1999년 이후)	문화행정조직, 문화진흥, 종교에 관한 행정사무, 국제문화교류, 문부과학성 조직령 및 문부과학성조직규칙(문화청), 문화범위규정, 독립행정법인 문화심의회 및 종교법인심의회, 문화규정
문화보호	문화재보호법	유형 및 무형문화재보호
	저작권법	문화적 소산의 공정한 이용 및 권리보호
표창	문화훈장령	문화공로자 훈장수여
	문화공로자연금법	문화공로자 연금지급
	일본예술원령	일본예술원과 관련된 규정
문화예술 진흥	문화예술진흥기본법	문화진흥정책규정, 신 국립극장설치운영, 예술문화진흥기금 조성
기타관계법령	종교법인법	종교법인승인, 지도조언
	흥행장법	문화생활, 오락시설운영에 관한 법률
	소방법	환경위생관계운영의 적정화에 관한 법률

위에서 보는 것처럼, 일본은 문화정책을 추진하기 위해 다양한 목적과 내용을 가진 문화정책법을 제정하였다. 일본국헌법은 문화권에 대해서 규정하고, 교육기본법은 문화정책 및 문화예술진흥 기본을 규정하고 있으며, 문부과학성설치법은 문화행정조직, 문화진흥, 문화범위, 각종문화심의회 등을 규정하고 있고, 문화재보호법은 유형 및 무형문화재 보호 및 계승, 발굴 등을 규정하고 있으며, 문화예술진흥기본법은 문화예술진흥정책 기본이념, 내용과 방법 등을 구체적으로 적시하고 있다.

그 이외에도 문화정책에 직·간접적으로 영향을 주는 문화법으로는 문화예술단체의 법인화에 관한 특정비영리활동촉진법, 민법의 공인법인에 관한 규정, 메세나 세제관련 규정 등이 있다. 특히 경제적 사회적 문화적 권리에 관한 국제규약, 세계문화유산 및 자연유산 보호에 관한 조약, 무형문화유산 보호에 관한 조약, 문화적 및 미술적 저작물 보호에 관한 만국저작권조약, 레코드저작권 및 방송기관 보호에 관한 조약(로마조약) 등이 있다.

일본에서 문화정책을 규정하는 문화정책법은 최상위법으로 일본국헌법이 있고, 상위법에서 규정한 이념과 목표를 달성하기 위해 조직과 업무를 규정한 하위법으로서 지방자치법, 교육기본법 등이 제정되었다. 실천적 차원에서 조직업무와 업무분장을 구체적으로 정한 지방공공단체가 제정할 수 있는 조례 등이 있다. 대체로 문화정책법은 상위법에 기초해서 제정된 하위법은 상위법의 내용을 구체화하는 방법으로 제정하여 문화정책을 세밀하게 실천할 수 있도록 하고 있는 특징이 있으며, 포괄적인 문화정책과 지역문화정책을 충실하게 추진하여 풍부한 문화환경을 구축하고 생활 속에서 향유하게 하고 있다는 점에서 가치가 있다.

2. 지방공공단체와 지역문화정책법

지방공공단체가 제정할 수 있는 문화정책법은 지방자치법에 기초한 문화진흥조례와 문화진흥지침, 문화진흥계획 등이 있다.[4] 문화진흥조례제정은 지방자치법 제14조 1항에 근거하고 있다. 지방공공단체는 법령에 위반되지 않는 한 지방자치법 제2조 2항의 사무 '지역에 있어서 사무 그 이외의 사무'를 담당하기 위해 조례를 제정할 수 있도록 하고 있다. 지방공공단체는 지방자치법의 위임에 기초해서 문화시설이나 문화진흥을 위해 의무적으로 기금을 마련할 수 있는 조례를 제정하거나 개정할 수 있다.

문화진흥을 위한 조례는 지방공공단체에 있어서 문화진흥전반에 대해서 규정하는 조례를 의미한다. 기금에 관한 조례, 문화시설 등 관리운영에 관한 조례, 문화재보호 조례 등도 포함하는 경우가 있다. 다음은 도도부현이 제정한 문화진흥조례현황을 소개한 것이다.

〈표 2〉 도도부현의 문화진흥조례현황

도도부현	문화진흥조례명	도도부현	문화진흥조례명
홋카이도	홋카이도문화진흥조례 평성6년	시가	시가현문화진흥조례 평성21년
이와테	이와테현문화예술진흥기본조례 평성19년	교토	교토부 문화 힘에 의한 교토 활성화추진조례 평성17년
미야기	미야기현문화예술진흥조례 평성16년	오사카	오사카부문화진흥조례 평성16년
후쿠시마	후쿠시마현문화조례 평성15년	와카야마	와카야마현문화예술진흥조례 평성20년
도치키	도지키현문화진흥조례 평성19년	돗도리	돗도리현문화예술진흥조례 평성15년

4) 文化庁, 平成27年,『地方における文化行政の状況について』, 文化庁.

군마	군마현문화기본조례 평성24년	시마네	시마네현문화예술진흥조례 평성23년
사이타마	사이타마현문화예술진흥기본조례 평성21년	오카야마	오카야마현문화진흥기본조례 평성17년
도쿄	도쿄도문화진흥조례 쇼와58년	히로시마	히로시마현문화예술진흥마치쓰쿠리추진조례 평성18년
가나가와	가나가와현문화예술진흥조례 평성20년	야마구치	야마구치현문화예술진흥조례 평성19년
도야마	도야마현민문화조례 평성8년	도쿠시마	도쿠시마현문화진흥조례 평성16년
기후	기후현문화예술진흥기본조례 평성20년	카가와	문화예술진흥에 의한 마음 풍부함과 활력 넘치는 카가와만들기조례 평성19년
시즈오카	시즈오카현문화진흥조례 평성18년	구마모토	구마모토현문화진흥조례 쇼와63년
가고시마	가고시마현문화예술진흥에 관한 조례 평성16년	오이타	오이타현문화진흥조례 평성15년
오키나와	오키나와현문화예술진흥조례 평성25년	-	-

지방공공단체가 제정한 문화예술진흥조례는 일반적으로 문화진흥의 기본이념 명시, 문화 활동에 대한 재정적 지원 조치, 문화계획 책정, 심의회에 주민의 정책책정참가 등을 규정하고 있다. 일본에서 최초로 제정된 문화진흥조례는 홋카이도의 구시로시 조례로 1974년에 제정되어 문화예술조성, 후원, 표창, 지원 등을 규정하였다. 1980년대에 들어서 시정촌 조례는 1982년 아키다시조례, 도도부현 조례는 도쿄도가 1983년 「도쿄도문화진흥조례」를 최초로 제정하였다. 쇼와기와 헤이세이기에 접어들어 각 도도부현은 문화진흥관련 조례를 제정하여 시행하고 있다.

지방공공단체는 문화예술진흥을 위해서 조례를 제정하고 동시에 문화계획이나 문화지침을 제정하고 있다. 문화계획이나 지침은 지방자치법 제2조 4항에 시정촌에 대한 의회의결을 거쳐 그 지역에 있어서 종합적이며 계획적인 행정운영을 위하여 기본구상을 규정하고 그것에 따라 사무 처리를 하도록 하고 있다.[5] 기본구상에 의해 기본계획이 정해지는 것이 통례이다. 문화계획은 문화지침 형태로 제정되어 추진되고 있다.

문화정책지침은 지방공공단체에 있어서 문화진흥전반, 시민이나 문화단체에 의한 예술문화진흥에 대해서 규정하는 이념, 계획, 방향, 비전, 방침, 구상 등을 규정한다. 문화예술진흥기본법 시행 이후 책정된 것이다. 다음은 도도부현의 문화정책지침 현황을 나타낸 것이다.

〈표 3〉 도도부현의 문화정책지침현황

도도부현	문화진흥지침명	도도부현	문화진흥지침명
아키타	아키타문화진흥비전 평성17년	시가	시가현문화진흥기본방침 평성23년
이와테	이와테문화예술진흥지침 평성20년	교토	교의 문화력, 차세대육성플랜 평성23년 - 교토마음의 문화미래창조비전 평성24년
미야기	미야기현문화예술진흥비전 평성17년	오사카	제3차오사카부문화진흥계획 평성25년
야마가타	야마가타문화진흥플랜 평성18년	이바라키	이바라키문화진흥비전 평성16년
코지	코지현예술문화진흥비전 평성18년	나라	나라현문화진흥비전 평성5년
후쿠시마	후쿠시마현문화진흥기본계획 평성22년	와카야마	와카야마현문화예술진흥기본계획 평성22년

5) 文化庁, 平成27年,『地方における文化行政の状況について』, 文化庁.

도치키	도치키현문화진흥기본계획 평성21년	미야자키	미야자키문화진흥비전 평성23년
군마	군마현문화기본조례 평성24년	후쿠오카	후쿠오카현문화진흥플랜 평성17년
사이타마	사이타마현문화예술진흥계획 평성23년	오카야마	오카야마현문화진흥비전 평성20년
치바	치바문화진흥계획 평성24년	니가타	니가타현문화플랜 평성23년
도쿄	도쿄도문화진흥지침 평성18년	히로시마	히로시마현문화예술진흥비전 평성15년
가나가와	가나가와현문화예술진흥계획 평성21년	야마구치	야마구치문화예술진흥지침 평성25년
도야마	신세기도야마문화진흥계획 평성18년	도쿠시마	도쿠시마현문화진흥기본방침 평성18년
나가노	나가노문화예술진흥지침 평성21년	아이치	문화예술창조아이치만들기추진방침 평성19년
기후	기후현문화예술진흥지침 평성19년	카가와	카가와문화예술진흥계획 평성25년
미에	미에의 문화진흥방침 평성20년	효고	예술문화진흥비전 평성16년
시즈오카	제3기후지노구문화진흥계획 평성26년	구마모토	구마모토현문화진흥기본방침 평성17년
가고시마	가고시마현문화예술진흥지침 평성18년	오이타	오이타현문화진흥기본방침 평성17년

출처: 文化庁, 平成27年,『地方における文化行政の状況について』, 文化庁.

도도부현 수준에서의 문화예술진흥을 위한 지침, 플랜, 기본계획 등은 문화진흥조례와 함께 지역의 문화예술진흥을 위한 기본적인 문화정책내용을 규정하고 있다. 각 도도부현의 지역사정에 따라 강조하는 내용이 다르지만 기본적으로 지역문화예술을 진흥시키는 방향에서 추진하고 있다. 계획이나 지침은 실제로 행정부를 강제하도록 구속하지 않지만 문화정책과 관련된 주체, 문화단체역할, 문화인재 육성, 정책내용, 지역주민 문화적 삶 등의 방향을 유도하고 있다. 특히 지역문화예술정책의 이념과 내용을 결정하는 중요한 근거가 되고 있다는 점에서 가치가 있다.

Ⅲ. 지역문화정책법의 특징

1. 문화정책기본법

중앙정부가 주도하는 문화정책을 규정하는 문화정책법은 국가이념과 국시를 선언한 일본국헌법이 있고, 문화행정이나 문화정책을 규정하는 교육기본법과 지방자치법이 있다.[6] 일본국헌법은 1946년 2월 3일 공포되고 1947년 5월 3일 실시되었고, 전문, 전체 11장 103조로 구성되어 있다. 지방자치법은 1947년 4월 17일 실시되었고, 제1편 총칙, 제2편 보통지방공공단체, 제3편 특별지방공공단체, 제4편 보칙 등으로 구성되어 있다. 교육기본법은 1947년 공포 및 실시되었고, 전문, 제1장 교육기본법의 목적 및 이념, 제2장 교육실시에 관한 기본, 제3장 교육행정, 제4장 법령의 제정 등으로 구성되어 있다.

문화정책법은 문화정책의 기본이념과 방향을 규정하고 있어 중앙정부의 문화정책이나 지방공공단체의 지역문화정책을 추진하는 법적 근거가 되는 한편 강제성과 구속력을 갖는 특징이 있다. 국가문화정책의 기본이념과 방향을 최상위에서 규정하고 있는 일본국헌법의 특징을 보면 다음과 같다.

6) 根本昭, 2007,『文化政策の展開』, 放送大学教育振興会, pp.57-62.

〈표 4〉 문화권과 문화창조

규 정	내 용	특 징
전문	국정은 국민의 엄숙한 신탁에 의한 것이며, 권위는 국민으로부터 유래하고, 권력은 국민 대표자가 그것을 행사하고, 복리는 국민이 그것을 향유한다.	국민은 복리향유 주체이고 국가를 복리 관리자로 규정
第13조	모든 국민은 개인으로서 존중된다. 생명, 자유 및 행복추구에 대한 국민 권리에 대해서는 공공 복리에 반하지 않는 한, 입법 그 이외의 국정 가운데서 최고 존중을 필요로 한다.	행복추구권(문예법의 문화예술창조 및 향유 연결)
第19조	사상 및 양심의 자유는 그것을 침해해서는 안된다.	사상 및 양심의 자유
第20조	- 1항 신교 자유는 누구든지 그것을 보장한다. 어떤 종교단체도 국가로부터 특권을 받거나 정치상 권력을 행사해서는 안된다. - 2항 누구든지 종교상의 행위, 축전, 의식 또는 행사에 참가하는 것을 강제 받지 아니한다. - 3항 국가 및 그 기관은 종교교육 그 이외 어떤 종교적 활동도 해서는 안된다.	종교의 자유보장, 정교분리원칙천명
第21조	집회, 결사 및 언론, 출판 그 이외의 일체의 표현 자유는 보장된다. 검열은 해서는 안된다. 통신 비밀을 침해해서는 안된다.	표현의 자유와 통신 비밀보장
第23조	학문자유는 보장된다.	학문자유(문예법 자주성과 창조성존중)
第25조	1항 모든 국민은 건강하게 문화적 최저한도 생활을 영위할 권리를 가진다. 2항 국가는 모든 생활부분에 대해서 사회복지, 사회보장 및 공중위생의 향상 및 증진에 노력해야 한다.	사회권과 생존권(문예법의 문화권과 문화기본권과 연결됨)
第26조	1항 모든 국민은 법률이 정함에 따라 그리고 능력에 따라 평등하게 교육을 받을 권리가 있다. 2항 모든 국민은 법률이 정함에 따라 보호하는 자녀에게 보통교육을 받게 할 의무를 진다. 의무교육은 무상으로 한다.	교육받을 권리 교육받게 할 의무

출처: 梅棹忠夫, 1987, 『日本』, 講談社, pp.1020-1026.

일본국헌법은 문화와 관련해서 전문, 제13조, 제19조, 제20조, 제21조, 제23조, 제25조, 제26조 등에서 국민이 가져야할 문화적 권리를 규정하고 있다. 기본적으로 일본국가는 민주주의와 평화주의에 기초한 문화국가를 구축하는 가운데 일본국민이 복리와 행복을 향유하고, 사상, 양심, 종교, 표현, 학문의 자유를 가질 수 있다는 점을 천명하고 있다. 특히 사회권과 생존권으로 표현된 문화생활을 할 수 있는 문화권을 갖고 있고, 문화적 자주성과 창조성을 강조하는 교육의 권리를 갖도록 규정하고 있다.

그런 의미에서 보면, 문화정책의 기본이념과 방향을 규정한 일본국헌법은 일본국가가 문화정책의 최고 책임자이며, 문화정책을 추진해야 하는 주체임을 규정한 것이다. 일본국가가 구축하고 실천해야 하는 문화는 복리, 행복, 종교, 표현, 학문, 교육 등을 포함하는 종합적 문화라는 성격을 가졌다. 일본국헌법은 문화정책을 규정하는 최상위법이며 문화정책과 관련된 하위법을 제정하도록 하고 동시에 통제하는 근거가 되고 있다.

문화이념과 방향을 규정하고 있는 일본국헌법의 하위법으로 제정된 법이 교육기본법과 지방자치법이다. 교육기본법은 문화를 교육 개념과 동일하게 인식하고 구체화하고 있다는 특징이 있고, 지방자치법에서는 지역이 지역문화를 주도적으로 진흥하고 발전시켜야 한다는 규정을 두고 있다. 교육기본법과 지방자치법이 규정하고 있는 문화정책과 관련된 특징을 보면 다음과 같다.

〈표 5〉 문화국가와 문화교육

구 분	규정	내 용
교육 기본법	전문	우리 일본국민은 끊임없는 노력으로 구축해온 민주적이며 문화적인 국가를 더욱 발전시킴과 동시에, 세계 평화와 인류 복지향상에 공헌하기를 원한다. 우리는 그 이상을 실현하기 위해 개인 존중을 중시하고, 진리와 정의를 희구하며, 공공 정신을 소중하게 하고, 풍부한 인간성과 창조성을 갖춘 인간교육을 추구함과 동시에, 전통을 계승하고 새로운 문화 창조를 지향하는 교육을 추진한다.
	교육 목적 2조	교육은 목적 실현을 위해, 학문의 자유를 존중해가며, 이어 제시한 목표를 달성하도록 행한다. 전통과 문화를 존중하고, 그것들을 품고 있는 우리국가와 향토를 사랑함과 동시에, 타국을 존중하고, 국제사회의 평화와 발전에 기여하는 자세를 함양한다.
지방 자치법	총칙	- 제1조 1항 : 이 법률은 지방자치취지에 기초해서 지방공공단체의 구분 및 지방공공단체의 조직 및 운영에 관한 사항의 대강을 정하고, 동시에 국가와 지방공공단체사이의 기본적 관계를 확립함으로써 지방공공단체에 있어서 민주적으로 능률적인 행정 확보를 꾀함과 동시에, 지방공공단체의 건전한 발전을 보장할 것을 목적으로 한다. - 2항 : 지방공공단체는 주민의 복지증진을 꾀하는 것을 기본으로 하고, 지역에 있어서 행정을 민주적이며 종합적으로 실시하는 역할을 널리 담당한다. 국가는 전항의 규정 취지를 달성하기 위해, 국제사회에서 국가로서의 존립과 관련된 사무, 전국적인 준칙에 관한 사무 또는 전국적인 규모 또는 전국적인 시점에서 행해야 할 시책 및 사업실시 그 이외의 국가가 원래해야 할 역할을 중점적으로 담당하고, 주민에게 친근한 행정이 가능한 한 지방공공단체에게 위임하는 것을 기본으로 하며, 지방공공단체와의 사이에서 적절한 역할을 분담함과 동시에, 지방공공단체에 관한 제도 책정 및 시책실천에 즈음해서 지방공공단체의 자주성 및 자립성이 충분히 발휘되도록 하지 않으면 안된다.
	조례	- 제14조 1항 : 보통 지방공공단체는 법령에 위반되지 않는 한 제2조 조항의 사무에 관해서 조례를 제정할 수 있다. - 2항 : 보통 지방공공단체는 의무를 부과하고 또는 권리를 제한하는 데 법령에 특별한 규정이 있는 경우를 제외하고는 조례에 의하지 않으면 안된다.

	교육 위원 회	第80조 : 교육위원회는 별도로 법률이 정함에 따라 학교 그이외의 교육기관을 관리하고, 학교 조직편제, 교육과정, 교과서 그 이외의 교재 취급 및 교육자 신분 대우에 관한 사무를 행하고, 병행해서 사회교육 및 그 이외의 교육, 학술 및 문화에 관한 사무를 관리하고 동시에 그것을 집행한다.

출처 : http: //www.yahoo.co.jp

교육기본법은 일본국헌법에서 국시로 규정하고 있는 민주적이며 문화적인 국가를 발전시키는 임무를 충실하게 따를 것을 강제하고 있다. 교육 목적 중의 하나로 문화 창조를 강조함으로써 인간교육이 문화교육을 통해서 달성할 수 있도록 규정하고 있다. 교육 완성을 위해서 전통과 문화를 존중하는 가운데 일본과 국제사회에 공헌할 수 있도록 교육 방향을 명시하고 있다. 교육기본법에서 규정한 교육은 보편적으로 개성 풍부한 문화 창조, 문화존중과 발전을 통해서 국내외적으로 공헌할 수 있도록 하며, 교육영위와 문화 창조가 서로 불가분의 관계에 있다는 것을 인식하고, 교육과 함께 문화진흥을 추구하는 것을 기본임무로 규정하고 있는 특징이 있다. 교육은 기본적 권리로 받을 권리와 받도록 할 의무도 규정하고 있다. 그런 차원에서 본다면, 문화도 받을 수 있은 권리이며, 받게 할 의무가 있다고 할 수 있다.

지방자치법은 일본국헌법 제8장 제93조 지방자치규정에 근거해서 제정되었고, 1947년 법률 47호로 공포되어 1999년까지 시행되었다. 이후 지방분권을 중핵으로 하고 그와 관련된 부분을 대폭적으로 개정하였다. 지방자치법은 지방공공단체의 전반적인 사무를 규정하고 있고, 국가와 지방공공단체 간 관계와 책임을 정하고 있다. 지방공공단체는 자주성과 자립성을 갖고 지방공공단체의 건전한 발전과 복지증진을 추구할 의무가 있다는 점을 강조하고 있다. 그것을 위해 산하기관을 설치할 수 있고, 각종조례를 제정할 권리를 갖도록 하고 있다.

지방자치법에 규정한 복지증진은 실제로 지역발전, 지역문화예술 진흥, 전통문화계승, 새로운 지역문화 창조, 교육 등을 망라한 개념이라고 할 수 있다. 1999년 새롭게 개정된 지방자치법 신법(제2조2항)에서는 지방 문화예술진흥이 지방공공단체의 고유 업무라는 것을 강조하고 있다. 지방공공단체의 문화에 관한 사무는 제2조 제2항에 규정하고 있다.[7] 지방자치법은 지역문화진흥을 위한 법적 규정으로 강제성과 구속력을 갖고 있어 지역문화정책의 책정과 실천에 크게 영향을 주고 있다는 점에서 매우 중요한 기능과 역할을 하고 있다. 1980년대 이후 주창한 문화시대, 지방시대, 지방문화시대 등을 구체적으로 담아내고 있는 지역문화예술정책을 실현할 수 있는 법적인 근거가 된다는 점에서 중요한 의의가 있다.

2. 문부과학성설치법

일본에서 문화정책을 국가수준에서 직접적으로 담당할 문화행정조직을 규정한 것이 「문부과학성설치법」이다. 그것은 제1장 총칙, 제2장 문부과학성 설치, 임무 및 소장사무, 제3장 본성에 설치되는 조직 및 기관, 제4장 문화청, 제5장 잡칙 등으로 구성되어 있다. 중요한 것은

7) 개정 전 지방자치법 제2조 제3항 제5호에서는 지방공공단체의 문화에 관한 사무로서 학교, 연구소, 시험장, 도서관, 공민관, 박물관, 체육관, 미술관, 물품 진열소, 공회당, 극장, 음악당 등 이외의 교육, 학술, 문화, 권업(勸業), 정보처리 및 전기통신에 관한 시설을 설치하거나 관리하고, 그것을 사용하는 권리를 규제하고, 그 이외의 교육, 학술, 문화, 권업, 정보처리 또는 전기통신에 관한 사무를 행하는 것 등을 규정하고 있다. 동항 제14호에서는 건조물, 회화, 예능, 사적, 명승 그 이외의 문화재를 보호하고 관리할 것을 규정하고 있다.

문화정책을 총괄하는 문화청 설립 및 임무에 관한 사항을 규정하고 있다는 점이다. 문화청과 관련된 제4장 제1절은 설치, 임무, 소장사무를 규정하고 있고, 제2절은 심의회, 제3절은 특별기관으로 구성되어 있다. 문부과학성설치법에서 문화 및 문화정책과 관련된 특징을 보면 다음과 같다.

〈표 5〉 문화행정과 문화예술진흥

구성	내 용
제1장	이 법률은 문부과학성 설치, 임무 및 그것을 달성하기 위해 필요한 범위의 소장사무를 명확하게 규정함과 동시에, 소장하는 행정사무를 능률적으로 수행하기 위해 필요한 조직을 구성하도록 함을 목적으로 한다.
제2장	문부과학성은 교육진흥 및 생애학습 추진을 중핵으로 풍부한 인간성을 갖춘 창조적인 인재육성, 학술, 스포츠, 문화진흥, 과학기술의 종합적 진흥을 꾀함과 동시에, 종교에 관한 행정사무를 적절하게 행하는 것을 임무로 한다.
제3조 32-97호	- 32호 사회교육진흥, 청소년교육, 통신교육 및 시청각교육, 외국인에 대한 일본어교육, 가정교육지원, 공립 및 사립의 문교시설 및 지방 독립행정법인이 설치하는 문교시설정비, 공립의 문교시설 정비, 학교시설 및 교육용품 기준설정, 학교환경정비, 청소년의 건전한 교육추진, 체력의 기본 및 증진추진, 스포츠 진흥, 국제적 또는 전국적 규모로 행해지는 스포츠사업, 스포츠 경기기준 향상, 문화(문화재보호법에 관련된 사항을 제외)진흥, 문화진흥조성, 극장, 음악당, 미술관 등 이외의 문화시설, 문화에 관한 전시회, 강습회 그 이외의 개최 및 주최, 국어개선 및 보급, 저작권 권리, 출판권 및 저작인접권 보호 및 이용, 문화재 보존 및 활용, 아이누 문화진흥, 종교법인 규칙, 규칙변경, 합병, 임무해산 인증, 종교단체와 연락, 국제문화교류진흥(외교정책과 관련된 것 제외), 유네스코진흥(외교정책과 관련된 것 제외), 문화공로자, 지방공공단체 기관, 대학, 고등전문학교, 연구기관 그 이외 관계기관에 대한 교육, 학술, 스포츠, 문화 및 종교에 관한 전문적 기술적 지도 및 조언, 교육관계 직원, 연구자, 사회교육에 관한 단체, 사회교육지도자, 스포츠지도자 그 이외의 관계자에 대한 교육, 학술, 스포츠 및 문화에 관련된 전문적 기술적 지도 및 조언, 소장사무에 관련된 국제협력, 정령으로 정한 문교연수시설에서 소장사무에 관한 연수, 전 각호와 관련된 이외 법률에 기초한 문부과학성에 속한 사무 등을 담당한다.

<table>
<tr><td rowspan="4">제4장</td><td>- 제1절 제1관 26조, 국가행정조직법 제3조 제2항 규정에 기초해서 문부과학성에 문화청을 설치, 제2항 문화청의 장은 문화청장관이 한다.</td></tr>
<tr><td>제27조 문화청은 문화진흥 및 국제문화교류 진흥을 꾀함과 동시에 종교에 관한 행정사무를 적절하게 할 임무를 한다. 제28조 문화청은 전조의 임무를 달성하기 위해, 제4조 제3호, 제5호, 제36호, 38호, 39호, 81호, 90호(학술 및 스포츠 진흥제외), 91호 및 93호부터 97호 사무를 담당한다.</td></tr>
<tr><td>- 제29조 문화청에는 문화심의회를 둔다. 2항 전항에 정한 것 이외 별도로 법률이 정한 것에 따라 문부과학성에 심의회를 설치하고, 문화청에 종교법인심의회를 설치한다.
- 제30조 1항 문화심의회는 다음과 같은 사무를 담당한다. 1.문부과학대신 또는 문화청장의 자문에 응하는 문화진흥, 국제문화교류진흥(학술스포츠제외) 2. 문부과학대신 또는 문화청장관에 의견 개진, 3. 문부과학대신 또는 문화청장관의 자문 5. 문화예술진흥법 제7조3항, 전람회에 관한 미술품손해 보상에 관한 법률 12조2항, 저작권법, 만국저작권조약 실시와 동반된 저자권법의 특례 관한 법률 제5조4항, 저작권 등 관리사무법 제24조 제4항, 문화재보호법 제153조 및 문화공로자 연금법 제24조4항, 문화재보호법 153조 및 문화공로자 연금법
- 제31조 종교법인심의회는 종교법인법이 정한 것에 따른다.</td></tr>
<tr><td>제32조 1항 문화청에 일본예술원을 둔다. 2항 일본예술원 사무는 예술상 공적이 현저한 예술가 대우에 관한 것, 예술발달에 기여한 활동을 하고 예술에 관한 중요사항을 심의, 그것에 관해서 문부과학대신 또는 문화청장관에 의견을 개진, 3항 일본예술원 장 및 회원은 정령으로 정하고 문부과학성장관이 임명, 4항 일본예술원 회원에는 예산 범위 내에서 문화과학대신이 정해서 연금을 지급, 5항 일본예술원 조직, 회원, 그 이외 직원 및 운영에 대해서는 정령으로 정한다.</td></tr>
</table>

출처 : http : //www.yahoo.co.jp

문부과학성설치법은 문부과학성이 추구해야 할 목적과 임무를 규정하고 있을 뿐 아니라, 문화정책주무기관 및 문화정책 내용을 직접적으로 규정하고 있어 문화관련 법제 중에서 가장 실천을 염두에 둔 문화법이며 문화정책법이라고 할 수 있다. 문부과학성은 교육진흥 및 생애학습 추진을 중핵으로 풍부한 인간성을 갖춘 창조적인 인재육성,

학술, 스포츠 및 문화진흥, 과학기술의 종합적 진흥을 꾀할 것을 목적과 임무로 하고 있다.

중앙정부와 지방정부는 일본 문화예술진흥을 위해서 노력을 해야 할 주체이며 임무를 법적으로 실행해야하는 의무가 있는 문화정책의 핵심기관이라는데 의의와 가치가 있다. 국가 수준에서 문화와 문화정책을 추진할 구체적인 담당기관은 바로 문부과학성 산하에 있는 문화청이다. 문화청은 문화진흥 및 국제문화교류 진흥을 꾀함과 동시에 종교에 관한 행정사무를 적절하게 할 임무를 가지고 있다. 문화청은 현존하는 문화법에 의해 설치된 문화관련 주무기관이며, 일본문화정책을 종합적으로 추진하는 기관이다. 문부과학성설치법은 문화국가와 문화시대를 구축하는데 필요한 문화정책담당기관과 문화정책의 내용과 방향성을 강제하고 있다는 특징이 있고 가치가 있다.

3. 문화재보호법

문화재보호법은 1950년 5월 공포되고 동년 8월에 시행되었고, 총칙을 포함해 13장으로 구성되어 있다. 1954년, 1968년, 1975년 등 3회에 걸쳐 개정되었지만 그 후 경제발전에 의한 생활수준 향상과 여가시간 확대로 국민의 전통문화에 대한 요구가 커짐과 동시에 사회경제발전, 국제교류와 협력요청 등으로 새롭게 대응해야 할 과제가 많이 생겨 중시되고 있다. 문화재보호 및 정책과 관련된 문화재보호법의 특징을 보면 다음과 같다.

〈표 6〉 문화재 정의 및 보호

구 분	내 용
제1장 총칙	제1조(목적) 이 법률은 문화재를 보존하고, 활용을 꾀하며, 더욱이 국민의 문화적 향상에 기여함과 동시에 세계문화 진보에 공헌하는 것을 목적으로 한다.
문화재 정의	제2조(문화재의 정의) 이 법률에서 문화재라는 것은 다음과 같은 것을 지칭한다. 1항 건조물, 회화, 조각, 공예품, 서적, 전적(典籍), 고문서 그 이외 유형의 문화적 소산으로 우리나라에 있어서 역사상 또는 예술상 가치(토지 그 이외의 물건포함)가 높은 것과 고고자료 및 그 이외 학술 상 가치가 높은 역사자료(이하를 유형문화재라고 칭함) - 2항 : 연극, 음악, 공예기술 그 이외 무형의 문화적 소산으로 우리나라에 있어서 역사상 또는 예술 상 가치가 높은 것(이하 무형문화재라 칭함) - 3항 : 의식주, 생업, 연중행사 등에 관한 풍속관습, 민속예능, 민속기술 및 그것들에 이용되는 의복, 기구, 가옥 그 이외의 물건으로 우리나라 국민의 생활 추이를 이해하기 위해 필요한 것(이하 민속문화재라 칭함) - 4항 : 패총, 고분, 도성흔적(都城跡), 성적(城跡), 구택(旧宅) 그 이외의 유적으로 우리나라에 있어서 역사 상 또는 학술 상 가치가 높은 것, 정원, 교량, 협곡, 산악 그 이외의 명승지로서 우리나라에 있어서 예술 상 또는 감상 상 가치가 높은 것, 동물(생식지, 번식지 및 도래지 포함), 식물(자생지포함) 및 지질광산으로 우리나라에 있어서 학술 상 가치가 높은 것(이하 기념물이라 칭함) - 5항 : 지역에 있어서 사람의 생활 또는 생업 및 당해지역의 풍토로 형성된 경관지로, 우리나라 국민 생활 또는 생업 이해를 위해 필요한 것(이하 문화적 경관이라 칭함) - 6항 : 주위 환경과 일체를 이루어 역사적 풍파를 형성하고 있는 전통적인 건조물 군으로 가치가 높은 것(이하 전통적 건조물 군이라 칭함)
정부 및 지방공공단체 임무	제3조(정부 및 지방공공단체의 임무) 정부 및 지방공공단체는 문화가 우리나라 역사, 문화 등의 올바른 이해를 위해 없어서는 안 되는 것으로 또한 장래 문화향상발전의 기초가 된다는 것을 인식하고, 보존이 적절하게 행해지도록 면밀하게 주의하고, 이 법률의 취지에 따라 철저하게 임해야 한다.
	제4조(국민 및 소유자 자각) 일반국민은 정부 및 지방공공단체가 이 법률의 목적을 달성하기 위해 행하는 조치에 성실하게 협력해야 한다. - 문화재 소유자 그 이외의 관계자는 문화재가 귀중한 국민적 재산인

국민 및 소유자 자각	것을 자각하고, 그것을 공공을 위해 소중하게 보존함과 동시에 가능한 한 그것을 공개하는 등 문화적 활용에 노력해야 한다. - 정부 및 지방공공단체는 이 법률 집행에 즈음해서 관계자의 소유권 그 이외 재산권을 존중해야 한다.

출처 : http : //www.yahoo.co.jp

문화재보호법은 기본적으로 법률의 목적, 문화재 정의, 정부 및 지방공공단체 임무, 국민 및 소유자 자각 등을 규정하고 있다. 문화재보호법이 지향하고 있는 목적은 전통문화재를 발굴하고 보호하여 국민이 문화적 향수를 느끼고, 문화적 역사에 자부심을 갖으며, 문화정체성을 갖도록 하는데 있다. 문화재는 단순하게 보존하는데 그치는 것이 아니라 잘 정리하고 발굴하고 보호해서 국내뿐 아니라 해외와의 문화교류 수단으로 활용하는 비정치적 교류매체라는 것과 더불어 세계문화 진보에 공헌할 수 있는 존재로 규정하고 있다. 역사를 대변하는 문화재보호법은 국가 뿐 아니라 지역공공단체가 법률과 각 규정에 따라 적극적으로 보호하도록 책임을 강제하고 있다.[8]

문화재는 지역과 관련된 것이 많기 때문에 지방자치단체가 관련조례를 통해서 지역전체의 문화재를 등록, 보호, 보전 등을 하도록 하고 있다. 지역문화재보호는 전통적이고 특색 있는 지역 환경 만들기, 도시 만들기, 문화재보호, 어메니티 만들기 등과도 연결되어 있다. 그리고 지정도시나 중핵도시에 권한을 위임하고 있으며, 시정촌의 역할을 명확히 하고, 규제완화를 추진하여 중요문화재의 활용을 유도하고 있다.[9] 일반국민도 문화재가 국민적 국가적 자산이라는 인식을 함양하고 보호와 활용에 적극적으로 참여할 것을 명시하고 있다.

---

8) 根本昭, 2005,『文化行政法の展開』, 水曜社, pp.134-145.

9) 文化庁, 1999,『新しい文化立国の創造をめざして』, ぎょうせい, pp.60-65.

4. 문화예술진흥기본법

문화정책법 가운데 문화정책의 기본방향과 실천내용을 구체적으로 규정한 것이 「문화예술진흥기본법」이라고 할 수 있다. 문예법은 2001년 11월 30일 성립되어 제153차 임시국회에서 성립되었고, 12월 7일에 공포되어 시행되었다. 문예법은 전문, 제1장 총칙(제1조-제6조), 제2장 기본방침(제7조), 제3장 문화예술진흥에 관한 기본적 시책(제8조-제35조), 부칙 등으로 구성되어 있다.[10] 문예법이 성립됨으로써 문화정책이 목적과 방향을 가지고 본격적으로 추진되는 계기가 되었다고 할 수 있다.

문예법은 문화정책을 위한 기본적인 법적 근거뿐 아니라 중앙정부의 문화진흥에 대한 전반적인 부분을 세밀하게 담고 있고, 지방공공단체의 문화진흥에 관련된 사항을 구체적으로 규정하고 있다. 문예법의 특징을 보면 다음과 같다.

〈표 7〉 문화예술진흥의 목적과 책무

구 성	내 용
총칙 목적	제1장 제1조 이 법률은 문화예술이 인간에게 많은 혜택을 촉발시키는 것으로 인식해서, 문화예술진흥에 관한 기본이념을 정하고, 국가 및 지방공공단체의 책무를 명확하게 함과 동시에, 문화예술진흥에 관한 시책의 기본이 되는 사항을 규정함으로써, 문화예술에 관한 활동을 행하는 사람(단체포함)의 자주적 활동촉진을 핵심으로 문화예술 진흥에 관한 시책의 종합적 추진을 꾀하고, 더욱이 마음 풍부한 국민생활 및 활력 있는 사회실현에 기여하는 것을 목적으로 한다.
	제2조 문화예술 활동을 행하는 자의 자주성이 충분히 존중되어야 한다. - 2항 : 문화예술 활동을 행하는 자의 창조성이 충분히 존중됨과 동시에, 지위 향상을 꾀하고, 능력을 충분히 발휘하도록 고려해야 한다. - 3항 : 문화예술을 창조하고 향유하는 것은 인간이 태어나면서부터 얻는

10) 根本昭, 2003,『文化政策の法的基盤』, 水曜社, pp.238-243.

기본 이념	권리라는 것을 인식하고, 국민이 거주하는 지역에 관계없이 동등하게 문화예술을 감상하고, 그것에 참가하며 또한 그것을 창조하는 것이 가능한 환경정비가 이루어져야 한다. - 4항 : 우리나라에서 문화예술 활동이 활발하게 이루어질 수 있는 환경을 정비하고, 문화예술발전이 이루어지며, 더욱이 세계의 문화예술발전에 자산이 되도록 고려해야 한다. - 5항 : 다양한 문화예술보호 및 발전이 이루어져야 한다. - 6항 : 문화예술진흥에 즈음해서는 지역사람에 의해 주체적으로 문화예술 활동이 행해지도록 고려함과 동시에, 각 지역 역사, 풍토 등을 반영한 특색 있는 문화예술발전이 고려되어야 한다. - 7항 : 우리나라의 문화예술이 넓은 세계로 발신되도록 문화예술관련 국제적 교류 및 공헌이 추진되어야 한다. - 8항 : 문화예술 활동을 행하는 자 그 이외의 넓은 국민의견이 반영되도록 충분히 고려되어야 한다.
국가 및 지자체 임무	- 제3조 국가는 전조의 기본이념에 기초해서 문화예술진흥에 관한 시책을 종합적으로 책정해서 실시할 책무를 갖고 있다. - 제4조 지방공공단체는 기본이념에 기초해서 문화예술진흥에 관해 국가와의 연대를 꾀하고 자주적이며 주체적으로 지역특성에 맞는 시책을 책정해서 실시할 책무를 갖는다. - 제6조 정부는 문화예술진흥에 관한 시책 실시를 종합적으로 추진하기 위해 문화예술진흥에 관한 그 이외의 조치를 강구하지 않으면 안된다.
기본 방침	제2장 제7조 정부는 문화예술진흥에 관한 시책의 종합적인 추진을 꾀하기 위해 문화예술진흥에 관한 기본적 방침을 정해야 한다. - 2항 : 기본방침은 문화예술진흥에 관한 시책을 종합적으로 추진하기 위한 기본적인 사항 그 이외의 필요한 사항에 대해서 정한다. - 3항 : 문부과학대신은 문화심의회 의견을 청취하고 기본방침 안을 작성한다. - 4항 : 문부과학대신은 기본방침이 정해졌을 때는 지체 없이 그것을 공표해야 한다. - 5항 : 전2항의 규정은 기본방침 변경에 대해서 준용한다.

출처 : 根本昭, 2003, 『文化政策の法的基盤』, 水曜社, pp.238-243.

문예법은 기본적으로 법률목적, 기본이념, 국가 및 지방공공단체 임무, 문화예술진흥에 관한 기본적 시책 등을 규정하고 있다. 문예법이

진흥대상으로 하고 있는 내용으로는 예술진흥, 미디어예술진흥, 전통예능계승 및 발전, 예능진흥, 생활문화, 국민오락 및 출판물보급, 문화재보존 및 활용, 지역에 있어서 문화예술진흥, 국제교류추진, 예술가양성 및 확보, 문화예술관련 교육연구기관 정비, 국어에 대한 이해, 일본어교육충실, 저작권보호 및 이용, 국민감상 기회충실, 고령자 및 장애자의 문화예술 활동충실, 청소년 문화예술 활동충실, 학교교육에 있어서 문화예술 활동충실 등이 있다.

다음은 문화예술진흥기본법이 대중문화진흥을 위해 규정하고 있는 시책을 소개한 것이다. 문화재를 중심으로 한 전통문화뿐 아니라 생활 속에서 즐기고 있는 대중문화 진흥을 규정하고 있다는데 가치가 있다.

〈표 8〉 생활문화진흥과 생활문화소비자

구 성	내 용
제3장 문화예술진흥에 관한 기본적 시 책	- 제8조 (예술진흥)국가는 문학, 음악, 미술, 사진, 연극, 무용 이외 예술진흥을 꾀하기 위해 그것들의 예술 공연, 전시 등에 대한 지원, 예술제 개최 그 이외 필요한 시책을 강구한다. - 제9조 (미디어예술진흥) 국가는 영화, 만화, 애니메이션 및 컴퓨터 그 이외 전자기기들을 이용한 예술 진흥을 꾀하기 위해 미디어예술의 제작, 상영 등에 대한 지원, 그 이외 필요한 시책을 강구해야 한다. - 제10조 (전통예능계승 및 발전) 국가는 아악, 노악, 가부키 등 그 이외 우리나라 고래의 전통적 예능 계승 및 발전을 꾀하기 위해, 전통예능 공연 등에 대한 지원 그 이외 필요한 시책을 강구해야 한다. - 제11조(예능진흥) 국가는 강담, 라쿠고, 만담, 만재, 가창 그 이외 예능진흥을 꾀하기 위해 그것들의 예능공연 등에 대한 지원, 필요한 시책을 강구해야 한다. - 12조(생활문화, 국민오락 및 출판물들의 보급) 국가는 생활문화(차도, 화도, 서도 그 이외의 생활에 관련된 문화를 말함), 국민오락(바둑, 장기, 국민적 오락을 말함), 출판물 및 레코드 등 보급을 꾀하기 위해, 관련 활동에 대한 지원 그 이외 필요한 시책을 강구하는 것으로 한다.

- 13조(문화재 보존 및 활용) 국가는 유형 및 무형문화재, 보존기술 보존 및 활용을 꾀하기 위해, 문화재 등에 관한 복구, 방재대책, 공개 등에 대한 지원, 필요한 시책을 강구해야 한다.
- 14조(지역에 있어서 문화예술진흥)국가는 각 지역에 있어서 문화예술 진흥을 꾀하기 위해, 각 지역 문화예술 공연, 전시 등에 대한 지원, 지역고유 전통예능 및 민속예능 활동에 대한 지원, 필요한 시책을 강구한다.
- 제15조(국제교류추진) 국가는 문화예술과 관련된 국제적 교류 및 공헌 추진을 꾀함으로써, 우리나라의 문화예술 활동 발전을 꾀함과 동시에, 세계문화예술 활동과 발전에 기여하기 위해, 문화예술 활동을 행하는 자의 국제 교류 및 문화예술관련 국제주체와 개최 또는 그것에 대한 참가지원, 해외문화유산 수복 등에 관한 협력, 필요한 시책을 강구한다. 2항 국가는 전항 시책을 강구하는데 있어서 우리나라의 문화예술을 종합적으로 세계에 발신하도록 노력해야 한다.
- 제16조(예술가 양성 및 확보)국가는 문화예술에 관한 창조적 활동을 행하는 자, 전통예능 전승자, 문화재 등 보존 및 활용에 관한 전문적 지식 및 지능을 보유한 자, 문화예술 활동 기획 등을 행하는 자, 문화시설관리 및 운영을 행하는 자(이하예술가) 그 이외 문화예술담당자 양성 및 확보를 꾀하기 위해, 국내외연수에 대한지원, 연수성과 발표기회, 필요한 시책을 강구해야 한다.
- 제17조(문화예술에 관련한 교육연수기관 등의 정비 등) 국가는 예술가 양성 및 문화예술에 관한 조사연구 충실을 꾀하기 위해 문화예술관련 대학 그 이외 교육연구기관정비, 필요한 시책을 강구한다.
- 제18조(국어에 대한 이해)국가는 국어가 문화예술 기반이 된다는 것을 인식하고, 국어에 대한 올바른 이해를 심화하기 위해, 국어교육충실, 국어에 관한 조사연구 및 지식보급, 필요한 시책을 강구한다.
- 제19조(일본어교육충실) 국가는 외국인이 우리나라의 문화예술을 이해할 수 있도록 외국인에 대한 일본어교육충실을 꾀하기 위해, 일본어교육에 종사하는 자 양성 및 연수체제 정비, 일본어교육에 관한 교재개발, 필요한 시책을 강구한다.
- 제20조 (저작권 보호 및 이용) 국가는 문화예술진흥 기반이 되는 저작자 권리 및 그것에 근접하는 권리에 대해서, 그것에 관한 국제적 동향에 기초해서, 그것들의 보호 및 공정한 이용을 꾀하기 위해, 그것에 관한 제도정비, 조사연구, 보급계발, 필요한 시책을 강구한다.
- 제21조(국민감상 등의 기회충실) 국가는 넓게 국민이 자주적으로 문화예술을 감상하고, 그것에 참가하며, 그것을 창조하는 기회충실을 꾀하

	기 위해 각 지역에 문화예술 공연, 전시 등에 대한 지원, 그것에 관한 정보제공, 필요한 시책을 강구한다. - 第22조(고령자, 장애자 등의 문화예술 활동충실) 국가는 고령자, 장애자 등이 행하는 문화예술 활동 충실을 꾀하기 위해서 그 사람들의 문화예술 활동이 활발하게 이루어지도록 환경정비, 필요한 시책을 강구한다.

문예법은 기존의 문화예술개념에 기초한 문화예술종류 및 내용을 제시하고 진흥방법과 환경정비를 강조하고 있으며 다양한 문화향유자를 제시하고 있다. 문화예술은 전통문화예술이나 현대문화예술을 포함하고 있어 생활문화라는 개념으로 귀착되고 있다고 할 수 있다. 국민이나 지역주민은 생활 속에서 문화예술을 향유할 수 있는 주체라는 점을 강조하고 있어 생활문화소비자라는 새로운 개념을 내포하고 있다.

또한 문예법은 지방공공단체 시책, 정책형성에 민의반영, 표창, 관계기관들의 연계, 지역에 있어서 문화예술 활동 장 충실, 민간의 지원 활동활성화, 지방공공단체 및 민간단체 등에 정보제공, 정통신기술활용추진, 공공건물 등 건축배려, 미술관, 박물관, 도서관 등의 충실, 극장이나 음악당 충실 등을 규정하고 있다.

〈표 9〉 문화예술시설과 문화예술장려

구 성	내 용
제3장 문화예술 진흥에 관한 기본적 시책	- 第23조(청소년의 문화예술 활동충실) 국가는 청소년이 행하는 문화예술 활동을 충실하게 하도록, 청소년을 대상으로 한 문화예술 공연, 전시 등에 대한 지원, 청소년에 의한 문화예술 활동에 대한 지원, 필요한 시책을 강구한다. - 第24조(학교교육에 있어서 문화예술 활동충실) 국가는 학교교육에 있어서 문화예술 활동을 충실하게 하도록, 문화예술에 관한 체험학

습 등 문화예술에 관한 교육충실, 예술가 및 문화예술단체의 학교 문화예술활동에 대한 지원과 협력충실, 필요한 시책을 강구한다.
- 제25조(극장, 음악당 등의 충실) 국가는 극장, 음악당 등의 충실을 꾀하기 위해, 그것들의 시설정비, 공연 등에 대한 지원, 예술가 배려 등에 대한 지원, 정보제공, 필요한 시책을 강구한다.
- 제26조(미술관, 박물관, 도서관 등 충실) 국가는 미술관, 박물관, 도서관 등의 충실을 꾀하기 위해, 그것들의 시설 설치와 관련된 시설 정비, 전시 등에 대한 지원, 예술 등의 배려에 대한 지원, 문화예술에 관한 작품 등의 기록 및 보존에 대한 지원, 필요한 시책을 강구한다.
- 제27조(지역문화예술 활동의 장 충실) 국가는 국민에 가까운 문화예술 활동의 장을 충실하게 하도록, 각 지역의 문화시설, 학교시설, 사회교육시설 등을 용이하게 이용할 수 있는 조치, 필요한 시책을 강구한다.
- 제28조(공공건물 등의 건축에 대한 배려) 국가는 공공건물건축과 외관 등에 대해서 주위 자연적 환경, 지역 역사 및 문화와의 조화를 유지하도록 노력한다.
- 제29조(정보통신기술의 활용추진) 국가는 문화예술 활동에서 정보통신기술활용 추진을 꾀하기 위해, 문화예술 활동에 관한 정보통신 네트워크 구축, 미술관에 정보통신기술을 활용한 전시에 대한 지원, 정보통신기술을 활용한 문화예술에 관한 작품 기록 및 공개에 대한 지원, 필요한 시책을 강구한다.
- 제30조(지방공공단체 및 민간단체 등에 대한 정보제공) 국가는 지방공공단체 및 민간단체 등이 행하는 문화예술진흥을 위한 시도를 촉진하기 위해, 정보제공, 필요한 시책을 강구한다.
- 제31조(민간지원활동 활성화 등) 국가는 개인 또는 민간단체가 문화예술 활동을 하는데 필요한 지원활동을 활성화함과 동시에, 문화예술 활동을 행하는 자의 활동을 지원하기 위해, 문화예술단체가 개인 또는 민간단체로부터 기부받는 것을 용이하게 하도록 세제 상 조치, 필요한 시책을 강구한다.
- 제32조(관계기관 등의 연계) 국가는 제8조부터 전조까지 시책을 강구하는 데 예술가, 문화예술단체, 학교, 문화시설, 사회교육시설 그 이외 관계기관 등 사이에 연계가 이루어질 수 있도록 배려해야 한다. 2항 : 국가는 예술가 및 문화예술단체가 학교, 문화시설, 사회교육시설, 복지시설, 의료기관 등과 협력해서, 지역민이 문화예술을 감상하고, 그것에 참가하며, 그것을 창조하는 기회를 제공할 수 있

도록 노력해야 한다.
- 제33조(표창) 국가는 문화예술 활동으로 현저하게 성과를 거둔 자 및 문화예술진흥에 기여한 자를 표창하도록 노력해야 한다.
- 제34조(정책형성에 대한민의 반영 등) 국가는 문화예술진흥에 관한 정책형성에 민의를 반영하고, 그 과정의 공정성 및 투명성을 확보하기 위해, 예술가 등 학식경험자 그 이외 넓게 국민의견을 구하고, 그것을 충분하게 고려한 정책이 구성될 수 있도록 활동한다.
- 제35조(지방공공단체의 시책) 지방공공단체는 제8조부터 전조까지 국가시책을 감안해서, 지역 특성에 맞는 문화예술진흥을 위해 필요한 시책 추진을 꾀하도록 노력한다.

일본에서 문예법은 중앙정부 문화정책이나 지방공공단체 문화정책의 기본시책과 방향을 구체적으로 규정하고 있어 실효성과 효과성을 극대화하기 위한 문화예술촉진법이라고 평가할 수 있다. 뿐만 아니라 문화지원과 계획, 문화정책의 내용과 시책, 개별적 문화정책 등을 통해서 일본 문화예술진흥을 종합적으로 꾀하도록 하고 있다는 특징이 있다. 문화정책에 대한 상위법인 일본국헌법과 지방자치법은 문화정책의 기본개념과 방향을 규정하고, 그 규정에 따라 문화예술진흥법이 현실적으로 적용되어 문화정책과 지역문화정책이 활성화되는 계기가 되었다.

5. 도쿄도 문화진흥조례

지방공공단체가 문화예술정책을 구체적으로 규정한 것이 문화진흥조례이다. 문화예술진흥조례는 지방자치법 제14조 제1항에 의거해서 지방공공단체가 법령에 위반되는 않는 한 제2조 제2항의 사무(지역에 있어서 사무 그 이외 사무)에 대한 것을 제정할 수 있다는 내용에 근거해서 지방공공단체가 제정한 것이다. 지방공공단체가 문화시설이나 문화진흥을 위한 기금을 유치할 경우 지방자치법은 조례로 규정할 것을 의무화하고 있다(제244조의 제1항, 제142조). 2006년 2월 현재 조례를 가진 도도부현은 12개, 정령지정도시는 2개시, 중핵시는 2개시, 시구정은 27개가 있다.[11]

지방공공단체 수준에서 최초로 제정된 문화진흥조례는 1974년에 제정된 구시로시의 문화진흥조례이다. 여기에서는 도쿄도 문화진흥조례를 소개하고자 한다. 도쿄도 문화진흥조례는 1983년 제정되어 1980년대 도도부현이 문화정책을 추진하기 위해 제정한 문화진흥조례의 기본적인 틀이 되었고, 이념적이며 선언적인 특징을 가지고 있다. 다음 〈표 10〉은 도쿄도 문화진흥조례의 내용을 소개한 것이다.

〈표 10〉 도쿄도 문화진흥조례의 특징

구 성	내 용
제1장 문화 진흥 도의 책임	- 제1조 총칙 (목적) 이 조례는 민주적으로 문화적인 국가를 건설하고 세계평화와 인류복지에 공헌하도록 하는 일본국헌법 정신에 기초하고, 문화진흥에 관한 도쿄도 시책의 기본을 명백하게 함으로써, 도민이 도쿄의 자연 및 역사적 풍토에 기초해서 국제도시에 어울리는 개성 있는 문화 창조에 기여하고, 도민생활 향상에 기여할 것을 목적으로 한다. - 제2조(기본원칙) 도쿄도는 도민이 문화 담당자인 것을 인식하고 자주성과 창조성을 최대한 존중한다. 2항 도는 이 조례운영에 대해서 문화 내용에 개입하고, 또는 간섭하는 것이 없도록 충분히 주의해야 한다. - 제3조(도의 책무) 도는 정책 체계를 명백하게 함과 동시에 필요한 조직을 정비하고, 문화진흥을 위한 시책을 종합적이며 효과적으로 추진한다. 2항 도는 도가 행하는 시책에 문화시점을 감안하도록 노력한다. 3항 도는 넓은 도민의 창의를 반영하도록 노력한다.

11) 根本昭, 2007, 『文化政策の展開』, 放送大学教育振興会, pp.81-82.

	- 제4조 (시정촌과의 관계) 도는 특별구 및 시정촌이 해야 할 역할의 중요성을 감안해서, 구 및 시청촌과의 협력 및 연계에 노력한다. 2항 도는 구 및 시정촌이 행하는 문화진흥에 관한 시책과 상호 조정을 꾀하고 효과적으로 추진하도록 노력한다. 3항 도는 구 및 시정촌이 행하는 문화진흥에 관한 시책에 대해서 필요한 원조, 조성 및 조언을 행할 수 있다. - 제5조(민간단체와의 관계) 도는 국가 또는 지방공공단체 이외 민간단체가 행하는 문화 활동에 지장을 미치지 않도록 충분히 주의함과 동시에, 민간단체 협력을 구하고, 그것이 보유하고 있는 인재, 정보 그 이외 능력을 활용하도록 노력한다.
제2장 문화 진흥 을 위한 시책	- 제1절 문화　활동의 촉진. 제6조 (문화예술진흥)도는 예술문화 활동을 행하는 개인 또는 단체에 대한 지원, 조성 그 이외 예술문화진흥을 꾀하기 위해 필요한 조치를 강구하도록 노력한다. - 제7조(전통적문화의 보존, 계승 및 활용) 도는 도쿄에 전해지는 문화재 그 이외 전통문화가 장래에 적절하게 보존 및 계승되고, 문화 창조를 위해 활용되도록 원조 및 조성하고, 그 이외 필요한 조치를 강구하도록 노력한다. - 제8조 (자주적 문화 활동 촉진) 도는 도민의 자주적 문화 활동을 촉진시키기 위해, 도전하는 개인 또는 단체에 대해서 활동 장 및 정보제공 그 이외 필요한 조치를 강구하도록 노력한다. - 제9조(생애학습기회 및 장 제공) 도는 생애학습이 문화를 지탱하는 중요한 활동이라고 간주하고, 도민이 생애 각 시기를 통해서 자주적으로 학습할 수 있는 기회 및 장 제공 그 이외 필요한 조치를 강구하도록 노력한다. - 제10조(청소년을 위한 시책) 도는 청소년이 풍부한 인간성을 형성하고, 창조적 문화 활동 담당자가 되도록, 청소년이 넓은 문화에 접하도록 기회 및 장소를 제공하는 등 필요한 조치를 강구하도록 노력한다. - 제11조(행사실시) 도는 도민이 문화에 친해지고, 넓은 문화에 대한 이해와 관심을 심화하고, 문화 창조 의욕을 높이는 계기가 되도록 행사를 한다. - 제12조(문화정보수집 및 제공) 도는 넓은 문화에 관한 정보수집에 노력하고, 도민의 필요에 응해서 정보를 이용할 수 있도록 조치를 강구한다. - 제13조(표창) 도는 문화진흥에 기여하고, 업적이 현저하다고 인정되는 자에 대한 표창, 그 이외 문화에 관한 표창제도를 설치한다. - 제2절 문화 환경 정비 제14조(문화시점에서 마을 만들기) 도는 도시 공간 자체가 문화표현이며, 문화 창조 장이라는 시점을 인식하고 마을 만

들기에 관한 시책을 추진하도록 노력한다. 2항 도는 자연경관 및 역사 경관의 보존과 창출, 조화가 이루어지도록 도시경관형성에 노력한다. 3항 도는 설치하는 공공시설이 문화성을 갖추도록 설계, 의장 등을 배려한다.
- 제15조 (문화시설정비) 도는 필요한 문화시설을 체계적으로 정비함과 동시에, 기존의 공공시설을 문화 활동 장으로 활용하도록 노력한다.
- 제3절 국제문화교류추진. 제16조(국제문화교류추진) 도는 우리나라의 수도 및 국제도시로서, 도민과 세계 여러 도시 시민과의 상호이해를 심화하기 위해, 국제적인 문화교류추진에 노력한다.
- 제4절 도쿄예술문화평의회. 제17조(도쿄예술문화평의회) 문화진흥을 위한 시책을 종합적이며 효과적으로 추진하도록 전문적인 견지에서 조사 심의하기 위해 지사 부속기관으로 도쿄예술문화평의회(이하 평의회라고 한다)를 설치한다. 도쿄예술문화평의회는 문화진흥을 위한 시책에 대해서 지사의 자문, 의견 개진 등에 대응한다.

출처 : 根本昭, 2003,『文化政策の法的基盤』, 水曜社, pp.216-226.

도쿄도 문화진흥조례는 총칙에서 목적(제1조), 기본원칙(제2조), 도의 책무(제3조), 구 및 시정촌과의 관계(제4조), 민간단체와의 관계(제5조) 등으로 구성되어 있다. 도쿄도 문화진흥조례가 규정한 시책은 문화 활동 촉진, 문화 환경정비, 국제문화교류 추진 등이다. 도쿄도의 문화진흥에 관한 기본적인 자세에 대한 규정은 이후의 문화진흥조례에 영향을 주었다는데 의의가 있다. 현재 각 지방공공단체가 제정한 문화진흥에 관한 조례 및 규정을 보면 매우 다양한 목적을 갖고 제정된 특징이 있다.

문화진흥조례는 조성, 후원, 표창 및 보상, 도도부현의 의무, 시책에 대한 배려, 시정촌과의 연대협력, 문화진흥지침책정, 민간단체 및 시정촌에 대한 원조, 문화기금조성, 문화심의, 기본이념, 시 책무, 시민 역할, 기본방침책정, 청소년문화예술 활동충실, 저작권보호 및 이용, 공공시설 등 건축에 해당되는 배려, 문화기업, 재단책무, 문화 활동 장 충실, 시민 메세나 활동추진 및 지원 등을 규정하고 있다.[12] 그리고 문화예술진흥 기본이념 명시, 문화 활동에 대한 세제혜택, 문화계획 책정, 심의회설치 등을 규정하고 있다. 특히 주민들이 문화정책에 적극적으로 참여하도록 하여 문화국가, 문화시대, 지방시대 등을 실현할 수 있도록 최종적으로 세밀하게 규정하고 있다. 문화진흥조례는 명칭과 내용이 서로 다르지만 지역문화예술을 진흥시키고 지역 활성화를 추구하는 중요한 근거가 되고 있다는 데 일치하고 있다.

6. 도야마현 문화진흥계획

일본의 각도도부현은 문화진흥조례를 통해서 강제적으로 문화진흥을 꾀하고 있다. 그리고 문화진흥을 구체화하기 위해 문화진흥지침이나 문화진흥계획을 세워 추진하고 있다. 여기에서는「도야마문화진흥계획」을 소개하고자 한다. 도야마문화진흥계획은 1998년「도야마현문화조례」에 기초해서 책정되었다. 도야마현은 조례제정이전인 1994년 이미「도야마현민 문화플랜」을 책정하고 있었다.[13]「도야마현 문화계획」은 실질적으로「도야마현민문화플랜」을 개정해서 새롭게 세운 것이다.

12) 文化庁編集,『文化庁月報』(No.414), 2003年 3月号. pp.34-35.

13) 根本昭, 2003,『文化政策の法的基盤』, 水曜社.

〈표 11〉 도야마현 문화진흥계획의 특징

구 분	구체적 내용
제1장 도야마현민문화계획취지	- 계획책정취지 - 계획목표 - 기본생각 - 계획특징 - 목표연차
제2장 문화환경	- 문화 및 문화행정 개념 - 문화개념, 문화관련 행정개요 - 문화를 둘러싼 조류변화 - 생활양식다양화, 인구소자고령화, 정보화촉진, 국제화진전, 문화산업화
제3장 도야마문화현상과 과제	- 현내 문화 활동현황(문화 활동현황, 문화재현황, 의식주, 차도, 제사, 행사, 종교, 풍속, 음악, 연극, 무용, 미술, 문예, 영화) 문화기반현황(문화관련 교육현황, 문화시설현황, 문화단체 및 그룹현황, 문화관련 산업현황, 기업문화 활동 현황) - 현의 문화성 도입사업현황(환경만들기 현황, 공공시설의 문화성 도입현황, 시정촌 및 민간의 시설문화성 도입현황, 행정서비스 질 향상) - 도야마문화진흥기본적 과제(문화기반과제, 행정문화화 과제)
제4장 문화진흥 시책	- 문화기반충실과 활성화(①신세기문화담당자육성 : 문화향유생활보급, 문화를 담당할 청소년육성, 여성 문화 활동촉진, 전문적 인재확보, 문화 볼런티어활동지원, 예술문화단체지원, 문화유산보호단체지원 ②문화 활동 장 만들기 : 일상적 활동 장 정비, 발표장정비, 거리무대 만들기, 복합적 문화 존 형성, 예술창작공간정비, 문화유산계승 및 발전, ③다양한 문화 활동 네트워크 만들기 : 문화교류촉진, 교류조건정비, 지역문화네트워크형성 ④문화정보수집 및 제공 : 자세한 정보제공, 스스로의 정보발신기능 강화, 체계적인 정보제공 ⑤문화산업진흥 : 상품개발, 이벤트지원, 상점가활성화, 공예산업, 지방산업, 지장산업, 이벤트 산업, 제약 산업, 관광업 활성화) - 행정의 문화화추진(①조용한 문화 환경 만들기, ②공공시설문화성 도입 : 지역경관이나 경관배려, 쾌적성배려, 고령자나 장애자 배려, 환경산업추진, ③시정촌이나 민간시설문화성 도입 : 마을 만들기 총합지원, 환경우수사례표창, ④행정서비스 문화화구조 만들기)
제5장 시설정비	- 현민과의 연대, - 시정촌과의 연대, - 도도부현과 국가 연대, - 현의 추진체제, - 사업계획 - 추진상황관리

도야마현의 문화계획은 마음 풍부함을 획득하도록 행정 문화화를 실시하고, 지역을 개성 있게 구축하여 지역 활성화를 추진하는데 목적이 있다. 도야마현민이 문화 활동을 통해서 마음 풍부함을 얻을 수 있도록 지원하고, 문화 창조활동 지원과 문화진흥을 통해서 지역 활성화를 추진하도록 하고 있다. 도야마현은「일본 제1의 문화현」,「문화가 풍부한 고향도야마」라는 슬로건 하에 문화정책을 추진하고 있다. 문화진흥 계획의 특징은 인재육성과 시설관리운영, 사람과 장소의 네트워크구축, 지역네트워크 만들기, 차세대청소년이나 지도자를 육성하는 사람 만들기, 장소 만들기 등을 추구하는데 있다. 동시에 국제문화교류, 환 일본해문화교류, 볼런티어활동촉진, 소자고령화해결 등을 추진하고 있다.

Ⅳ 맺는 글

전후 일본이 추구한 문화정책은 다양한 목적과 내용을 담은 문화정책법에 기초해서 중앙정부나 지방공공단체에 의해 착실하게 추진되어 왔다. 문화정책의 이념, 목적, 방향, 실천 등을 규정한 문화정책법은 일본국헌법에서부터 지방공공단체의 문화진흥조례에 이르기까지 다양한 수준의 방향과 내용을 규정하여 문화정책이 포괄적이며 실효적으로 운용되도록 규정하고 있고, 지속적이며 연속적인 사업이 되도록 요구하고 있다.

문화정책을 규정한 상위법과 하위법은 서로 연동되어 있고, 문화정책이 각 수준에서 담당할 임무와 내용을 규정하고 있으며, 법적인 연속성과 상호보완성을 잘 유지하도록 하고 있다. 문화에 대한 규정은 국가차원에서 문화국가라는 개념을 확립하고, 지방공공단체차원에서 지역 활성화와 문화예술진흥을 추구하여 문화지역을 만드는데 목적을 두고 있다. 문화는 국민수준에서 생활문화로 정착하고 있는 한편, 최종적으로 국민과 주민의 복리를 추구하는 종합적 복지로 귀착되고 있다는 특징이 있다. 그와 더불어 문화를 국가, 민족, 계급, 차별, 인종 등을 초월하고 극복하는 비정치적 영역으로 인식하여 국제교류를 활성화하고 세계평화에 기여하는 핵심적인 매체로 활용하고 있다.

문화정책이 기반하고 있는 문화정책법이 다양한 목적을 실현하고 가치를 창출하게 된 것은 제한적인 문화정체성을 찾기 보다는 보편적이며 공유하며 교류하는 문화정체성을 부단히 찾아 반영했기 때문이다. 민족성에 기초한 문화향유와 함께 전통문화를 보호하고 재발견하여 민족문화를 계승하며, 동시에 새로운 문화를 창조하여 국민과 지역주민이 향유하는 가운데 국가번영과 지역번영을 추구하고 있다. 문화 활성화가 심신을 풍요롭게 하고 국가와 지역의 미래를 만들어가는 데 목적이 있기 때문이다.

지역문화정책은 생활문화, 예술문화, 국제문화, 전통문화 등의 활성화를 통해서 문화교류와 문화국제화를 구현하고 있다는 점에서, 문화적 정의를 실천하고 있다는 점에서, 그리고 앞으로 좋은 결과를 낳을 것이라는 점에서 고무적이고 희망적이라고 평가할 수 있다. 지역문화정책의 근간이 되는 문화법은 국내뿐 아니라 국제사회를 시야에 넣어 문화적 가치를 창출하는 중요한 근거가 된다는 점에서 가치가 있고, 다양한 시대성을 담아내어 직·간접적으로 정치, 경제, 사회 등의 영역에 영향을 주고 있다는데 법제로서 의의가 있다고 할 수 있다.

제6장 지역문화정책모델과 문화인프라

Ⅰ. 머리글

일본의 문화정책은 문화 활성화를 통해서 국민이 정신적 물질적 풍부함을 향유하고, 인간의 삶을 윤택하게 하는데 목적이 있고 가치가 있다. 중앙정부나 지방정부의 문화정책은 경제성장의 결과물을 생활 속에서 느낄 수 있도록 하는 동시에 개인, 지역, 국가 등의 발전을 추구하는 전략적 수단으로 활용하여 나름대로 성과를 거두었다. 경제성장이 지역성장이며, 경제생활을 문화생활로 인식하면서 경제가 문화정책의 범주에 들어가게 되었고, 지역문화발전이 지역발전의 총체적 개념으로 확대되었다.[1]

중앙정부가 추진하는 문화정책은 선언적인 측면과 실질적인 측면이 있다. 일본국헌법이나 지방자치법 등에서는 국가나 지방이 추진해야 할 문화정책의 기본방향과 포괄적인 역할분담을 규정하고 있다. 실제로 문화정책을 추진하기 위해 구체적인 주체를 문화청 장이나 각 지방공공단체 장으로 지정하고, 문화정책을 담당할 주체의 임무와 역할, 지원내용과 범위 등을 구체적으로 규정하고 있다. 중앙정부나 지방정부가 추진하는 문화정책은 문화향유와 발전을 추구하는 긍정적인 측면도 있지만, 문화를 전략적 정치수단으로 활용하는 부정적인 측면도 있다.

---

1) 이 내용은 "구견서, 2015,『일본학보』제102집,「일본에 있어서 지역문화정책모델과 특징」, 한국일본학회" 논문을 대폭적으로 수정하고 보완한 것임.

지방공공단체가 추진하는 지역문화정책은 문화를 예술뿐 아니라 생활환경 전반을 대상으로 추진하기 때문에 기본적으로 다목적용 정책이나 종합발전정책의 성격을 띠고 있다. 지역문화정책은 중앙정부 문화정책의 아류적인 성격을 갖고 추진되는 것이 아니라 법이 규정한 범위에서 독립성과 자율성을 갖고 추진되는 특징이 있다. 그렇다고 중앙정부의 지원 없이 지역문화정책이 성공할 수 있는 것도 아니다. 중앙정부와 지방정부의 공조에 의해서 완성도가 높아질 수 있기 때문이다.

지역에서 문화는 한 시대에 한해서 존재하는 것이 아니라 세대 간에 지속적으로 전승되고 계승되어 전통적 가치뿐 아니라 사회적 가치를 창출하는 창조문화로 인식하여 지역문화정책의 필요성이 더욱 강조되고 있다. 1980년대 이후 지역문화정책은 지역 생존을 좌지우지하는 정책으로 위상을 높이고 있어 선택적으로 하는 것이 아니라 숙명적으로 시행해야만 하는 절대 절명의 정책이 되었다. 그것은 지역 활성화, 마을 만들기, 지역발전, 지역전통문화계승, 지역문화개발과 창조, 지역문화생활화, 지역관광활성화, 지역특화, 지역문화예술진흥 등으로 구체화되면서 지역총합발전정책이 되었다. 지역문화정책은 단순하게 문화예술을 진흥시키는 것이 아니라 지역발전을 위한 총합적인 공공정책이기 때문이다.

현재 지역문화정책은 지방자치법, 문화예술진흥법의 기본방향과 시책, 문화예술진흥기본방침의 기본방향과 시책 등에 기초해서 진행하고 있다. 지방정부는 지역이 갖고 있는 문화인프라를 활성화하고 지역 환경에 어울리는 문화개발과 문화 창조에 힘을 기울이고 있다. 문화법적 지원체제 정비와 문화재정을 확대하는 한편, 문화진흥주체의 다변화, 문화정책 내용의 충실화, 다양한 문화자산 확보 등을 통해 문화혜택이 지역주민에게 돌아갈 수 있도록 하고 있다. 그것은 지역주민의 정신적 물질적 만족도를 높이며, 문화접근성을 높여 문화생활화를 실현하는 데 목적이 있다.

지역에 의한 문화정책은 지역사정이나 환경에 따라 다양하게 진행되어 나름대로 특징을 갖고 효과를 내고 있지만 지역이 안고 있는 근본적인 문제를 해결하거나 효율적으로 추진하는데 한계가 있어 시대에 맞는 개혁과 변화가 필요하다. 지역문화정책을 추진하는데 많은 시행착오가 발생하여 인력, 재정, 에너지, 시간, 노력 등이 낭비되고 있다. 따라서 지역문화정책의 길라잡이를 할 수 있고, 효율적이며 효과적인 미래지향적 지역문화정책모델의 체계화가 필요하다. 이 책은 지역문화정책모델을 구체화해서 각 지역에서 추진되고 있는 문화정책 실태와 현황을 분석하고, 미래지향적인 지역문화정책을 구현하는데 유용한 실마리를 제공하고자 한다.

Ⅱ. 지역문화정책의 태동과 모델

1. 지역문화정책의 태동

1980년대 초 지방시대와 문화시대가 주창되면서 동시에 지방문화시대를 강조하였고, 그 과정에서 실천정책으로 지역문화정책이 활성화되었다. 지방시대라는 용어는 혁신적인 지방공공단체가 1978년에 개최한 「심포지엄 지방시대」가 직접적인 계기가 되었다.[2] 그렇게 등장

2) 根本昭, 2007,『文化政策の展開』, 放送大学教育振興会, p.48.

한 지방시대라는 개념은 1979년 통일지방선거에서 보수와 혁신이 시대적 슬로건으로 내세우는 과정에서 일반화되었다.[3] 지방시대는 대도시와 지방도시 간 격차를 줄이고, 동시에 지방을 발전시키는 정책의 필요성을 강조하면서 성립되었다.

문화시대는 오히라 수상이 전원도시국가구상을 하는 가운데 문화시대의 도래를 예고하면서 시대적 유행어가 되었다. 일본은 경제성장이라는 목표를 달성하면서 국가나 기업은 부를 축적하여 국제사회와 산업계에서 대국이나 대기업의 이미지를 구축하였다. 그것은 일본이 부국이어서 국민에게 많은 경제적 혜택을 제공하고 있으며, 일본인이 부를 향유할 수 있는 경제적 환경이 정비된 것을 의미한다. 그러나 실제 생활인들은 부를 만끽하는데 한계를 느끼고 있어, 생활 질 향상을 위한 돌파구가 필요했다. 그것이 바로 문화시대를 주창하게 된 중요한 동기가 되었다.

지방시대와 문화시대는 지방문화시대로 하나가 되면서 지역문화정책을 탄생시키는 강력한 힘으로 작용하게 되었다. 정치적 목적을 갖고 있는 지방시대와 문화시대라는 개념은 새로운 시대적 슬로건과 목표를 제시하는 가운데 지역발전주의와 지역자립주의를 강조하는 개념으로 확산되었고, 지역문화정책을 촉발시키는 역할을 하였다. 지역문화정책이 태동하게 된 과정을 그림으로 그려보면 다음과 같다.

3) 増島宏, 1982,『現代日本の思想構造』, 法律文化社, p.233.

〈그림 1〉 지역문화정책의 태동과정

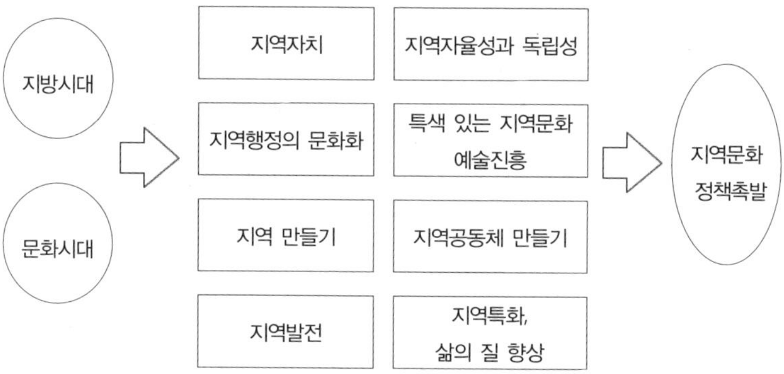

〈그림 1〉 지역문화정책의 태동과정에서 보면, 지역문화정책은 지방시대와 문화시대라는 슬로건에 의해 지역자치, 지역행정의 문화화, 지역 만들기, 지역발전 그리고 지역자율성과 독립성, 특색 있는 지역문화예술진흥, 지역공동체 만들기, 지역특화와 삶의 질 향상 등을 추진하기 위해 촉진되었다. 지역문화정책은 지역을 총체적으로 발전시키는 지역총합정책으로 구체화되었다고 할 수 있다.

지역정책 중에서 가장 중요한 부분을 차지하고 있는 것이 지역문화정책이다. 지역수준에서 문화를 개발하고 진흥시키는 지역문화정책은 지방자치법이 시행되면서 시작되었고, 구체적으로는 1970년대 후반부터 칸사이(関西) 지방공공단체를 중심으로 문화행정이 전향적인 방향으로 추진되어 촉진되었다. 그리고 1977년 사이타마현(埼玉県) 지사의 행정의 문화화 개념이 정착되면서 문화행정이 구체적으로 발전하였다. 오히라(大平) 수상이 구상한 정책연구회 〈문화시대의 연구그룹〉은 1980년대를 문화시대로 규정하고 보고서 제2장 「금후의 대응방향: 현행문화행정의 수정」에서 문화시대에 어울리는 문화행정과 문

화진흥을 위한 관련법제정과 개정을 제언하였다.[4]

지역문화정책이 활성화된 1980년대에는 지방공공단체의 문화관련 지원이 급증하고, 공립문화회관을 약 80%의 지방공공단체가 설치하여 지역주민의 문화 활동에 적극적으로 대응하였다. 지역발전과 지역문화 활성화의 주체인 지방정부는 지방행정을 수행하는데 종래의 행정효율, 안전, 저비용 등과 같은 개념보다는 예술성, 친밀성, 문화생활 등과 같은 문화행정을 강조하였다. 각 지방공공단체는 도서관, 공민관, 박물관, 미술관, 향토관 등과 같은 문화시설을 정비하고, 지역주민이 문화 활동을 할 수 있는 문화적 기반을 구축하여 문화예술, 문화재보호, 생애학습, 각종 문화 활동프로그램 등을 활성화하였다. 지방시대와 문화시대가 결합하면서 지역발전과 지역문화에 대한 관심이 증폭되어 문화정책이 중요한 시책으로 자리매김 되었고, 지역 특징을 살리고 개발하는 지역문화정책이 본격화되었다.

2. 지역문화정책모델

지역문화정책은 지역발전을 추구하고 지역주민이 문화적 생활을 향유할 수 있도록 문화예술, 전통예술, 생활문화 등을 진흥하는데 목적이 있다. 지역문화정책을 추진하기 위한 구성요소는 문화정책을 입안하고 실행하는 문화주체, 문화를 정책대상으로 하면서 구체화하는 문화내용, 문화정책을 추진하는데 필요한 지원과 진흥을 위한 법적 체계를 의미하는 문화관련법규, 그리고 문화예술 활동에 효율적으로 지역주민이 접근하여 향유할 수 있도록 하는 각종 문화자산 등으로

4) 根本昭, 2003,『文化政策の法的基盤』, 水曜社.

구성되어 있다. 그것에 기초해서 지역문화정책을 모델화하면 다음과 같다.

〈그림 2〉 지역문화정책모델

〈그림 2〉을 보면, 지역문화정책모델은 4가지 요소로 구성되어 있다. 첫째는 지역문화정책의 주체이다. 주체로서 중앙문화행정조직 및 지방 문화행정조직은 각각의 수준에서 문화정책을 주도하고 있다는 점에서 매우 중요한 기능과 역할을 하고 있다. 문화정책 추체는 문화정책의 목적과 지원, 문화예산, 문화조직, 문화 활성화 전략, 문화법과 조례제정 및 개정, 문화정책입안 및 실시 등 다면적이며 포괄적으로 역할을 담당하고 있다.

문화기관으로서 지역에 근거를 두어 지역문화를 활성화하는 주체는 지방공공단체의 문화조직, 교육문화기관담당자, 박물관이나 미술관 등 문화시설담당자, 문화기업가, 전문문화예술인 등이 있다. 그리고 지역출신으로서 문화예술 활동을 하는 지역문화인, 주민, 문화 볼런티어 등이 있다. 지역문화정책의 주체는 지역문화관련 사항을 총체적으로 입안하고 실천하여 지역문화를 활성화하는데 많은 역할을 하고 있다.

둘째는 지역문화정책의 내용이다. 지역문화정책의 내용은 지역문화정책의 대상이 되는 것으로 구체적인 목적과 실천사업을 의미한다. 지역문화정책의 목적과 사업은 지역공동체 활성화, 지역공동화 저지,

지역사회 재생과 발전을 추구하는 마을만들기(町作り), 쾌적한 생활환경조성, 문화 환경, 주거환경, 경제 환경, 삶의 환경 등을 개선하고 구축하는 방향으로 추진되고 있는 어메니티(amenity)계획, 문화예술진흥, 문화자산이나 자원을 보호하고 계승하는 문화재보호 등이 있다. 지역문화정책의 목적과 실천 내용은 문화 활성화와 지역 활성화의 방향 및 시책을 문화진흥계획, 문화진흥지침, 문화플랜 등에서 규정하고 있다.

셋째는 지역문화정책의 법규이다. 지역문화정책의 법규는 지역문화정책을 원활하게 추진하여 효과를 높이고 목적을 달성하기 위해서 제정되는 다양한 문화관련 법적 규정을 의미한다. 중앙정부는 국가수준에서 일본국헌법, 문화법, 문화관련 행정조직법, 지방자치법이나 문화재보호법 등을 제정하여 대응하고 있다. 지역문화예술진흥을 위해서 직·간접적으로 관련되는 사항을 기타관련법과 연결시켜 지원하고 있다. 지역수준에서는 문화진흥조례를 제정하여 문화예술진흥을 촉진하고 있다.

넷째는 지역문화정책의 문화자산이다. 지역문화정책의 문화자산은 지역주민이 문화를 향유할 수 있도록 지원하는 총합적 문화 환경을 의미한다. 지역문화자산으로 중요한 것은 지역문화자본을 구축하여 문화예술 활동을 지원하는 재정체제, 문화예술을 직·간접적으로 체험하고 학습하고 교육하는 문화시설, 지역문화를 특화해서 산업으로 연결시키는 지역문화산업, 지역주민이 직접적으로 일상생활 속에서 문화를 향유하는 생활문화화 할 수 있도록 구성된 각종 문화프로그램 등이 있다.

현재 일본에서 추진되고 있는 지역문화정책은 각 지역의 문화 환경 차이, 특성차이, 문화인 및 문화자산 차이, 문화에 대한 관심 차이, 문화진흥의지 차이 등 다양한 요인에 의해서 제각기 추진되고 있는 실정이다. 그런 가운데서도 문화가 생활하는데 매우 중요한 요소라고 인식하고 있는 점, 문화정책을 지역 활성화 정책으로 추진하고 있는 점, 문화정책의 구체적인 내용은 차이가 있지만 문화정책모델의 구성은 일치하고 있는 점 등에서 공통점을 가지고 있다.

Ⅲ. 지역문화정책의 문화인프라

1. 지역문화정책의 주체

지역문화정책을 추진하는 주체는 다양하게 존재하며 각각의 임무와 역할에 따라 문화정책에 직·간접적으로 관여하고 있다. 주체로는 중앙정부의 문화행정조직과 지방정부의 문화행정조직이 있고, 지역문화예술진흥을 위해 공헌하고 지원하는 지역문화기업, 지역에서 개인적으로 활동을 하는 가운데 지역정부나 지역주민에게 문화적 봉사와 지원을 하는 지역문화예술인, 문화 볼런티어 등이 있다. 그들은 관련된 문화영역에서 지역문화예술 진흥이나 활성화에 크게 공헌하고 있다.

첫째는 중앙정부의 문화행정조직이다. 중앙정부의 문화행정조직은 지방정부의 문화행정조직의 상위기관으로서 문화행정을 총괄하고 있다. 「문화재보호법」에 의하면, 중앙정부의 문화행정주체는 문부과학성과 문부과학대신, 문화청과 문화청장관이다. 문부과학성은 교육, 과학기술, 예술, 문화, 스포츠 등의 진흥을 위한 미래적 선행투자를 하고, 그것을 통해서 인재를 육성하고 교육을 시행하며, 문화대국과 과학기술 창립국가를 구축할 사명을 가지고 있다. 문화와 직접적으로 관련된 정책목표는 '문화에 의한 마음 풍부한 사회'를 실현하는 것이다. 일본의 전통문화를 계승 및 발전시키고, 우수한 문화예술진흥을 추진하여 문화에 의한 마음 풍부한 사회를 실현하는 것이다.

문화정책의 구체적인 실천목표는 문화예술 활동 진흥, 문화재 차세대로의 계승 및 발전, 문화진흥을 위한 기반정비, 국제문화교류 추진, 문화예술수준향상, 문화를 통한 국제공헌, 외국과의 상호 이해증진 등이다[5]. 문부과학성대신은 문화재의 지정, 선정, 등록 등 중요한 문화행정을 총괄적으로 계획하고 시행한다. 문부성산하의 독립행정법인으로 문화분과회가 있다. 문화분과회 산하에는 국립국어연구소, 국립미술관, 국립박물관, 문화재연구소, 일본문화예술진흥회 등이 있어 문화정책을 추진하고 있다.

문화행정주체로서 문화청은 문화정책을 실질적으로 총괄하는 기관이다. 문화청 내에는 지역문화진흥을 담당하는 기관으로 1994년 지역문화진흥과가 설치되었다. 지역문화진흥과는 예술 감상기회 충실, 문화 활동에 대한 참가 장려, 개성풍부한 문화 창조 촉진, 공립문화회관, 미술관 등 문화시설 활성화 시책 등을 적극적으로 추진하고 있다. 소프트 측면에서는 정보제공기능을 충실하게 하고, 지역문화진흥과와 관련된 시책의 기획입안기능, 연결조정기능 등을 강화함과 동시에 지역문화진흥에 대한 문화청 창구로서 종합적이며 효율적으로 문화행정을 추진하고 있다. 지금까지 존재했던 문화보급과, 지역문화진흥실, 예술과 등을 통폐합하여 예술문화과, 지원추진실, 지역문화진흥과 등을 설치하였다. 문화청은 종교에 관한 행정사무도 관장하고 있다.

문화청 수장인 문화청장관은 문화예술진흥과 문화재보호를 위한

---

5) 根本昭, 2005,『文化行政法の展開』, 水曜社, pp.88-89.

문화행정을 총괄하고 있다. 문화재 보존과 계승과 관련된 명령, 권고, 지시 등을 행사하고, 교육위원회에 대해서 지도, 조언, 권고 등을 할 수 있다. 대등한 관계에 있는 다른 행정청간 상호협의, 동의, 의견청취 등을 통해 문화재보호행정과 다른 행정 간의 조정을 담당하고 있다. 국가나 지역의 명승지 및 천연기념물에 대해서는 문부과학성대신 또는 문화청장관과 환경청장관간의 협의, 의견진술 등을 할 수 있다. 그리고 매장문화재에 대해서는 지방공공단체의 교육위원회와 관계성청의 장 또는 관련기관간의 상호협조를 위한 협의나 의견 청취를 하도록 하고 있다.

둘째는 지방정부의 문화행정조직이다. 지방정부의 문화행정조직으로는 수장부국, 교육위원회, 문화행정 담당부서 등이 있다.「지방자치법」제158조에는 지방공공단체 장인 도도부현(都道府県) 지사나 시정촌(市町村)장의 권한에 속하는 사무를 분장시키기 위해 필요한 내부조직을 설치하도록 하고 있다. 그 규정에 의해 설치한 내부조직이 수장부국이다. 도도부현의 문화행정기관은 수장, 심의회, 교육위원회, 문화담당과 등으로 구성되어 있고, 지방의회는 조례제정, 위원회, 의결 등을 담당한다.[6] 다음 〈표 1〉은 지역문화행정기관의 역할을 나타낸 것이다.

〈표 1〉 지역문화행정기관의 역할

구 분		역 할
지방의회	조례제정	문화재보호조례, 문화진흥조례, 문화진흥기금조례
	위원회	문교위원회, 총무위원회, 재정위원회, 예산관련위원회
	의결	재산취득처분에 과한 의결, 지방세부과의결, 예산결산의결

6) http: //www.yahoo.co.jp

도도부현 시정촌	수장	문화행정총괄, 문화정책입안 및 추진, 행정조직운영, 문화진흥지원, 생활문화, 지역경관정비, 지역문화진흥, 문화시설관리 등
	심의회	생애학습심의회, 문화재보호심의회
	교육위원회	문화재보호, 학교중심문화예술교육, 생애교육, 미술관 및 박물관 설치
	문화담당과	수장보좌를 통한 문화행정실시

자료 : 根本昭, 2007,『文化政策の展開』, 放送大学教育振興会, pp.109-112.

〈표 1〉 지역문화행정기관의 역할에서 보면, 1980년대 이전에는 교육위원회가 문화재보호와 함께 문화예술에 대해서 일반적으로 관장해왔다. 1980년에 들어서 문화시대나 지방시대가 표방되면서 지방문화행정이 강화되었다. 문화행정에 대해서는 수장부국이 역할을 담당하도록 하였다. 현재 수장부국은 문화재보호를 제외하고 문화진흥일반과 문화예술 일부를 관장하는 것이 일반적이다. 매장문화재에 대해서는 1999년 문화재보호법 개정으로 그에 관한 업무가 도도부현 교육위원회, 지정도시 교육위원회로 위임되었다.[7]

7) 2002년 5월 1일 현재 도도부현에서는 문화진흥전반을 담당하는 부서로 44 도도부현이 지사부국, 2현이 교육위원회, 1현이 지사부국과 교육위원회를 두고 있다. 정령지정도시에서는 11시가 시장부국, 1개시가 교육위원회, 중핵시에서는 17개시가 시장부국, 13개시가 교육위원회를 두고 있다. 문화예술의 주요 관장부서로 도도부현에서 28개 도도부현이 지사부국, 8개현이 교육위원회, 11현이 지사부국과 교육위원회를 두고 있다. 정령지정도시에서는 10시가 시장부국, 1개시가 교육위원회, 1개시 시장부국과 교육위원회, 중핵시에서는 13개시가 시장부국, 14시가 교육위원회, 3개시가 시장부국과 교육위원회를 두고 있다. 문화재보호의 관장부서로 도도부현에서 47개현이 교육위원회, 정령지정도시에서 10시가 교육위원회, 2개시가 시장부국, 중핵시에서는 28개시가 교육위원회, 2개시가 시장부국을 두고 있다. 국제문화교류 관장부서로는 39개 도도부현이 지사부국, 4개 도현이 교육위원회, 4부현이 지사부국과 교육위원회, 정령지정도시에서는 10개시가 시장

「지방자치법」 제180조 8항에서는 교육위원회가 교육, 학술, 문화 등에 관한 사무를 관장하고 집행하도록 규정하고 있다. 교육위원회는 문화에 대해서 관장하도록 하고 있지만 2001년 개정 전의 구법에서 교육위원회 사무 가운데 순수한 문화에 관한 것은 문화재보호와 관련된 사무뿐이다. 그것은 「지방교육행정 조직 및 운영에 관한 법률」에서처럼, 교육위원회의 직무권한으로서 문화재보호에 관한 것(제23조 제14호)만을 규정하는데 그치고 있다. 현재 교육위원회는 일반적으로 문화재보호와 문화예술 일부를 관장하고 있고, 문화재보호와 관련된 중요 사무 및 법정수탁 사무를 하도록 하고 있다.[8]

셋째는 지역문화기업이다. 기업이 대표적으로 추진하고 있는 문화활동이 기업메세나 활동이다. 메세나는 로마시대 문학과 예술 옹호자인 메세나스에서 유래한 것으로 문화예술지원활동을 의미한다. 1980년대 후반부터 기업이 지역사회에 문화적 공헌을 위하여 메세나라는 이름으로 문화예술지원활동을 하게 되었다. 일본에서는 1990년 문화예술 활동을 지원하는 기업 상호 연대를 위해서 사단법인 「기업메세나협의회」가 설립되었다.

기업메세나협의회는 조성선고위원회 심사 및 인정, 문화 활동 인정서 교부, 활동증명서발급, 문화지원기금조성(활동단체와 개인지원) 등의 활동을 하고, 지원하고 싶은 기업과 그것을 받을 수 있는 문화예술단체를 연결하는 가교역할을 하고 있다. 동협의회가 특정 공익증진법인으로 인정하고, 동협의회가 인정한 문화예술단체에 대한 기부금은 세

부국, 2개시가 교육위원회, 중핵시에서는 28개시가 시장부국, 1개시가 교육위원회, 1개시가 시장부국과 교육위원회를 두고 있다. 根本昭, 2005,『文化行政法の展開』, 水曜社, pp.74-76.

8) http : //www.yahoo.co.jp

제상 우대조치가 적용되고 있다.[9]

기업의 문화예술에 대한 지원은 문화예술이벤트개최, 문화예술시설제공, 문화예술단체 재정지원, 문화예술재단 설립, 문화예술 활동장 마련 등과 같이 다양하게 하고 있다. 다음의 〈표 2〉는 기업의 메세나 문화지원활동을 소개한 것이다.

〈표 2〉 기업의 메세나 문화지원활동

활동유형	내 용
문화예술이벤트주최	음악회나 전람회 등 예술 이벤트를 기업이 직접 주최하는 활동, 기업이미지제고 및 선전효과
문화예술시설설치운영	미술관이나 홀을 건립하여 운영하는 문화 활동, 기업이미지 제고영향
문화단체문화기부금활동	각종 문화예술단체에 기부금을 제공하여 문화예술 활동을 지원하는데 목적이 있음
문화예술재단설립	기업이 자금을 출연하여 문화예술관련 재단을 설립하고 직접 또는 위탁하여 운영함
문화예술 활동 장 제공	기업이 문화예술 활동 장으로 자사 시설을 이용하거나 문화시설을 설치하는 문화 활동 장 지원활동

출처: 企業メセナ協議会, 1999, 『メセナ白書1999』, 企業メセナ協議会.

넷째는 지역문화예술인 및 지역주민이다. 「문화재보호법」은 지역주민의 법률적 지위를 규정하고 있어 문화재보호 및 관리에 참여할 의무를 부여하고 있다. 수익권과 관련된 사항 중에서 불복신립권(不服申立権)은 문화재보호법 제12장 제1절(청취, 의견청취 또는 불복신립)과 제154조부터 161조까지에서 자세하게 규정하고 있다. 손실보상청구권은

9) 企業メセナ協議会, 1999, 『メセナ白書1999』, 企業メセナ協議会 ; 根本昭, 2001, 『日本の文化政策』, 勁草書房, p.142.

문화청장관에 의한 국보, 특별사적명승천연기념물과 관련된 수리, 복구, 또는 멸실 등의 방지조치와 동반된 손실보상(제41조, 제23조), 문화청장관에 의한 중요문화재, 사적명승천연기념물 보존을 위한 환경보전처분과 동반한 손실보상(제45조, 제128조) 등으로 규정되어 있다.

지정문화재관리 또는 수리는 보조금교부나 국고부담으로 지원하도록 하고, 보조금은 소유자로부터 신청을 받아 결정한다. 지정문화재 소유자 또는 관리자 변경(제32조), 소재변경(제34조) 등을 할 경우 각종 제출사항이 요구된다. 예술인이나 문화인으로서 중요무형문화재보유자는 일신전속적인 지위를 갖게 되고, 보유자가 사망한 경우에 해제된다(제72조). 보유단체는 구성원 개개인이 이동하더라도 단체로서 동일성에 영향이 없지만 해산된 경우 인정은 해제된다. 보유자의 경우와 동일하게 보유단체와 관련해서 일신전속적인 지위를 갖는다.[10]

위와 같이 지역주민이나 지역문화예술인은 지역문화재보호나 그와 관련된 사항에 대해서 의무, 지위, 협조, 의견제시 등을 통해 문화정책에 간접적으로 참여하고 있다. 이외에도 특기소유자는 지역문화전파나 공연, 계승이나 교육 등에 적극적으로 참여하고 있다. 지역문화시대에 즈음하여 문화행정과정에 지역주민이나 지역문화예술인이 참가하는 경우가 많이 발생하고 있고, 문화정책을 형성하는 과정에서 민의를 반영하는 경우가 종종 발생하고 있다.

지역문화정책을 입안하고 추진하는데 필요한 민의반영은 「문화예술진흥기본법」 제2조 제8호, 제34조에 규정하고 있다. 동법에 따라 각의 결정한 「문화예술진흥에 관한 기본적 방침」(文化芸術の振興に関する基本的な方針) 제1의 4의 2에서 언급하고 있다.[11] 그렇게 규정하고 있는

10) http: //www.yahoo.co.jp

11) 根本昭, 2003, 『文化政策の法的基盤』, 水曜社.

민의 반영은 참정권과 같은 공권으로서 구체적인 권리를 갖는 것은 아니지만, 문화정책형성에 참가하는 일반적 지위로서 인정할 수 있는 중요한 요소라고 할 수 있다.

2. 지역문화정책의 내용

중앙정부나 지방공공단체장과 같은 문화정책 주체는 지역문화정책을 추진하는데 직·간접적인 의무와 사명을 가지고 있다. 주체에 의해 구축되어 실천되고 있는 지역문화정책의 구체적인 내용은 지역 만들기, 지역공동체 만들기 의미를 가진 마을만들기(まちづくり), 지역의 쾌적한 생활환경을 구축하는 어메니티(amenity plan), 지역문화예술진흥 등으로 구성되어 있다. 문화정책을 추진하기 위해 도도부현, 시정촌 등은 문화진흥지침, 문화플랜에 의한 문화진흥계획, 문화정책의 기본구상, 기본계획 등을 규정하고 있다. 지역문화정책 내용의 특징을 보면 다음과 같다.

첫째는 지역공동체 만들기로서 마을만들기(まちづくり)이다. 일본에서 지역공동체 만들기는 1969년 국민생활심의회보고서「공동체생활장에서 인간성 회복」(コミュニティー生活の場における人間性の回復)의 발표가 계기가 되어 자치성, 문부과학성, 후생성 등이 적극적으로 추진한 사업이 되었다. 일본자치성은 지방자치시행30주년 기념으로 지방자치백서로 불리는「지방자치의 동향」을 간행하여 자립과 연대정신에 기초한 자치의식형성을 지방자치 이후 과제로 강조하고, 지역공동체 만들기를 특히 중시하였다.[12] 또한 스스로 공동체 모델 만들기와 동시에 공동체 만들기 행정을 적극적으로 장려한 결과 도도부현의

12) 自治省, 1978,『地方自治の動向』, 第一法規, pp.47-48.

약 70%, 시구정촌의 약 60%가 공동체 만들기를 실시해 전국에서 약 7,000개소가 공동체로 지정되는 성과를 거두었다.[13]

1979년 수상 자문기관 지방자치제도조사회는「새로운 사회경제정세에 부응하는 지방행재정제도의 존재방식에 대한 답신」에서 지방시대에 즈음한 시대적 요청으로 개혁해야 할 사항을 두 가지로 정리했다. 하나는 지방행정을 둘러싼 환경변화로 경제성장의 고도화와 팽창확대에 따른 행정수요에 대응하기 위한 개혁이 필요하다는 점이다. 다른 하나는 국민생활에서 타율보다는 자율, 획일성보다는 다양성, 집중보다는 분산에 대한 요구가 있고, 지역이 자주적으로 창조력을 발휘하여 지역 만들기를 하는 새로운 지역주의가 대두하고 있는 점을 지적했다.[14] 각 지역에서 기능하는 공동체가 인간성회복의 최후 장이라고 주장한「공동체」(コミュニティ)에서는 공동체 역할을 강조하는 한편 공동체 환경개선, 공동체를 통한 생활 충실, 주민요구통합장 등을 주요사업으로 제시하였다.

1980년대는 지방시대라는 개념과 함께 문화시대라는 개념이 보편화되는 한편 지역문화정책의 일환으로 지역공동체 만들기로서 마을 만들기가 적극적으로 추진되었다. 그 연장선에서 지역의 생활환경정비 필요성이 강조되고, 공동체 활력을 통해서 인간적 교류의 심화나 연대의식을 고양하며, 문화, 스포츠, 취미, 친목 활동에 대한 국민 욕구를 해소하는 차원에서 공동체 활성화가 추진되었다. 지역기업도 직장중심의 노동자관리를 가정이나 지역생활로 확대하여 노동자의 전생활면을 지원하고 관리하는 중요한 임무가 부여되었다. 그리고 종래 차별, 선별, 능력주의 강조로 원자화된 국민에게 새로운 통합을 위한

---

13) 増島宏, 1982,『現代日本の思想構造』, p.266.

14) 増島宏, 1982,『現代日本の思想構造』, p.234.

정신적 안식처와 교류매체로서 공동체가 강조되어 활성화되었다.

지역공동체 만들기는 참가민주주의에 기초한 사회참여를 기본원칙으로 하였고, 사회참여의 주요 장을 지역으로 설정하였다. 건전한 청소년 육성, 지역복지와 지역의료추진, 볼런티어 활동 강화 등으로 구체화되었고, 이른바 풀뿌리 보수를 적극적인 담당자로 하였다. 지역에 자리잡고 있는 개별기업, 청년회의소, 지역재벌 등이 지역 활동을 적극적으로 지원하였다. 대기업은 종래 사원이나 하청기업사원이 이용할 수 있도록 세운 체육관이나 부속병원과 같은 후생복지시설을 지역주민에게 개방하였다. 특히 지역공동체 만들기에서 주요한 주체가 될 수 있는 쵸나이카이(町内会), 자치회, 부락회, 구(区) 등과 같은 전통적 지역주민조직을 활성화하고 정비하는 것이 중요한 과제로 등장하였다.

패전 직후 폐지되었던 쵸나이카이는 전국 시정촌 90% 이상이 설치하여 지역공동체로서 매우 중요한 역할을 하고 있다. 쵸나이카이는 행정에 대한 주민 요구를 수렴하는 창구일원화, 쵸나이카이 연합체 형성, 자주방재조직, 지방공공단체 집행부와의 정례회, 상의하달이나 하의상달 의사소통기능, 주민 간 및 지역 간 이해 조정과 통합 기능 등을 통해서 지역주민참가를 유도하고 지역공동체로서 역할을 충분히 수행하고 있다. 지역공동체로서 노인회, 부인회, 청년단, PTA, 스포츠단체, 문화서클, 볼런티어단체 등이 지역 내에 교류와 협력을 활성화하기 위해 다양한 역할을 담당하고 있어 지역공동체 기능을 촉진시키고 있다. 현재 지역공동체 만들기는 지역 내에 구축된 자연적 단체나 기능적 단체를 조직화하고, 지역 내의 다양한 의견조정이나 통합을 통해서 추진되고 있다.

둘째는 어메니티 계획이다. 일본은 1980년대 경제성장을 통해서 물질적 풍요를 만끽하는 가운데 문화시대와 지방시대를 슬로건으로 새로운 정신적인 풍요와 물질적 평등을 강조하게 되었다. 경제가 발전하는 과정에서 발생한 환경오염과 공해, 자연경관파괴 등으로 인하여 생활환경이 심각하게 훼손되어 환경문제가 중시되는 가운데 삶의 질과 생활의 질을 높이려는 구체적인 움직임이 일어났다. 그것이 바로 어메니티 계획으로 지역생활환경을 정비하여 지역거주자가 안심하고 지역에서 생활을 영위할 수 있는 제반 환경을 구축하는 정책이다.[15] 어메니티 만들기의 내용을 보면 다음의 〈표 3〉과 같다.

〈표 3〉 어메니티 만들기

구 분	세부내용	특 징
인간생태환경	인간이 삶을 영위하는 생활환경, 전원주거, 농업, 어업, 임업, 축산, 생활공간, 공원, 유적, 전통건조물, 문화 공간, 문화시설, 도로, 주차장, 산책로, 운동 환경, 주택환경, 출근환경, 시간소비환경, 경관, 생활자원, 전통문화, 여가환경 등의 정비	인간동식물에 순기능하는 환경시스템구축
자연생태환경	동식물이 삶을 영위하는 생활환경, 산림, 개울, 토지, 강, 바다, 공기, 물, 산, 천연기념물, 동식물군 보존, 동식물종보존 등 추구	

〈표 3〉 내용에서 보면, 어메니티 만들기는 생태환경의 순환을 촉진시키고, 공생하는 생태계순환시스템을 구축하는데 목적이 있다. 인간

15) 어메니티 개념은 18세기 영국 산업혁명과 동반한 부의 효과, 즉 도시 과밀로 인한 열악한 주거환경을 개선하려고 하는 과정에서 형성되었다. 그 과정에서 "있어야 할 것은 있어야 할 곳에 존재한다"(The right thing is in the right place) 슬로건을 주장하였다. 자연환경 보존과 창조적인 환경을 만들어가는 의미를 가지고 있고, 주거, 따뜻함, 빛, 깨끗한 공기, 가정서비스 등은 인간이 살아가는데 있어야 할 것들이다. 어메니티는 자연환경을 해치지 않고 보존하고 지켜 인간에게 필요한 환경을 풍부하게 만드는 의미가 있다.

이 삶을 영위하는데 필수적인 좋은 생활환경을 만드는 것이며, 동식물이 삶을 영위하는데 유용한 생활환경을 만드는 것이다. 물질적 충족 뿐 아니라 정신적 충족이 가능한 생활환경을 만드는 것이다.

셋째는 지역문화예술진흥이다. 문화청이 추진하고 있는 문화진흥은 문화진흥시책에 기초하고 있다. 문화진흥시책은 지역문화진흥을 위한 정책을 함의하고 있고, 지역문화진흥 방향성, 예술거점사업, 문화시설, 학교문화 활동, 문화예술거리 조성, 고향문화부흥, 문화프로그램, 문화공연, 문화기금조성, 문화재정비 및 발굴, 전통문화재 보호 및 계승 등과 같은 사업을 구체화하고 있다. 다음은 문화청의 지역문화진흥사업 내용을 정리한 것이다.

〈표 4〉 문화청의 지역문화진흥사업

사업명	세부사업	특 징
예술거점 형성사업	공연사업지원	자주적 기획공연, 전속단체공연, 강연회 및 워크숍 지원
	전람회사업지원	전람회 지역연대 사업, 교육보급개발사업, 외국과의 교류사업 지원
지역작품 제작지원		지역기획영화, 지역 활성화 지원
무대예술에 접할 기회확보		학교 및 공립문화시설에서 우수한 무대예술감상, 무대예술 실기 지도 워크숍, 공연 실시
전통문화어린이교실		차세대문화담당자의 토 일 학교개설, 지역문화시설에서 차도, 서도, 무용, 전통악기, 향토예능 체험 및 습득
학교문화 활동추진	예술가 파견사업	저명한 예술가나 전통예능보유자 출신학교파견
	전국고교총합문화제	전국고교 문화예술 활동지원, 전국고교연맹과 도도부현 공동개최
문화예술에 의한 창조 거리지원		지역 문화예술창조, 발신 및 교류 문화 활동지원
예술정보플라자 사업		공립문화회관에서 문화예술정보제공과 인력 배치, 아트관리를 위한 직원연수

사업		내용
국민문화제		아마추어 중심의 일반국민 문화 활동장 마련, 도도부현 공동개최
문화 볼런티어추진모델 사업		각 지역의 문화 볼런티어 활동 환경정비, 문화 볼런티어 추진사업
고향문화부흥 사업		지역문화보존, 계승 발전사업, 전통문화단체지원
문화예술진흥기금 지원		문화예술진흥기금 조성을 통한 지역문화예술 활동 지원
문화체험프로그램지원 사업		어린이 일상 생활권에서 문화체험이 가능한 프로그램개발 및 실시지원
사적보존 정비활용 사업	사적공유화조성	사적지정에 따른 재산권제한 보상조치, 지역공공단체 사적 공유화지원
	사적정비활용사업	중요사적 보호, 보존, 정비, 수리
	매장문화재발굴조사	매장문화재 발굴, 조사, 기록보존
문화재건조물보존수리사업		문화재건조물 보존 및 활용, 중요문화재 등록, 등록유형문화재보호 정비수리, 후세 계승추진
전통건조물 군 보존 수리		전통적 집락, 거리, 마을 등 환경보존, 전통건조물 보존 및 수리
중요문화재보존활용정비사업		국보 및 중요문화재 화재, 도난방지, 보존기능, 열람제공, 정비사업
민속 문화재전승 및 활용사업		중요 유형민속문화재 및 무형 민속 문화재 전승자양성사업, 기록 작성, 자료정비, 수리, 방재사업, 용구수리사업지원

출처 : 根本昭, 2007, 『文化政策の展開』, 放送大学教育振興会, pp.166-167.

지방공공단체가 지역문화정책을 계획적이며 장기적으로 실천하기 위해 만든 것이 문화진흥계획이다. 지역문화진흥을 위한 문화진흥계획은 「지방자치법」 제2조 4항에 근거하고 있고, 거기에서는 지방공공단체가 종합적이며 계획적인 운영을 위해서 기본구상을 정하고, 그에 따라 사무 처리를 행하도록 하는 것을 의무화하고 있다. 또한 규정에 따라 의회 의결을 거쳐 기본구상을 정하고 있다. 기본계획은 지역행정영역을 모두 포괄한 종합계획이기 때문에 세부사항까지 규정하기는 어렵다. 때문에 규모가 큰 지방공공단체에서는 기본계획을 최상위 계획으로 하고 각 영역에 대해서 하위계획을 책정하고 있다.

문화진흥계획은 지방공공단체가 추진할 문화정책의 구체적인 실천 내용 중심으로 책정되고 있다. 다음 〈표 5〉는 2001년 5월 현재 문화진흥계획을 책정한 지방공공단체 현황을 나타낸 것이다.

〈표 5〉 문화진흥계획을 책정한 지방공공단체 현황

구 분	조례제정 지방공공단체명	계
도도부현	홋카이도(北海道), 아오모리현(青森県), 이와테현(岩手県), 아키타현(秋田県), 야마가타현(山形県), 미야기현(宮城県), 후쿠시마현(福島県), 이바라키현(茨城県), 돗도리현(鳥取県), 치바현(千葉県), 니가타현(新潟県, 이시카와현(石川県), 도쿄도(東京都), 도야마현(富山県), 교토부(京都府), 오사카부(大阪府), 도쿠시마현(德島県), 구마모토현(熊本県), 오이타현(大分県), 후쿠이현(福井県), 야마나시현(山梨県), 시즈오카현(静岡県), 아이치현(愛知県), 미에현(三重県), 시가현(滋賀県), 나라현(奈良県), 시마네현(島根県), 오카야마현(岡山県), 히로시마현(広島県), 야마구치현(山口県), 카가와현(香川県), 코지현(高知県), 후쿠오카현(福岡県), 사가현(佐賀県), 미야자키현(宮崎県), 오키나와현(沖縄県), 도지키현(栃木県) 등	38
정령지정 도시	삿포로시(札幌市), 센다이시(仙台市), 치바시(千葉市), 가와사키시(川崎市), 오사카시(大阪市), 요코하마시(横浜市), 교토시(京都市), 고베시(神戸市) 등	8
중핵시	아키타시(秋田市), 니가타시(新潟市), 도야마시(富山市), 시즈오카시(静岡市), 요코하마시(浜松市), 도요바시시(豊橋市), 사카이시(堺市), 코마쓰시(高松市) 등	10

출처 : 根本昭, 2007,『文化政策の展開』, 放送大学教育振興会, p.82.

문화진흥과 관련된 문화계획이나 지침은 38 도도부현, 8정령지정도시, 10중핵시 등에서 책정하고 있다.[16] 그 이외에도 많은 시정촌 수준에서 문화진흥계획이 수립되었다. 문화진흥계획은 종합계획의 하위계획으로서 책정되는 것이 통례이다. 내용은 시책 방향을 제시하는 기본방침과 구체적인 시책을 포함하고 있는 5개년계획, 10개년계획 등으로 책정되고 있다. 지역문화정책을 위한 지역문화진흥지침은 각 도도부현 수준에서 정하거나 책정되어 진행되고 있다. 도도부현의 문화진흥지침에서는 지역문화진흥을 위해서 추상적이지만 방향성을 함의하는 슬로건을 내세우고, 슬로건에 의한 문화진흥지침을 정해서 문화진흥을 추진하고 있는 특징이 있다.[17]

지방공공단체가 지역문화진흥지침에 근거해서 추진하고 있는 지역문화진흥정책의 내용을 소개하면 다음과 같다.

〈표 7〉 지역문화진흥정책의 내용

구 분		내 용
기반정비	조직정비	예술단체법인화, 공익법인화
	시설정비	극장, 홀, 미술관, 박물관, 문화재연구소
	정보시스템	미디어예술플라자, 문화디지털라이브러리, 문화유산온라인구상
예술활동장려 및 지원	정신적 지원	예술 활동 및 사업후원, 장려를 위한 상 수여
	재정적 원조	공적지원, 민간기업 지원, 메세나 지원
예술활동장 확보	예술제	주최공연, 협찬공연, 참가공연
	미디어예술제	아트부문, 엔터테인먼트부문, 만화부문, 애니메이션부문

16) 根本昭, 2003,『文化政策の法的基盤』, 水曜社, pp.167-169.

17) 文化庁, 2003,『地方文化行政状況調査報告書』, 文化庁 ; 根本昭, 2003,『文化政策の法的基盤』, 水曜社, p.168 ; 根本昭, 2007,『文化政策の展開』, 放送大学教育振興会, p.82.

예술가육성	연수제도	신진예술가 해외유학제도, 신진예술가 국내연수제도, 해외예술가초빙, 예술단체별인재육성 사업, 팀 아티스트 특별지도사업
	표창제도	문화훈장, 문화공로자, 일본예술원(은사상, 일본예술원상), 문화관계자문부과학대신표창, 문화관계공로자표창, 지역문화공로자표창, 예술선장, 우수영화상, 무대예술창작 장려상, 우수미술품매상, 예술제상, 미디어예술상, 서훈, 포장, 예술제대상, 예술제우수상, 예술제신인상, 예술제방송개인상, 미디어예술제 대상, 우수상, 장려상, 공로상

출처 : 根本昭, 2007, 『文化政策の展開』, 放送大学教育振興会, pp.93-96.

〈표 7〉 지역문화진흥정책의 내용에서 보면, 지역문화진흥을 위해서 문화조직형성, 시설정비, 정보시스템 구축 등과 같은 문화 활동기반정비, 정신적 지원과 같은 예술 활동 장려, 예술 활동 장 확보, 연수 및 표창 등과 같은 예술가 육성, 예술의 국제교류추진, 문화계획이나 지침, 지역문화 활동 진흥을 위한 인적 물적 정비, 제도적 정비, 문화인프라 구축, 행·재정적 지원과 원조, 문화예술 활동개방과 활용, 지역주민과 기업의 문화 활동, 문화인재 양성과 표창, 문화예술교육프로그램운영, 문화예술향유지원 등이 매우 다양하고 다채롭게 추진되고 있다. 지방공공단체에 의한 문화보급과 지원은 지역문화 활성화, 지역발전, 문화생활화 등에 초점이 맞춰져 있다.

3. 지역문화정책의 법규

지역문화정책의 방향, 내용, 지원, 실천 등을 규정한 문화법은 문화진흥을 위한 법적 규정을 두고 있고, 지역문화정책의 책정과 실천에 크게 영향을 주고 있다는 점에서 중요한 기능과 역할을 하고 있다. 문화정책과 관련된 문화법은 「지방자치법」, 「문화재보호법」, 「문화예술진흥기본법」, 「지역문화진흥조례」 등이 대표적이다. 이들은 문화시대와 지방시대를 구체적으로 실현할 수 있는 법적 근거가 된다는 점에서도 중요한 의미가 있다.

첫째는 「지방자치법」이다. 「일본국헌법」에 규정에 따라 제정된 지방자치법은 1947년 법률 제67호로 공포되어 시행되었고, 지방공공단체의 문화관련 사무의 일반적인 근거를 명시하고 있다. 1990년 말부터 2000년대 초반에 걸쳐 행정개혁으로 지방분권이 촉진되어 지방자치법은 1999년까지 지방분권 중핵부분과 관련되어 대폭적으로 개정되었다.[18]

일본국헌법은 제8장에서 지방자치기본에 대해서 규정하고 있다. 지방자치에 관해서는 헌법 제93조 제2항(지방공공단체장, 지방공공단체 의원의 직접공선제), 제94조(기능), 제95조(지방자치특별법에 관련된 주민투표)에서 규정하고 있다. 지방공공단체는 국가로부터 독립한 지방통치단체로서 지방 사무를 자주적으로 처리할 수 있는 권한을 가지고 있다.[19]

지방자치법 신법(제2조2항)에서는 구법에서 제시된 것이 삭제되어 지

---

18) 개정 전의 지방자치법(구법) 제2조 제3항 제5호에서는 지방공공단체의 문화에 관한 사무로서 학교, 연구소, 시험장, 도서관, 공민관, 박물관, 체육관, 미술관, 물품진열장, 공회당, 극장, 음악당 등 이외의 교육, 학술, 문화, 권업(勸業), 정보처리 및 전기통신에 관한 시설을 설치하거나 관리하고, 그것을 사용하는 권리를 규제하고, 이외의 교육, 학술, 문화, 권업, 정보처리 또는 전기통신에 관한 사무를 행하는 것 등을 규정하고 있다. 동항 제14호에서는 건조물, 회화, 예능, 사적, 명승, 그 이외 문화재를 보호하고, 관리할 것 등을 규정하고 있다. 根本昭, 2003, 『文化政策の法的基盤』, 水曜社, p.160.

19) http: //www.yahoo.co.jp

방문화 진흥이 지방공공단체의 고유 업무라는 것을 강조하고 있다. 지방공공단체의 문화에 관한 사무는 제2조 제2항에 규정하고 있다. 지방자치법에 의해 교육, 학술, 문화에 관한 사무는 교육위원회가 관리하고 집행하게 되어 있다(제180조 8의 1항). 지방교육행정 조직 및 운영에 관한 법률(1956년 법률 제162호)과 문화재 보호에 관한 것(제23조14항)은 간단하게 규정하는데 그치고 있다. 신법에서 지방문화 진흥을 지방공공단체의 고유 업무로 규정한 것처럼, 지방공공단체는 지역문화 진흥을 기초로 지방을 부흥시킬 책무가 있다.[20]

둘째는 「문화재보호법」이다. 문화재보호법은 1950년 5월 공포되고 동년 8월에 시행되었다. 현실적으로 대응하기 위해 여러 차례에 걸쳐 개정되었지만 경제발전에 의한 생활수준 향상과 국민의 전통문화에 대한 욕구가 커짐과 동시에 사회경제발전, 국제교류와 협력요청 등으로 새롭게 대응해야 할 과제가 등장하였다. 따라서 시대적 요청에 대응하는 중장기적인 대책을 세우기 위해 문화재보호심의회가 설치되었고, 산하에 있는 문화재보호기획특별위원회는 1994년 7월 시대 변화에 대응할 수 있도록 문화재보호시책 개선을 충실하게 실시하기 위해서 보고서를 만들었다. 문화정책추진회의보고서에서는 문화재보호를 포함한 구체적이며 체계적인 문화진흥시책을 제언하였다.

문화청은 문화재보호에 대응하기 위해 1996년 6월 문화재보호법을 개정하고 문화재등록 제도를 도입했다. 지정도시나 중핵도시에 권한을 위임 또는 시정촌의 역할을 명확히 하고, 규제완화를 추진하여 중요문화재 활용을 유도하고 있다.[21] 다음의 〈표 8〉은 문화재보호 및 등록 제도를 소개한 것이다.

---

20) http : //www.yahoo.co.jp

21) 文化庁, 1999,『新しい文化立国の創造をめざして』, ぎょうせい, pp.60-65.

〈표 8〉 문화재보호 및 등록제도

구 분	내 용
문화재 등록제도	- 중요문화재 등록을 통한 국민적 재산수호 - 문화재제출과 지도, 조언, 권고를 통한 보호조치 - 건조물: 가옥, 창고, 다리, 댐, 터널, 공작품 - 도도부현 교육위원회 협력, 일본건축학회나 토목학회협력
지정도시 및 중핵 교육위원회	- 발굴조사로 발견한 문화재 소유자에게 반환, 반환을 위해 경찰서장에게 인도 - 국가가 보조금을 교부한 중요문화재 관리 및 수리 지도감독 - 중요문화재의 현상변경 허가, 허가취소, 현상변경중지명령 - 소유자에게 중요문화재 공개정지명령 - 소유자 이외 자에 의한 중요문화재 공개허가, 허가취소, 공개정지명령 - 중요문화재 보존을 위한 조사, 사적조사를 위한 조치시행 - 발굴조사 정지명령 - 매장물로 발굴된 물건 감사 등 사무
시정촌 역할	- 문화재 소재지로서 시정촌 문화재에 대한 의견반영 - 시정촌 교육위원회의 문화재 보존과 활용에 대해서 문화청에 의견제시 - 지방조례로 지방문화재보호위원회 설치가능 - 1998년 90% 이상 시정촌이 문화재보호위원회 설치함
문화재 활용	- 소유자가 중요문화재의 국고부담으로 공개 - 중요문화재 소유자 이외 자에 의한 공개 - 중요문화재에 의한 국제교류

출처: 文化庁, 1999,『新しい文化立国の創造をめざして』, ぎょうせい, pp.60-65.

〈표 8〉 문화재보호 및 등록제도에서 보듯이, 지방공공단체에 의한 문화재보호는 관련조례를 통해서 규정하고 있다. 지역전체의 문화재를 등록, 보호, 보전 등을 하는 한편 전통적이고 특색 있는 지역 환경 만들기와도 연결시키도록 하고 있다. 조례의 예를 들면, 전통적 건조물 군 보존지구를 포함한 역사적 환경 보존을 중심으로 마을 만들기를 목적으로 하는 역사적 환경보존조례, 역사적 환경을 포함하는 동시에 넓은 시야에서 도시경관 형성을 위한 도시경관조례, 고향이라는

정신적 정서적 요소를 기조로 풍경이라는 관점에서 자연을 보호하는 경관조례 등이 대표적이다. 지방공공단체의 조례는 도시 만들기, 문화재보호, 어메니티 만들기 등과도 연결되어 있다.[22]

셋째는 「문화예술진흥기본법」이다.[23] 문화정책법제 가운데 문화정책의 기본방향과 실천내용을 구체적으로 규정한 것이 문화예술진흥기본법(이하 문예법이라 칭함)이라고 할 수 있다. 문예법은 2001년 11월 30일 성립되어 12월 7일에 공포되어 시행되었고, 전문, 제1장 총칙, 제2장 기본방침, 제3장 문화예술의 진흥에 관한 기본적 시책, 부칙 등으로 구성되어 있다.[24] 문예법은 문화정책을 위한 기본적인 법적 근거뿐 아니라 중앙정부의 문화진흥에 대한 전반적인 내용과 지방공공단체의 문화진흥에 관련된 사항을 구체적으로 규정하고 있다. 문예법의 특징을 보면 다음과 같다.

〈표 9〉 문화예술진흥기본법의 구성

구 성	내 용
목적이념	총칙과 목적(제1조), 기본이념(제2조) 국가 및 지방공공단체의 책무(제3조- 6조)
기본방침	기본방침(제7조)
기본시책	예술진흥, 미디어예술진흥, 전통예능계승 및 발전, 예능진흥, 생활문화, 국민오락 및 출판물 보급, 문화재 보존 및 활용, 지역에 있어서 문화예술진흥, 국제교류 추진, 예술가 양성 및 확보, 문화예술관련 교육연구기관 정비, 국어에 대한 이해, 일본어교육충실, 저작권보호 및 이용, 국민감상기회 충실, 고령자 및 장애자 문화예술 활동충실, 청소년문화예술 활동충실, 학교교육에 있어서 문화예술 활동충실,

22) 구견서, 2014, 『일본학보』 100집, 한국일본학회, pp.145-158.

23) 구견서, 2014, 『일본학보』 100집, 한국일본학회, pp.145-158.

24) 根本昭, 2003, 『文化政策の法的基盤』, 水曜社, pp.238-243.

	지방공공단체 시책과 정책 형성에 민의반영, 표창, 관계기관 간 연계, 지역에 있어서 문화예술 활동 장 충실, 민간지원활동 활성화, 지방공공단체 및 민간단체에 정보제공, 정통신기술활용추진, 공공건물 건축 배려, 미술관, 박물관, 도서관 충실, 극장 음악당 충실(제8조- 제35조)

출처: 根本昭, 2003,『文化政策の法的基盤』, 水曜社, pp.238-243.

문예법은 기본적으로 법률의 목적, 기본이념, 국가 및 지방공공단체의 임무, 문화예술진흥에 관한 기본시책 등을 규정하고 있다. 문예법은 중앙정부 문화정책이나 지방공공단체 문화정책의 기본시책과 방향을 구체적으로 규정하고 있어 실효성과 효과성을 극대화하기 위해 제정된 것임을 알 수 있다. 뿐만 아니라 문화지원과 계획, 문화정책의 내용과 시책, 개별적 문화정책 등을 통해서 일본의 문화예술진흥을 종합적으로 꾀하도록 하고 있다는 특징이 있다. 문예법의 제정은 문화정책이 국가수준의 사업이며 동시에 지방공공단체 수준의 공공사업임을 명백하게 법적으로 규정했다는데 의의와 가치가 있다.

넷째는 지역문화진흥법규이다. 지역의 문화진흥조례는 지방자치법(1947년 법률 제67호)에 근거해서 지방공공단체가 독자적으로 정하는 조례형태로 존재한다. 문화진흥조례는 지방자치법 제14조 제1항에 의거 지방공공단체가 법령에 위반되지 않는 범위에서 제정할 수가 있다. 지방공공단체가 문화시설이나 문화진흥을 위한 기금을 유치할 경우도 그 내용을 조례로 규정하도록 하고 있다.

다음은 지방공공단체로서 도도부현, 정령시, 시 등이 자주적으로 문화진흥을 추진하기 위해 제정한 문화진흥조례, 문화진흥계획, 문화진흥비전, 문화진흥지침 등을 소개한 것이다.

〈표 10〉 지방공공단체의 문화진흥법규 현황

지방공공단체, 조례명 , 설립연도		조례 규정 내용
도도부현 문화진흥 조례	홋카이도문화진흥조례 1994	도의 의무, 시책에 대한 배려. 시정촌과 연대협력, 문화진흥지침 책정, 민간단체 및 시정촌에 대한 원조, 홋카이도 문화기금, 홋카이도문화심의회
	도쿄도문화진흥조례 1983	기본원칙, 도의 책무, 구시정촌과 관계, 민간단체와 관계, 문화 활동촉진, 문화시점에서 마을만들기, 문화시설정비, 국제문화교류 추진
	구마모토문화진흥기본조례 1988	현의 책무, 시정촌과 관계, 문화진흥기본방침 책정, 원조 및 조성, 기금설치, 문화진흥심의회 구성
도도부현 문화진흥 지침 / 계획	이와테현문화예술진흥지침 2009	조례에 기초한 문화예술진흥지침 제시
	미야기현문화예술진흥비전 2006	조례에 기초한 문화예술진흥비전 제시
	치바현문화진흥계획 2013	치바현 조례에 기초한 문화진흥계획 제시
	교의 문화력 및 차세대육성플랜 2012	교토부 조례에 기초한 문화력 및 차세대육성플랜 제시
정령시 문화진흥 조례	삿포로시문화예술진흥조례 2008	홋카이도 조례에 기초한 시 조례 제정
	사이타마시문화예술도시창조조례 2011	사이타마현 조례에 기초한 시 조례 제정
	오사카시문화예술진흥조례 2005	오사카부 조례에 기초한 시 조례 제정
	교토문화예술도시창생조례 2006	교토부 조례에 기초한 시 조례 제정
정령시 문화진흥 계획	삿포로시문화예술기본계획 2011	홋카이도 조례에 기초한 시 계획 제시
	사이타마시문화예술도시창조계획2016	사이타마현 조례에 기초한 시 계획 제시

	오사카시문화예술진흥계획 2015	오사카부 조례에 기초한 시 계획 제시
	교토문화예술도시창생계획 2009	교토부 조례에 기초한 시 계획제시
시, 구, 쵸 문화진흥조례	구시로시문화진흥조례 1974	조성, 후원, 표창
	아키타시문화진흥조례 1982	시민 및 시 역할, 문화진흥심의회, 문화진흥 기본방침, 표창 및 조성
	요코스카문화진흥조례 1985	시민 역할과 자각, 시 역할과 책무, 문화활동 장 만들기, 시회 만들기, 시민문화자산지정, 문화진흥심의회
	기센누마시문화예술진흥조례 2002	기본이념, 시 책무, 시민역할, 기본방침책정, 문화예술진흥, 학교의 청소년문화예술 활동 충실, 저작권보호 및 이용, 공공시설 등 건축에 대한 배려, 정책형성에 민의반영
	메구로구예술문화진흥조례 2002	기본이념, 구의 책무, 예술문화진흥계획, 조건정비, 전통문화보존, 고령자와 장애자를 위한 예술문화진흥
	가스가이시문화진흥기본조례 2002	기본이념, 시민, 기업, 재단, 시 책무, 기본계획책정, 문화 활동 장 충실, 시민 메세나 활동 추진 및 지원
	야후기마치문화 스포츠진흥조례 1995	기본이념, 정의 책무, 문화 환경 정비
시문화진흥계획	우쓰노미야시문화진흥기본계획 2008	우쓰노미야시 조례에 기초한 문화진흥기본 제시
	나가노시문화예술진흥계획 2012	나가노현 조례에 기초한 문화진흥계획제시
	나라시문화진흥계획 2011	나라시 조례에 기초한 문화진흥계획 제시
	코지시문화진흥비전 2014	코지시 조례에 기초한 문화진흥비전 제시

출처: 文化庁編集, 『文化庁月報』(No.414), 2003年 3月號, pp.34-35.

지방공공단체가 지역문화정책을 위해 구축한 법규 및 하부 실천계획은 다양하게 존재한다. 기본적으로 일본국헌법, 지방자치법, 문화재보호법, 문화예술진흥기본법 등을 근거로 각 도도부현은 도도부현 조례를 제정하고 조례에 근거해서 문화진흥지침이나 계획을 세운다. 그리고 도도부현 산하 시정촌은 도도부현 조례에 근거해서 시정촌의 조례를 제정하고 조례에 근거해서 문화진흥지침이나 계획을 세워 실천하고 있다. 따라서 지역문화정책 법규는 국가, 도도부현, 시정촌 등이 연결되어 있고 지방공공단체 간 협력을 통해서 추진할 수 있도록 하고 있다는 특징이 있다.

4. 지역문화정책의 문화자산

지역문화정책의 문화자산은 지역문화자본, 지역문화산업, 지역문화시설, 지역문화생활 등으로 구성되어 있다. 지역문화정책이 실질적으로 효과를 거두기 위해서는 문화자산을 구체적이며 체계적으로 운영하는 것이 무엇보다도 중요하다. 지역문화진흥과 함께 지역문화를 활성화를 위해 지역문화산업을 체계적으로 발전시키는 한편 지역문화의 유치, 공연, 전시, 교육 등을 추진할 수 있는 문화시설을 확충하여 지역주민이 문화를 생활화할 수 있도록 체계화하는 것이 필요하다.

첫째는 지역문화자본이다. 이것은 지역문화정책을 추진하는데 직·간접적으로 필요로 하는 문화예산을 의미한다. 지방공공단체는 문화시대와 지방시대라는 슬로건에 맞게 지방문화 진흥을 위해 문화관계사업 활성화, 문화관계조직 확충, 지방공공단체 문화관계예산 등을 착실하게 증강시키고 있다. 문화지원예산은 1990년대 초 버블경제 붕괴 후 경기불황이 지속되는 가운데 1993년 최고점을 기록한 후 점차 감소하기 시작했다. 1996년에는 도도부현(都道府県)과 시정촌 문화지원예산은 약 8,483억 엔으로 1990년도의 그것과 비교할 때 약 1.8배 증가하였다.

다음 〈표 11〉은 1990년부터 2001년까지 지방공공단체의 문화지원예산 추이를 소개한 것이다. 특징으로는 1990년대에 문화지원예산이 증가추세 내지는 상향조정이 되고 있지만, 그 이후에는 경제사정 악화로 점차 줄어드는 추세에 있다는 점이다. 그것은 일본의 버블경제붕괴와 재정건전화정책에 의한 변화이다.

〈표 11〉 지방공공단체의 문화지원예산 (단위: 억 엔)

연도	계	도도부현	시정촌	총예산중 문화예술지원예산			총예산중 문화재보호예산		
				계	도도부현	시정촌	계	도도부현	시정촌
1990	5597	1660	3937	4712	1392	3320	885	268	617
1991	6994	2041	4953	5713	1620	4093	1281	421	860
1992	8215	2523	5692	6971	2098	4873	1244	425	819
1993	9553	2587	6966	8175	2085	6090	1378	502	876
1994	8785	2431	6354	7443	1915	5528	1342	516	825
1995	8112	1998	6114	6671	1432	5239	1441	566	875
1996	8483	2132	6351	7089	1517	5572	1394	615	779
1997	8379	2123	6256	6996	1560	5436	1382	562	820
1998	6928	2171	4757	5586	1614	3972	1342	557	785
1999	5992	1568	4424	4638	1045	3593	1354	523	831
2000	6586	1919	4667	5277	1455	3822	1309	464	845
2001	5651	1333	4318	4533	888	3645	1118	445	671

출처: 根本昭, 2007, 『文化政策の展開』, 放送大学教育振興会, p.171에서 재구성.

중앙정부가 지방에 지원하고 있는 지방교부세제도는 지방공공단체가 자주성을 잃지 않도록 재원의 균형을 유지하고, 교부기준 설정을 통해서 지방행정의 계획적인 운영을 보장하는 데 목적이 있고, 지방자치 본지를 실현하며, 지방공공단체의 독립성을 강화하는데 있다. 지방교부세는 재원부족단체에 대해서 공평하게 교부함과 동시에, 교부하는데 있어 지방자치 본지를 존중하면서도 일정한 조건을 두고 사용용도를 제한하고 있다. 다음 〈표 12〉는 1998년 지방교부세 중 문화지원예산 내용을 소개한 것이다.

〈표 12〉 1998년 지방교부세에 의한 문화지원예산 (단위 : 백만 엔)

구분	지출구분 및 내용			경 비	
도도부현	문화재 보호	급여비	과장1, 직원22	168,840	193,670
		보수	문화재심의회위원(장1,위원17) 문화재보호지도위원 수당	965	
		임금, 보상, 여비	강사사례	3,393	
		수용(需用)비	유지관리경비	10,472	
		부담금, 보조금	문화재보호관계보조금	10,000	
	박물관	급여비	관장1, 직원11	95,140	177,177
		보수	박물관협의회위원보수(장1, 위원13)	286	
		여비	박물관 협의위원회	507	
		수용(需用)비, 위탁료	특별보급 활동, 특별전개최	31,688	
		비품구입	수장 품 구입	59,660	
		사용료수수료	시설사용료	10,104	
	지역 문화 스포츠 진흥	급여	직원7	48,890	302,990
		수용(需用)비	지역 심포지엄, 향토예능, 문화예술4강좌, 지역음악회, 각종스포츠, 레크리에이션, 표창, 스포츠리더 육성, 자매도시교류, 도시농촌교류	254,100	

<table>
<tr><td rowspan="8">시정촌</td><td rowspan="6">사회교육비</td><td>보수</td><td>사회교육위원</td><td>1,973</td><td rowspan="6">123,984</td></tr>
<tr><td>급여</td><td>과장1,직원14</td><td>107,470</td></tr>
<tr><td>여비</td><td>강사여비</td><td>300</td></tr>
<tr><td>수용(需用)비</td><td>문화재 관계 예술 공연 사업</td><td>9,017</td></tr>
<tr><td>부담금, 보조금</td><td>문화재보조금, 단체육성</td><td>1,550</td></tr>
<tr><td>보상비</td><td>학교 주5일제 관계</td><td>3,724</td></tr>
<tr><td rowspan="2">지역문화스포츠진흥</td><td>급여</td><td>직원3</td><td>19,220</td><td rowspan="2">46,600</td></tr>
<tr><td>수용(需用)비</td><td>지역 심포지엄, 향토예능, 문화예술4강좌, 지역음악회, 각종스포츠, 레크리에이션, 표창, 스포츠리더 육성, 자매도시교류, 도시농촌교류</td><td>27,380</td></tr>
<tr><td colspan="4">총 계</td><td colspan="2">844,421</td></tr>
</table>

출처: 文化庁, 1999,『新しい文化立国の創造をめざして』, ぎょうせい, p.185
; 文化庁, 平成27年,『地方における文化行政の状況について』, 文化庁.

다음 〈표 13〉은 2006년 지역문화진흥을 위해 추진한 문화예술진흥기금에 의한 지원현황을 나타낸 것이다. 문화진흥기금은 문화예술 창조 보급, 영화제작, 지역문화진흥, 문화진흥보급단체 등의 활동에 지원되고 있다.

〈표 13〉 문화예술진흥기금에 의한 지원현황 (단위: 천 엔)

분야	응모건수	채택건수	조성금교부액
예술창조보급 활동	940	350	931,000
영화제작 활동	54	11	137,500
지역문화진흥 활동	300	216	307,100
문화진흥보급단체 활동	286	194	179,000
계	1,580	771	1,555,500

출처: 根本昭, 2007,『文化政策の展開』, 放送大学教育振興会, p.139.

기업메세나 활동은 점차 활성화되는 방향으로 추진되고 있고, 기부금, 기부건수, 활동비 등에서 증가하고 있다. 기업이 주도적이며 자발적으로 지역문화진흥을 위해 추진하고 있는 기업메세나 활동을 하는 기업 수, 활동하는데 소요된 활동비, 기업메세나 협의회의 기부추이 등을 보면 다음 〈표 14〉와 같다.

〈표 14〉 기업메세나 활동 현황 (단위: 개, 백만 엔, 건)

연도	기업 수	활동비총액	인정건수	기부건수	기부금액
2000	266	18,533	165	879	533
2001	283	17,580	146	949	573
2002	320	21,263	153	835	476
2003	351	22,425	234	1,001	461
2004	372	23,256	256	1,643	649
2005	-	-	234	1,738	765
계	1,592	103,057	1,188	7,045	3,457

출처 : 根本昭, 2007, 『文化政策の展開』, 放送大学教育振興会, p.141 재구성.

둘째는 지역문화산업이다. 지역문화산업은 지역주민의 문화 활동을 활성화하는 동시에 지역을 알리는 수단으로, 그리고 지역경제를 활성화해서 주민의 경제적 삶의 질을 높이는 수단으로 활용하고 있다. 지역공동체 만들기, 어메니티 만들기, 지역과소화해소, 지역인재유출방지, 지역개발, 지역 국제화 등 다양한 목적을 두고 있어 중요성은 더해가고 있다. 다음의 〈표 15〉는 지역문화산업의 현황을 나타낸 것이다.

〈표 15〉 지역문화산업의 현황

구 분	내 용	특 징
종합문화시설 산업	도서관, 문화회관, 박물관, 미술관, 음악회, 각종교육프로그램사업, 전시사업, 공연사업	관민주도의 지역주민문화생활에 초점을 둔 문화사업
지역전통산업	지역특산물, 명물, 도자기, 농산물, 해산물, 전통공예, 식품	각 지역에서 주로 생산되는 특산물
여가관광산업	온천, 관광지, 지장산업, 국보, 국립공원, 박물관, 미술관	전통적으로 형성된 관광자원개발을 통한 문화산업
전통문화예술 산업	스모, 가부키, 마쓰리, 예능, 지역예술 공연산업	전통문화예술산업
지역신문화산업	캐릭터산업, 만화, 작가, 스포츠, 교육, 언론 및 매스미디어, 출판, 지역브랜드, 이벤트사업	지역을 대표하는 작가, 인물의 특징에 기초한 문화산업
지역생산 산업	생수산업, 지역개발사업, 전원택지조성사업, 테마파크, IT 등 신산업	지역경제 활성화에 역점을 둔 신산업

출처: 織田直文, 2009, 『文化政策の臨地まちづくり』, 水曜社.

셋째는 지역문화시설이다. 국립 및 공립문화시설은 국가 및 지방공공단체가 설치하여 운영하고 문화생활화를 실천하기 위해 설립한 것으로 문화정책의 중요한 축을 이루고 있다. 각종 문화시설 중에서도 문화회관과 같은 문화공간이 중심을 이루고 있다. 문화회관은 지역주민의 문화교육, 문화 활동, 문화생활, 문화체험과 습득 등이 이루어지고 있는 시설이다. 일본 최초 문화공간으로서 공회당은 오사카시 중앙공회당이고, 이후 개인이 건설해서 시에 기부한 시부야 공회당이 1918년 개관하였고, 1929년 히비야 공회당, 1930년 나고야 공회당을 개관하였다.

그 후 1951년 도쿄문화회관이 설립되었고, 공립문화회관 활성화를 위해서 전국공립문화시설협의회가 결성된 후 사단법인 전국공립문화시설협회로 변경되었다. 당 협회는 전국 문화회관의 총괄단체로서 역할을 하고, 공립문화회관을 활성화하고 있으며, 시설 관리운영, 사업 등에 대한 조사연구나 각종간행물 발간 등을 하여 문화회관 활성화에 노력하고 있다. 지역 문화회관은 지방공공단체 장이 선거공약으로 내세워 신설되는 경향이 많았고, 현재 대부분 지방공공단체는 문화공간으로 활용하기 위해 건설하고 있다. 공립문화회관은 약 2,000관, 공민관은 약 18,000관 존재하고 공립이나 민법법인으로 존재한다.

문화회관과 같은 기능을 하고 있는 공민관은 사회교육 일환으로 설립된 교육시설이라는 특징이 있다. 공민관은 1946년 7월 5일「공민관의 설치운영에 대해서」에 근거해서 사회교육시설로 설치되기 시작하였고, 지역주민의 학습시설로 보급되고 있다. 사회교육법은 공민관 사업으로서 정기 강좌, 토론회, 강연회, 강습회, 실습, 전시회, 집회 등을 하도록 규정하고 있고, 그것을 위해 공민관는 강당, 회의실, 홀 등을 구비하고 있다. 2003년「공민관 설치 및 운영에 관한 기준」에서 문부과학성은 공민관을 지역 학습거점, 지역의 가정교육지원거점으로 하고, 생애학습의 중핵적인 역할을 하도록 강조하고 있다.

공립문화시설은 문화회관, 문화센터, 문화 홀, 시립극장, 시민회관, 현민 회관, 관광회관 등의 이름이 붙여지고 있고, 지역문화예술 활동거점으로 기능하고 있으며, 일반적으로 문화회관이라고 칭하고 있다. 문화회관은 공회당에서 출발한 것으로 지방공공단체에 의해 설치된 공립시설, 각종 문화 활동 장, 지역주민 문화공동체, 지역주민네트워크장의 역할을 공통적으로 하고 있다. 음악당, 극장, 교육장소, 문화교육프로그램운영, 전시장, 무대연출, 강연회, 각종 행사장 등의 기능을 하고, 지역주민에 대해서 음악, 연극, 미술 등의 관람 기회를 제공하며, 문화 활동의 발표장으로 사용되고 있다.

공립문화시설로서 중요한 역할을 하고 있는 시설이 미술관, 박물관, 기념관, 도서관 등이다. 문화시설로서 기능하는 것으로 구 문부성 실치법에 근거해서 설립된 것이 박물관이다. 박물관은 2001년 독립행정법인화를 규정한 법률에 의해 독립행정법인으로 이행되어 문부과학성설치법에서 제외되었다. 박물관은 연구시설이라는 특징을 가진 것으로 규정하고, 국립학교설치법에 의해 대학공동이용기관으로서도 기능하고 있다. 박물관은 교육, 학술, 문화 등의 영역과 관련되어 지역문화를 활성화하는 기능을 하고 있다는데 가치가 있다.[25] 그 이외에도 미술관이나 기념관, 도서관 등이 문화예술을 접할 수 있는 시설로 사용되고 있다.

넷째는 지역문화생활이다. 지역문화생활은 지역주민이 전통문화, 문화예술, 생활문화, 대중문화 등을 생활화하고, 개인적 문화놀이와 공동체문화놀이로서 향유하고 교류하는 것을 의미한다. 문화생활화를 통해 지역 활성화와 지역주민의 삶의 질을 향상시키는데 의의가 있다. 다음 〈표 16〉은 지역생활문화의 내용을 소개한 것이다.

---

25) 박물관법에 의하면 박물관은 "자료수집, 보관, 전시하여 교육적 배려를 하고 일반대중이 이용하도록 하고, 교양, 조사연구, 레크리에이션 등에 대응하는 사업을 행하며, 그것을 위한 자료에 관련 조사연구"를 하는 것으로 되어 있다(동법 제2조1항). 국립박물관 및 미술관도 자료를 수집하고 보관하며, 대중이 관람하도록 하고 그와 관련된 조사연구를 행하도록 하고 있다. 박물관은 문화자료 수집보관, 전시공개, 조사연구, 교육보급 등 기능을 하고 있다. 문화자료는 미술자료, 유적, 회화, 조각, 공예품, 서적, 고문서 등과 같이 다양하며 활동으로서 분류, 정리, 보존, 수리, 복원, 관리 등의 기능도 동시에 하고 있다.

〈표 16〉 지역생활문화의 현황

구분	지역문화제명 및 사업명	특 징
전국 규모 축제	국민문화제	- 1986년부터 시작됨 - 전국적인 발표장제공 - 문화 활동참가유도 - 문화예술 창조촉진 - 지역문화발전과 국민생활충실 - 아마추어문화활동방향제시 - 기조연설 및 심포지엄 - 민속, 민요, 오케스트라, 합창, 연주, 연극, 문예, 미술, 무용, 생활 문화, 공연, 전람회 등 개최
	전국고등학교 총합문화제	- 고교생문화 활동향상 및 교류촉진 - 우수고교 공연 - 퍼레이드, 연극, 합창, 기악, 관현악, 일본음악, 시, 향토예능, 멀티이벤트, 미술, 공예, 서도, 사진, 방송 ,바둑, 장기, 웅변, 신문, 문예
지역 문화 활성화	예술무대 매력 발견사업	- 무대예술감상기회 충실 - 무대예술 진흥유도
	지역문화예술 정보온라인 정비 사업	- 전국예술가, 예술단체의 정보데이터베이스구축 - 예술홈페이지구축 정보검색기능강화 - 지방공공단체, 공립문화시설, 학교, 문화단체 등과 예술가 연대, 예술단체와 연대촉진
지역 문화 지원	문화마을만들기 사업	- 지역전통문화예술 창조 - 문화예술감상을 통한 마을 만들기 지원 - 지역을 문화발신기지로서 창조 및 진흥
	국제음악의 날 기념사업	- 음악문화진흥을 위한 학습 환경 정비 등에 관한 법률(1994년) - 시민참가에 의한 콘서트, 연주회, 음악관련 사업
지역 전통 문화 지원	전통문화를 통한 지역만들기	- 지역고유의 전통예능 및 미술공예품감상, 마쓰리 참가, 역사적 건물사적보존 및 활용 - 지역문화 활성화를 통한 지역 만들기 및 활성화

	고향과 문화 부흥사업	- 개성 풍부한 제례행사, 민속공예, 전통공예 등 전통문화 계승 및 발전 - 전승자 육성, 도구정비, 영상기록 작성
지역 문화 인재 육성	아티스트 인 레지던스 사업	- 국내외 예술가가 있는 지역에 일정기간체재유도, 예술가와 교류 창조계기마련
	문화예술에 의한 창조거리 지원 사업	- 인재육성: 지역문화리더 육성 - 단체육성: 지역의 문화예술단체육성 - 발신교류: 심포지엄에 의한 발신과 교류 - 대학과 지역의 교류 및 연대촉진
문화 볼런티어 지원	문화 볼런티어 활동 지원	- 미술관, 박물관, 기념관 에서 전시해설 - 문화회관 공연보조, 학교교원과 미술박물관의 학예원이나 지역예술가와 연결, 연대수업 - 각 지역에서 문화 볼런티어 코디네이터 육성 - 문화 볼런티어 지원 거점형성사업

출처: 文化庁, 1999,『新しい文化立国の創造をめざして』, ぎょうせい, pp.205-216.

지역생활문화를 촉진시키기 위한 사업으로는 국민문화제, 전국고등학교 총합문화제, 예술무대 매력발견사업, 지역문화예술정보온라인 정비 사업, 문화마을 만들기 사업, 국제음악의 날 기념사업, 전통문화를 통한 지역 만들기, 고향과 문화 부흥사업, 예술가의 지역거주정착 사업, 문화예술에 의한 창조거리 지원 사업, 문화 볼런티어 육성 및 활동 지원 등을 추진하고 있다.

지역 어린이를 위한 문화예술 활동도 지역문화정책의 중요한 대상이 되어 강력하게 추진되고 있다. 미래의 지역주민이자 지역인재로서 육성하기 위해 지역 어린이의 문화체험을 활성화하고 문화 활동을 장려하고 있다. 지역 어린이를 위한 문화프로그램의 특징과 내용을 소개한 것이 다음의 〈표 17〉이다.

〈표 17〉 지역 어린이 문화예술 활동의 특징

구 분	지역문화제명 및 사업명	특 징
어린이 문화예술체험 추진	무대예술체험 사업	- 어린이의 예술을 사랑하는 마음육성 - 오케스트라, 연극, 문악, 무대예술감상 - 문예예술단체 공연 접촉기회 제공 - 소학교, 중학교, 특별지원학교 문화예술지원 - 합창, 오케스트라, 방악(邦楽), 오페라, 음악극, 연극, 문악, 서양무용, 일본무용, 가부키, 노악 제공
	학교에 예술가 파견사업	- 예술가 및 전통예능 보유자 출신지역파견 - 문화예술 활동 촉진
	문화체험프로그램지원 사업	- 어린이가 직접 참여하는 문화접촉 체험프로그램 촉진 - 일상 생활권에서 연중 문화접촉 가능하도록 추진
	문화예술 어린이 교실	- 토 일 학교나 문화시설을 문화향유거점으로 이용 - 민속공예, 공예기술, 일본음악, 일본무용, 무도, 차도, 화도 전통문화습득 및 체험기회 제공
	지역인재 활용에 의한 문화 활동 지원 사업	- 지역문화예술 인재 활용 - 학교에서 문화예술지도, 방과 후 휴일 문화 활동 지원 - 어린이에게 문화체험이나 접촉기회를 제공하여 문화인재로 육성

출처: 文化庁, 1999,『新しい文化立国の創造をめざして』, ぎょうせい, pp.216-220.

〈표 17〉에서 보면, 어린이 문화예술체험을 위해서 무대예술체험사업, 학교에 예술가 파견사업, 문화체험프로그램 지원 사업, 문화예술 어린이교실, 지역인재 활용에 의한 문화 활동 지원 사업 등을 추진하고 있다. 지역문화예술 활동과 정책은 장기적으로 지역문화진흥, 지역문화산업진흥, 지역주민 문화생활화, 지역발전과 경쟁력향상, 공동체 활성화, 지역 문화인재 육성 등으로 연결되고 있어 많은 문화적 가치를 창출하고 있다.

Ⅳ. 맺는 글

일본에서 지역문화정책은 지역사정이나 환경에 따라 다양하게 진행되어 나름대로 특징을 갖고 추진되고 있다. 문화정책은 종합정책으로 전환되어 지역정부가 희망하는 목적과 주민니즈의 문화요구를 충족시키고 있다. 그럼에도 불구하고 문화정책을 효율적으로 실천할 수 있고, 길라잡이를 할 수 있는 지역문화정책 모델이 구축되어 있지 않아 많은 시행착오를 겪고 있다. 각 지역의 문화정책 실태를 분석하여 미래지향적인 지역문화정책모델을 구축할 필요가 있다.

현재 일본에서 추진되고 있는 지역문화정책은 지역문화정책을 담당하는 주체, 지역문화정책의 내용, 지역문화정책의 법규, 지역문화정책의 문화자산 등에 기초하고 있다. 지역문화정책은 중앙정부뿐 아니라 지방공공단체, 지역예술인, 지역주민 등이 참여하여 추진하고 있다. 지역문화정책은 지역발전, 지역 만들기, 지역주민문화생활화, 지역문화진흥, 지역문화산업발달, 지역문화재보호 및 개발, 전통문화보호와 계승, 지역문화인재 육성, 지역문화 볼런티어 육성 등과 같은 특징을 갖고 있다.

지역문화정책과 관련된 문화법은「일본국헌법」,「교육기본법」,「문부과학성설치법」,「문화재보호법」,「저작권법」,「지방자치법」,「종교법인법」,「문화예술진흥기본법」등이 있고, 연장선에서 제정된 표창에 관한 법령으로는「문화훈장령」,「문화공로자연금법」,「일본예술원령」등이 있다. 그리고 도도부현이나 시정촌이 제정하는 각종「문화진흥조례」, 조례에 기초한 문화예술진흥계획이나 문화예술진흥지침 등이 있다. 문화법은 지역문화정책의 대강과 목적, 책임과 의무, 세부계획과 지원, 세부지침과 실시내용 등을 종합적으로 실천할 수 있는 중요한 기준이 된다는데 가치가 있다.

지역문화정책과 관련된 문화자산은 지역문화진흥과 함께 지역문화 활성화를 위해 지역문화산업, 지역문화의 유치, 공연, 전시, 교육 등을 하는 문화시설, 지역주민이 문화를 생활화할 수 있도록 체계화한 문화교육프로그램 등이 있다. 일본에서 추진되고 있는 지역문화정책은 지역종합문화정책이라는 성격을 띠고 있고, 지역사회를 발전시키는 중요한 정책으로 추진되고 있어 중요성이 더해가고 있다. 그러나 지역문화정책을 추진하기 위한 문화자산은 지역 문화 환경에 따라서 다양할 뿐 아니라 격차가 있기 때문에 각 지역이 동일한 내용과 방향에서 추진하기 보다는 각 지역의 특징과 문화자산에 맞는 문화정책을 개발하고 창조해서 적극적으로 추진할 필요가 있다.

지역문화정책은 강한 문화적 힘과 능력을 가진 주체중심으로 움직이고 있지만 문화예술소비자인 지역주민 니즈나 사정을 적극적으로 반영할 필요가 있고, 문화정책 내용을 독창적으로 추진하여 생산성과 효율성을 극대화할 수 있도록 적절한 문화법규나 예산이 전폭적으로 지원되어야 할 것이다. 그리고 지역문화정책의 장점을 활성화하고 약점을 보완하는 형태로 세심하게 지역문화정책의 목표를 재점검하여 지역문화예술의 특화를 추구해야 한다. 지역에 맞는 맞춤문화정책을 반영한 지역문화정책모델을 구성하는 문화인프라를 창조적으로 연구하고 개발할 필요가 있다. 일본에서 추진되고 있는 지역문화정책모델은 한국 지방공공단체가 추진하고 있는 지역문화정책에 중요한 길라잡이가 될 수 있다는 점에서도 의의가 있을 것이다.

제7장 지역문화정책과 문화비전

Ⅰ. 머리글

일본에서 지역문화정책은 지방자치법이 제정되고 1960년대부터 문화보급과 성장이 과제로 등장하면서 시작되었다.[1] 중앙정부는 지역문화정책과 활동을 지원하기 위해 문화청을 신설하고 산하에 문화보급과를 신설하여 대응하였다.[2] 지역문화진흥을 목적으로 청소년예술극장(1967년), 이동예술제(1971년), 어린이 예술극장(1974년) 등과 같은 무대예술의 지방순회공연을 확대하고, 문화회관 설치(1967년)와 도도부현(都道府県)의 문화 활동 조성(1968년) 등으로 구체화하였다. 정부에 의한 지역문화정책은 지역이 자립하고 능력을 강화시키는 지방자치제도를 활성화하는 중요한 전략으로 활용되었다.

지방공공단체의 문화정책은 문화행정을 추구하면서 시작되었다. 문화행정은 사이타마현(埼玉県) 지사 하타 야와라(畑和)의 행정문화화, 가나가와현(神奈川県) 지사 나가스 가즈지(長瀬一二)의 지방시대 등을 제창하면서 본격화되었다.[3] 행정문화화와 지방시대의 기본적인 핵심은 국가 및 지방을 통하는 행·재정의 간소효율화, 지방분권의 추진, 지역의 문화행정 등을 활성화하고 발전시키는데 있다. 그리고 오히라

---

1) 이 내용은 "구견서, 2017, 『일본학보』 제111집, 「일본 에히메현에 있어서 지역문화정책의 특징」, 한국일본학회" 논문을 대폭적으로 수정하고 보완한 것임.

2) 根木昭, 2001, 『日本の文化政策』, 勁草書房, pp.16-17.

3) 根木昭, 2001, 『日本の文化政策』, 勁草書房, p.19.

마사요시(大平正芳) 총리가 문화시대를 주창하면서 지방시대와 문화시대가 결합한 지방문화시대가 탄생하였다.

1980년대 문화시대와 지방시대가 지방문화시대로 촉발되면서 지역개발과 성장이 중시되었다. 지역개발과 성장을 위해서 도시와 지방에 재원과 권한을 포괄적으로 위임해서 책임을 지게 하는 지방 책임 체제와 지방공공단체의 자율권이 강조되었다. 지역개발은 구체적으로 지방정주 조건을 정비하고, 고도교육, 질 높은 문화, 포괄적 의료 등의 기능이 가능하며, 지방에서 태어나 자라고 교육받아 삶을 영위할 수 있는 삶의 총합환경을 구축하는 것을 의미한다. 지역발전은 삶의 총합환경을 포함한 개발을 행정기관과 자유롭고 창의적인 민간이 참여하여 구축할 수 있는 것으로 인식되었다.

1990년대 지방문화시대는 마을 만들기(町づくり)와 마을부흥(村起し)으로 연결되었다. 그 과정에서 문화정책이 상위정책으로 자리매김을 하면서 지역문화정책은 지역총합정책으로 일반화되었다. 문화행정이 문화정책으로 전환되고 문화예술진흥, 전통 및 현대예술문화진흥, 문화진흥조례제정, 지역 만들기, 지역문화정보시스템구축, 지역인재육성, 관광개발, 지역문화재보호, 주민의 문화생활화 등과 같이 지역이 발전할 수 있는 다양하고 종합적이며 체계적인 문화행정과 정책이 추진되었다.

이 책에서는 지역문화정책의 일반론을 논하기 보다는 지역에 의한 문화정책이 어떻게 이루어지고 어떤 특징을 가지고 있는가를 분석하고 미래지향적인 문화정책과 문화비전에 대해서 생각해보고자 한다. 연구대상은 그 동안 다양한 문화정책을 추진해온 에히메현(愛媛県)을 중심으로 한다. 연구대상으로 삼은 이유는 에히메현을 문화 여행하는 과정에서 풍부한 문화현장을 직접 견학하여 문화정책이 문화가치를 높이고 있다는 판단과, 에히메현 및 산하 시가 추진하고 있는 각종 문화정책 자료를 수집하여 이 지역의 문화정책에 대한 특징과 분석이 가능하다고 판단했기 때문이다.

Ⅱ. 에히메현의 역사와 총합환경

1. 에히메현의 역사

에히메의 시작은 수 만 년 전 구석시대라고 전해지고 있다. 에히메에는 구석기시대 유적으로 고래유적(鯨遺跡: 弓削町·現上島町), 가네가사키유적(金ヶ崎遺跡: 伯方町·現今治市) 등 있다. 조몬시대 유적으로는 1961년 발견된 가미쿠로이와이와가게(上黒岩岩陰遺跡: 美川村·現久万高原町), 헤이조패총(平城貝塚: 御荘町·現愛南町) 등이 있고, 야요이시대에는 아가타패총(阿方貝塚: 今治市)이 있다. 에히메현은 고대유적이 발견됨으로써 일본역사 속에서 존재하고 있는 지역임을 알 수 있다.

에히메라는 지명은 고대일본을 기록한 『고사기』(古事記) 상권 이자나기와 이자나미(イザナギとイザナミ)에 의한 국가탄생신화 이요고쿠(伊予国は愛比売と謂ひ)에서 볼 수 있다. 그 이후 에히메(愛比売)는 현재의 에히메(愛媛)로 전환되었다. 고대유적이 있음에도 불구하고 에히메 내에서는 약 2만 2천년 이전부터 사람이 생활한 것으로 알려지고 있다. 그것은 1995년 이요시(伊予市の旧双海町の東峰遺跡·胆沢火山灰)에서 석기가 출토되어 확인되었다. 현재 에히메현은 율령제 국가체제에서 이요국(伊予国)에 해당된다.

고대에서 이요국(伊予国)이었던 에히메는 아미바리시(今治市)에 국부가 있었다. 이 시대 천황을 시작으로 많은 사람들이 이요온천(伊予の湯)에서 휴식을 하고, 다음의 목적지로 향했다고 전한다. 「이요국풍토기」(伊予国風土記)에 따르면, 성덕태자(聖德太子)도 방문하여 이요유오카비문(伊予湯岡碑文)을 남겼다고 전한다. 만요시대(万葉時代)의 재원이었고 아스카시대 일본의 황족이었던 누가타오키미(額田王)는 와카(和歌)를 부르며 배를 탔다고 전한다. 헤이안 시대에는 우와해(宇和海の日振島)를 근거지로 해서 후지와라란(藤原純友の乱: 承平·天慶の乱)이 있었다.

겐페이전쟁(源平合戦: 治承·寿永の内乱)에서는 가와노씨(河野氏)가 수군을 이끌고 겐지씨(源氏)로 활약하고, 무로마치(室町)시대에는 이요국(伊予国)을 수호하였다. 가마쿠라후기(鎌倉時代後期)에는 가와노씨 일족 일부가 전국 각지를 돌아다니면서 많은 사람들에게 염불 춤을 권장하여 시종(時宗)의 원조가 되었다고 전한다. 중세에는 세도나이카이에서 수군이 활약하였고, 남북조시대 이요국에서 활약한 구쓰나수군(忽那水軍), 전국시대에 세력을 확장한 무라카미수군(村上水軍) 등이 유명하다.

에도시대에는 이요핫판(伊予八藩: 松山藩, 紀州藩の支藩の西条藩, 小松藩, 今治藩, 大洲藩と支藩の新谷藩, 宇和島藩と支藩の吉田藩)으로 되었지만 1871년 7월 폐번치현으로 8개 번이 그대로 현이 되었다. 이 지역에서는 노(能), 차(茶), 분가쿠(文楽) 등과 같이 특색 있는 문화가 생겨나 에히메 문화로 정착하였다. 에도막부말기 우와지마번(宇和島藩)에서는 양학 도입이 추진되어 니노미야 케이사쿠(二宮敬作) 등과 같은 우수한 난학자가 탄생한 동시에 다카오 쵸에이(高野長英,의사, 난학자), 무라타 조우로쿠(村田蔵六: 大村益次郎) 등이 초청되어 포대(砲台) 건축과 군함을 건조하는 등 웅번(雄藩)으로서 활약하였다.

메이지시대가 되면서 야와타(八藩)는 정리되고 1888년 지금의 에히메현이 되었다. 이 시기에는 마사오카 시키(正岡子規: 1867-1902)가 하이

쿠(俳句)를 혁신하고, 가와히가시 헤키고토(河東碧梧桐), 타카하마 쿄시(高浜虚子) 등이 모여 잡지「호토토기스」(ホトトギス)를 중심으로 활동하여 하이쿠가 에히메현에 정착했다. 현재 하이쿠 왕국을 상징하듯이 시키기념박물관(子規記念博物館) 이외에 현 내 900기의 구비(句碑)가 있다. 또한 노벨문학상을 받은 오오에 겐자부로(大江健三郎)나 하야사카 아키라(早坂曉, 소설가, 각본가) 등과 같은 우수한 작가가 탄생하였고, 나쓰메 소세키(夏目漱石)의「도련님」(坊っちゃん), 사마 료타로(司馬遼太郎)의「언덕 위의 구름」(坂の上の雲) 등과 같은 작품의 소재가 되었다.[4]

메이지기 1894년 보병 제22연대가 일청전쟁에서 평양을 청으로부터 해방시키고, 1904년에는 보병 제22연대가 일러전쟁의 여순 요새를 공격하는 활동을 하였다. 1943년 대일본제국해군 요시다 비행장이 현재 마쓰야마 공항으로 완성하였다. 1944년 태평양전쟁 시 전국이 악화되었을 때 가미가제 특별 공격대가 처음으로 출격한 곳이 에히메현이었으며, 오키나와전쟁에도 참전한 것으로 전해지고 있다.

전후에는 1946년 남해대지진(南海大地震)으로 현 내 26명이 사망하였다. 1949년 4개 구 제국고등학교가 국립 에히메대학으로 발족하였다. 1951년에는 마쓰야마시(松山市)가 국제관광 문화도시로 지정되었고, 1957년 NHK마쓰야마방송국이 텔레비전방송을 개시하였다. 1964년 요치호(予地方)가 신산업도시로 지정되었고, 1973년 벳시(別子)동광산이 폐광되었으며, 1983년 테크노폴리스지역으로 지정되었다. 2000년 마쓰야마시가 중핵도시(中核市)로 승격하였다.

---

4) 愛媛の歌: 海がある 山がある, 空にひかるがあふれる, 道がある 川がある 伊予のことばが流れる,ふるさとと ふるさとと わが愛媛, ゆたかな自然が あふれている, あつい血潮流れる.

2. 에히메현의 구성

에히메현은 도도부현 가운데 시코쿠(四国) 지방의 북서부와 북중부 사이에 위치하고 있고, 세도나이카이(瀬戸内海)에 접하고 있다. 세도나이카이에 접하고 있는 히로시마현과 문화적으로 경제적으로 연결되어 있다. 육상으로는 카가와현(香川県), 도쿠시마현(德島県), 코지현(高知県) 등과 인접해있다. 현청소재지는 율령국가제하에서는 이요고쿠였고, 현재는 마쓰야마시이다. 다음은 시코쿠에 속한 에히메현을 소개한 지도이다.

〈그림 1〉 에히메현의 지도

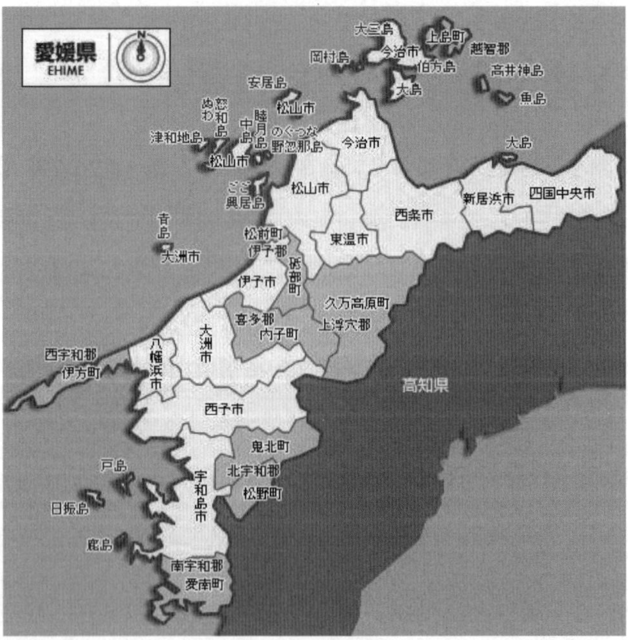

출처 : www.yahoo.co.jp

에히메현은 도요지방, 추요지방, 미나미지방 등 3개 지방으로 구성되어 있다. 2005년 8월 1일 현재 현 하에는 11시와 9정(町)이 있다.

〈표 1〉 에히메현의 시정촌 구성

구 분	도시 및 시정촌
東予地方 (도요지방, 동부)	新居浜市(니이하마시), 四国中央市(시코쿠추오시), 西条市(사이조시), 今治市(이마바리시), 越智郡(오치군: 上島町가미시마쵸)
中予地方 (추요지방, 중부)	松山市(마쓰야마시, 현청소재지), 伊予市(이요시), 東温市(도온시), 上浮穴郡(가미우케나군) : 久万高原町(구마코겐쵸), 伊予郡(이요군) : 松前町(마쓰마에쵸), 砥部町(도베쵸)
南予地方 (미나미요지방, 서남부)	宇和島市(우와지마시), 八幡浜市(야와타하마시), 大洲市(오즈시), 西予市(세이요시), 喜多郡(기타군) : 内子町(우치코쵸), 西宇和郡(니시우와군) : 伊方町(이카타쵸), 北宇和郡(기타우와군) : 松野町(마쓰노쵸) : 鬼北町(기호쿠쵸), 南宇和郡(미나미우와군) : 愛南町(아이난쵸)

에히메현민의 기질과 문화적 배경은 매우 다양하다. 에도시대에는 이요야핫판(伊予八藩)이라고 말하는 것처럼 많은 번이 분립되어 있어 지역마다 미묘한 문화차이가 있다. 메이지 이후 지리적 구분이었던 도요, 추요, 미나미요 등 3분하는 것도 문화적 배경을 설명하는데 매우 중요하다. 에히메 사람들의 기질은 단적으로 말하면 보수적이라고 전해지고 있다. 옛 부터 산과 바다로 둘러 싸여있어 향토음식이 적다.

3지역민의 성격을 알 수 있는 이야기가 전해지고 있다. 만약 100이 있다면 도요사람들은 그것을 기초로 상업을 시작해 2배 내지 3배 늘리고, 추요사람들은 그것을 맡겨 이자로 취미를 즐기며 온천에 다니는 생활을 꿈꾸며, 미나미요 사람들은 하룻밤에 주연을 위해 모두 써버린다는 것이다. 에히메현을 구성하고 있는 사람들은 그와 같은 다양한 문화와 성격을 지닌 것으로 나타났다.

에히메현 인구를 각 권역으로 구분해서 보면, 2005년 6월 1일 현재를 기준으로 우마권역(宇摩圏域) 92,423명, 니이하마 및 사이조군역(新居浜·西条圏域) 236,714명, 이마바리권역(今治圏域) 180,848명, 마쓰야마권역(松山圏域) 653,164명, 야와타하마 및 오즈권역(八幡浜·大洲圏域) 166,576명, 우와지마권역(宇和島圏域) 131,574명 등이다. 전후 에히메현의 각 시대별 인구수를 다음과 같다.

〈표 2〉 에히메현의 인구

연 도	인구수	연 도	인구수
1970년	1,418,124명	1975년	1,465,215명
1980년	1,506,637명	1985년	1,529,983명
1990년	1,515,025명	1995년	1,506,700명
2000년	1,493,092명	2005년	1,467,815명
2010년	1,430,957명	2015년	-

출처: 총무성 통계국 국세조사에서 인용.

에히메현의 인구구조 특징은 1990년 1,515.025명으로 최고 정점에 도달하였지만 1995년 이후 인구감소현상이 나타나고 있다. 인구감소는 전체 일본지역이 경험하는 일반적인 현상으로 에히메현 만의 특징은 아니다. 에히메현에 속한 시정촌 인구는 젊은이들 도시로의 유출과 소자고령화 등으로 감소되고 있다.

3. 에히메현의 종합환경

에히메현은 지역적으로 본토와는 떨어져 있으면서도 다양한 역할을 하고 있다. 지역방위는 자위대가 책임을 지고 있고, 육상자위대는 마쓰야마주둔지에 주둔하고 있다. 지역에는 지역경제와 정치, 문화, 사회 기반을 이루고 있는 시설이 있다. 에히메현에는 발전소, 변전소, 공항, 항만, 주요교량, 석유개발관련시설, 스미토모계 산업, 생산 공장, 광산, 마쓰야마성 등과 같은 시설, 전통유적, 산업단지 등이 조성되어 있다.

자매도시는 미국의 하와이주(2003년), 중국의 대련시, 한국의 평택시가 있으며, 경제교류협력 제휴를 맺고 있다. 자매도시에는 에히메현 내 본사를 둔 기업이 진출해있는 것으로 알려지고 있다. 에히메현 경제는 버블경기붕괴로 관광산업이 위축되고 산업이 침체되고 있다. 불황기의 경기대책을 현 수준에서 다양하게 추진하고 있지만 현 채권발행 잔고가 증가하는 등 재정이 악화되고 있다. 더욱이 삼위일체개혁으로 인한 보조금감소로 현 재정이 더욱 악화되고 있다. 에히메현은 대형공공사업동결, 수정, 보류 등을 추진하고 있고, 현직원의 급료삭감, 지사공관매각, 행정기관 재편 등을 통해 재정건전화를 유도하고 있는 실정이다. 다음은 에히메현의 재정상황을 소개한 것이다.

〈표 3〉 에히메현의 재정현황(2006년)

구 분	내 용
표준재정규모	3,233억 1400만 엔
재정력지수(財政力指数)	0.37(도도부현 평균 0.46)
경상수지비율	89.8%(도도부현 평균 92.6)
실질수지비율	0.6%
인구일인당인건비 및 물건비	130,046엔(도도부현 평균 12만4,759엔)
일인당지방채잔고	656,826엔(도도부현 평균 62만2,416엔)
실질공채비율	14.6%(도도부현 평균 14.7%)
인구10만 당직원수	1,388.25명(도도부현 평균 1,173.11명)
지방채현재고	9,719억 5,500만 엔

에히메현의 경제규모는 일본전국 경제규모 1%에 해당되어 1% 경제라고도 불리고 있다. 지역별 산업을 보면, 도요에는 제지업, 화학공업, 비철금속, 산업기계, 전기관계 등이 있고, 이마바리시에는 조선업과 각종 제조업이 있다. 추요에는 마쓰야마시를 중심으로 정치, 경제, 상업 활동이 왕성하고 3차 산업이 발달하였고, 석유, 화학, 기계전기 등이 중심을 이루고 있다. 미나미요는 귤 산지로 유명하고 1차 산업이 중심적이다. 다음의 표는 지역별 산업을 소개한 것이다.

〈표 4〉 에히메현의 지역별 산업특징

구 분	중심산업
도요(東予)	- 시코쿠중앙시 종이관련, 니이하마시와 사이조시 화학공업, 비철금속, 산업기계, 전기관계, 이마바리시 조선과 타올 등과 같은 제조업이 활성화되어 있음 - 도요지방은 섬유관계, 타올, 봉제업 지제품 등 일반제지업, 의식용품, 서도용지 등이 생산됨. 이곳은 스미토모그룹(스미토모금속광산, 스미토모화학, 스미토모중기계공업, SEN), 철강(일신제강), 메카트리닉스 등 석유화학, 대양석유전기, 기계, 하리슨도시바라이팀, 파나소닉 헬스케어, 조선, 식품, 아사히맥주, 일본식연 홀딩스 등이 있음
추요(中予)	- 마쓰야마시를 중심으로 에히메현 인구의 3분 1이 거주하고 있고, 정치, 경제, 상업 활동의 중심지로 제3차 산업이 주력산업이며 임해부에는 화학공업도 발달함 - 추요 지방은 섬유관계 화학섬유, 봉제업도레 등이 있음. 코스모 마쓰야마 석유, 미쓰비시화학, 기계전기, 전기전자제품, 농업기계, 섬유기계, 식료품, 과실음료, 에히메음료, 야마키, 마르토모 등이 있음
미나미요(南予)	- 귤, 양식어업 등 1차 산업중심으로 특화됨. 제조업 등 기반시설 약하고, 식품관계 우와지마시 등 닛신마루코 사료, 어육연제품 등이 있음

에히메현은 3면이 바다로 둘러싸여 있는 지역이지만 1차 산업, 2차 산업, 3차 산업 등 다양한 산업단지가 조성되어 있다. 농업은 감귤이 중심적이고 일본 제1일 생산지이며, 키위, 배추, 오렌지 등이 생산되는

지역으로 유명하다. 임업은 과거에 목재를 대량생산하여 활성화되었지만, 지금은 싼 목재가 외국에서 수입되어 임업이 약화된 상태이다. 어업은 세도나이카이를 중심으로 양식업과 일반 어업이 이루어지고 있다. 제조업은 비철금속을 중심으로 이루어지고 있고, 광업은 벳시 광산을 중심으로 활발했지만 지금은 폐광되어 약화되었다. 이들 상업 중에서는 관광업이 여전히 지역산업으로서 중요한 위치를 차지하고 있다. 다음은 에히메현의 산업별 특징을 소개한 것이다.

〈표 5〉 에히메현의 산업별 특징

구 분	산업특징
농업	현 각지에는 감귤류가 생산되고 귤(みかん)과 이요칸(いよかん)생산지로 유명. 미칸은 2003년까지 일본제일생산지였으나 2004년 34년만에 와카야마현(和歌山県)에게 일위자리를 내줌. 보리 생산1위, 키위 생산1위, 이요칸 생산1위, 배추 생산3위, 밤 생산3위, 오렌지 생산4위 등을 기록하고 있음
임업	임업총생산액은 2010년 57억 6천만 엔, 목재생산은 41억 엔으로 에히메현(愛媛県) 목재생산액이 높음, 1980년에는 임업생산액이 254억7천만 엔이었지만 외국산수입으로 감소되었고, 생산목재는 전나무와 삼나무임
어업	어업은 히우치나다(燧灘), 이요나다(伊予灘), 우와카이(宇和海) 등의 해역에서 이루어짐. 히우치나다는 소형 선박어업이 성행하고, 정어리 어장이 형성되고 양식업이 이루어짐. 이요나다는 어선어업이 중심이고, 작은 생선어업이 활성화됨. 우와해에서는 진주나 방어양식. 일본제일돔 양식지임
제조업	제조품 출하액은 2010년 3조 7,924억 엔, 비철금속 6,044억 엔(15.9%), 파이프 5,211억 엔(13.7%), 수송용기계 5,112억 엔(13.5%), 화학 4,231억 엔(11.2%), 석유석탄 3,936억 엔 (10.4%) 등임. 사무소 수는 2,434개소, 종업원 수 76,347명, 음료 13,574명(17.8%). 주요기업은 제조업(기계, 전기), 조선, 석유화학, 제지, 상사, 금속, 식품, 섬유

광업 및 건설업	광업은 벳시동광(別子銅山)이 유명했지만 폐광되고, 현재는 이마바리시 오시마(今治市の大島) 오시마석(大島石)이 채굴되고 있음. 건설업은 버블경제붕괴 이후 쇠퇴하고 있음
소매업	소매업은 컴퓨터, 소프트 등 상점이 있고, 마쓰야마시역(松山市驛)빌딩에 이요데쓰다카시마(いよてつ高島屋)가 있음. 미쓰코시(三越), 이마바리시에 있던 다카시마야와 오마루는 폐점됨. 종합슈퍼마켓과 슈퍼가 있음
전력가스업	전력가스업은 시코쿠전력(四国電力), 추고쿠전력(中国電力), 스미토모공동전력(住友共同電力) 등이 있음. 발전소는 시고쿠전력관련기업과 스미토모전력관련기업(四国電力西条発電所, 四国電力伊方原子力発電所(伊方町), 住友共同電力壬生川火力発電所, 住友共同電力新居浜東火力発電所, 住友共同電力新居浜西火力発電所)이 있음. 현 내에는 수력발전소와 풍력발전소가 있고, 시코쿠에는 원자력발전소(伊方原子力発電所)가 있음. 도시가스는 시코쿠가스(四国ガス), 스미토모공동전력이 있음
정보통신업	정보통신은 현에서 컴퓨터유치 사업이 성공함. NTT데이터시코쿠(NTTデータ四国), DIO재팬(DIOジャパン) 등이 있음
관광업	관광자원으로는 3,000년 역사를 가진 도고온천(道後溫泉), 시코쿠최대성 마쓰야마성(松山城) 등이 있고 동중남서지방의 자연과 문화시설이 있음

에히메현의 관광업은 활성화되어 있는 편이다. 도요(東予)지역관광객 수는 이마바리권역(今治市 · 上島町) 연 436만 명, 동부권역(四国中央市 · 新居浜市 · 西条市) 연 335만 명이다. 추요(中予)지역은 마쓰야마권역(中予地方) 연 1,010만 명이고, 미나미요(南予)지역은 야하타오즈권역(八幡浜市 · 大洲市 · 西予市 · 內子町 · 伊方町) 402만 명, 우와지마권역(宇和島市 · 松野町 · 鬼北町 · 愛南町) 연 267만 명 등으로 나타나고 있다. 2011년 관광업은 도고온천(道後溫泉驛前) 2,450만 명으로 관광객소비총액은 1,049억 엔이다. 현 외 관광객은 미도시(尾道市)와 이마바리시를 연결하는 해로가 개통되어 1999년 관광객 수는 1,100만 명으로 증가했다.

이 중에서 3,000년 역사를 가진 도고온천이나 시코쿠최대의 마쓰야마성, 미나미요지방특유의 자연환경이나 문화시설 등이 중요한 관광자원이다.

Ⅲ. 에히메현의 문화자원

1. 지역출신문화인

에히메현의 지역문화는 역사적으로 승계되어온 역사문화가 있고, 다양한 영역에서 활동하는 문화인재들이 나타나 에히메현의 문화적 특징을 구축하였다. 문화 활동영역은 영화, 음악, 문학, 극예술, 만화와 애니메이션, 하이쿠, 회화, 일러스트, 서예, 도예 등 다양하다. 여기에서는 각 영역에서 대표적인 인물만 간단하게 소개하고자 한다.[5] 다음은 에히메 지역 출신으로서 전국적으로 또는 지역적으로 활동하고 있는 문화인들을 소개한 것이다.

〈표 6〉 에히메 출신 예술문화인

구 분	이 름
영화감독	이타미주조(伊丹十三), 青野暉, 猪崎宣昭, 伊丹万作, 伊藤大輔, 大森研一, 黑田義之, 佐伯清, 富永昌敬, 森一生 등이 활약함

5) 愛媛県生涯学習センター,『愛媛人物博物館』, 愛媛県生涯学習センター, 平成18年. 여기에서는 에히메현 출신자를 학문, 교육, 정치행정, 산업, 사회, 예술, 문예, 예능, 스포츠 등의 분야에서 활약한 인물중심으로 소개하고 있다. 이 책에서는 문화인 이름의 한국어 발음을 생략하고자 한다.

음악가	이카와 아키히코(井川明彦, NHK교향악단), 上田眞二(첼로), 齊田正子(소프라노), 曽我部清典(트럼펫), 谷中優(작곡가) 등이 활약함
작가	오오에 겐자부로(大江健三郎, 1994년 노벨문학상 수상), 雨宮諒, 石川喬司, 石津ちひろ, 石持淺海, 大槻はぢめ, 押川春浪, 片山恭一, 川上宗薫, 城戸久枝, 久保喬, 黑川博行, 酒井直行, 坂本康宏, 敷村良子, 白石拓, 末広鐵腸, 図子慧, 洲之内徹, 丹下健太, 天童荒太, 伴野朗, 華城文子, 早坂曉, 古田足日, 星田三平, 松井計, 松浦理英子, 松野正子, 村上親康, 素九鬼子, 矢野徹, 吉村萬壹 등이 활약함
극작가	이타미만사쿠(伊丹万作), 鴻上尚史, 酒井直行, 砂田量爾, 早坂曉 등이 활약함
만화가	이데마유미(いでまゆみ), 青木琴美, 太田多門, 加地君也, 樫の木ちゃん, 樫本学ヴ, 梶原あや, 河島正, 衣谷遊, 木村太彦, 後藤ユタカ, 竿尾悟, ささだあすか, THE SEIJI, 椎名あゆみ, 篠原とおる, 芝城太郎, 白石ユキ, 白凪マサ, すえみつぢっか, 杉作J太郎, 鈴木ツタ, 鈴見敦, 清家ミドリ, 高岡凡太郎, 高須賀由枝, 高田康太郎, 武内こずえ, 谷岡ヤスジ, 富永ゆかり, 中崎タツヤ, 西野りんご, 能田達規, 東屋めめ, 藤井克己, 文月今日子, 松本久志, 眞斗, 村上和彦, 目黒三吉, もぐら, 森生まさみ, 森まりも, 八木ちあき, 矢代まさこ, 安永圭, 山口舞子, ゆきみ, 柚木N', 渡辺靜, 和田ラヂヲ, 榎木知之 등이 활약함
애니메이션	이와미 미카(いわみみか), 明比正行, うつのみや理, 馬越嘉彦, 香川久, 賀川愛, 楠葉宏三, 近藤勝也, 森木靖泰 등이 활약함
하이쿠닝(俳人)	마사오카 시키(正岡子規), 五百木飄亭, 石田波郷, 河東碧梧桐, 坂井修一, 寒川鼠骨, 篠原梵, 芝不器男, 高橋新吉, 高浜虛子, 坪内稔典, 塔和子, 富沢赤黃男, 内藤鳴雪, 中野逍遙, 中村草田男, 夏井いつき, 野村朱鱗洞, 深川正一郎, 松根東洋城, 宮中雲子, 村上霽月, 柳原極堂, 山上次郎 등이 활약함
화가	시모무라이잔(下村爲山), 白井雨山, 高畠華宵, 智内兄助, 野間仁根, 柳瀬正夢 등이 활약함
일러스트	카나헤이(カナヘイ), 茂本ヒデキチ, 杉浦非水, 空山基, 土居孝幸, 長野ヒデ子, 眞鍋博, MAYA MAXX, MOGRA, 山本孝 등이 활약함
서예가	시슈(紫舟), 三輪田米山, 村上三島 등이 활약함
도예가	마사코우잔(槇江山)이 활약함

에히메 출신 문화인의 활동영역을 보면, 영화, 작가, 만화와 애니메이션, 하이쿠 등의 영역에서 활동하는 문화인이 많다. 지역출신으로 유명한 영화감독인 이타미 주조(伊丹十三, 1933- 1997)는 영화감독이외에 배우, 상업디자이너 등으로 활약했다. 1984년 「장례식」(お葬式)으로 영화감독 데뷔를 했다. 이 영화는 아내 노부코(信子)의 부친 장례식이 계기가 되어 1주일 만에 시나리오를 써 작품으로 만들어 상영되었다. 그럼에도 불구하고 예술성과 사실성을 잘 표현한 영화로 일본에서 높은 평가를 받았고, 일본아카데미상과 예술선장신인상(芸術選奨新人賞)을 수상하여 감독으로 자리매김 하는 계기가 되었다.

이후 식욕과 성욕의 비분화한 사람을 희극적으로 그린 「단포포」(タンポポ), 국제국사찰부 통칭인 마사루(マルサ)에 대해서 철저하게 조사하고 취재한 자료를 바탕으로 제작한 「마루사의 여자」(マルサの女), 야쿠자의 민사개입 폭력에 맞서 싸우는 여변호사를 그린 「민보의 여자」(ミンボーの女) 등 일본사회에서 벌어지고 있는 부정적인 사회현상에 대해서 문제제기를 하는 영화를 만들어 이타미영화라는 브랜드를 정착시키는데 성공했다. 1992년 제작한 「민보의 여자」에서는 폭력단에 대해 시민이 용기를 갖고 현명하게 행동하면 이길 수 있다는 논리를 그려내어 관객의 호응을 얻었다.

지금까지 일본에서 제작되는 야쿠자영화는 대체로 폭력단원을 영웅으로 그려왔다. 그 와중에서 폭력단을 부정적으로 그린 이타미 주조의 영화가 공개된 후 사회적 반향을 일으켰다. 야쿠자의 위협이 가해지는 가운데 개방 1주일 후 자택에서 이타미 주조는 야마구치단(山口組, 稲川組) 소속 5명의 폭력단으로부터 칼 습격을 받아 중상을 입었다. 1993년 자칭 우익이라 주장한 남자가 「대병인」(大病人) 개봉 중 영화관의 스크린을 찢는 사건이 발생하기도 하였다. 1997년에는 신변경

호를 경험한 것을 기초로 「마루타이 여자」(マルタイの女)를 영화화했다. 이 영화에서 등장인물을 장애자로 설정한 부분이 논리적 관점에서 격렬한 사회적 비판을 일으켰다. 1997년 「이타미프로덕션」이 있는 맨션에서 이타미 주조의 사체가 발견되어 사인을 두고 논란이 되었다. 폭력단의 소행으로 추정될 뿐이다.

에히메 출신 문화인이 두각을 나타낸 영역이 문학이다. 유명한 문학자로서 1994년 노벨문학상을 수상한 오오에 겐자부로(大江 健三郎, 1935년-)가 대표적이다. 그는 도쿄대 프랑스문학부 재학시절인 1958년 「사육」(飼育)이라는 작품으로 최연소인 23세에 아쿠다가와상(芥川賞)을 수상하였다. 이 작품은 폐쇄된 공간에 사람을 가두어 놓고 동물처럼 길들이며 사육하는 인간의 잔인한 욕망을 표현하였다. 그는 사르트트르의 실존주의 영향을 받은 작가로 알려졌고 그런 입장에서 사회활동을 하고 있다. 그의 작품은 전후 일본사회의 폐쇄성과 공포를 그로테스크한 이미지를 사용해서 리얼하게 그린 특징이 있다. 이시하라 신타로(石原慎太郎)와 가이코 다케시(開高健)와 함께 신세대작가로 주목을 받았다.

오오에 겐자부로는 일본사회특징으로서 폐쇄성과 공포를 주제로 한 작품을 썼지만, 그 후 풍부한 외국문학의 독서경험을 기초로 독특한 문체로 표현했다. 세계사회의 공포로 등장한 핵이나 국가주의 등 인류적인 문제, 고향인 시코쿠의 산림문제, 지적 장해를 가진 장남과의 교류나 공존문제 등 자신의 개인적 경험을 문학으로 승화시켰다. 다양한 경험과 독서로 얻은 지식을 통해 작품 속에 사상을 표현하고 다중적인 세계관을 창출했다. 작품의 근간에는 선인들의 텍스트가 원용되고, 한정적인 무대에서 넓은 인류적 무대로 화두를 전환하여 사고하고 행동하는 수법을 동원하였다. 그는 사회성을 가진 작품을 세상에 내놓으면서 높게 평가받아 1994년 일본문학사상 2번째로 노벨 문학상 수상자가 되었다.

주요한 장편작품으로는 「아이 싹 훑기」(메무시리고치,芽むしり仔撃ち), 「개인적 경험」(個人的な体験), 「만연원년의 훗볼」(万延元年のフットボール), 시코쿠에서의 잇키(一揆)와 100년 후 안보투쟁을 연결시킨 작품인 「홍수는 우리 혼에 다다라」(水はわが魂に及び), 「동시대게임」(代ゲーム), 「새로운 이여 눈을 떠라」(新しい人よ眼ざめよ), 「그리운 해에 보내는 편지」(懐かしい年への手紙) 등이 있다. 1995년에 「타오르는 푸른 나무」(燃えあがる緑の木) 삼부작을 완결했고 이것을 계기로 일시적으로 작품 활동 중지선언을 하였다. 이후 다시 집필하여, 「공중제비」(宙返り), 「변화하는 아이」(取り替え子, チェンジリング, 이타미주조의 죽음을 그림), 「이상한 두 사람」(おかしな二人組, スウード·カップル) 등 삼부작을 발표했다. 그는 전후 민주주의 지지자로 사회참여의식을 강하게 가졌고, 국내외에서 벌어지고 있는 독재정치나 사회악영향을 주는 사건에 발언을 적극적으로 하고 있다.

전통문학의 정점에서 활약한 인물이 하이쿠가 마사오카 시키(正岡子規, 1867- 1902)이다. 그는 일본을 대표하는 하이쿠작가, 가인, 국어학 연구가, 단가, 신체시, 소설, 평론, 수필 등 다방면에 걸쳐 활동을 하여, 일본의 근대문학형성에 많은 영향을 주었다. 메이지시대를 대표하는 문학자 중 한 사람이다. 죽음을 앞둔 7년간 결핵을 앓기도 하였다. 짧은 생애에도 불구하고 하이쿠와 단가 개혁운동을 성공시켰고, 근대문학에서 단시형문학의 방향을 자리매김한 개혁자로 평가받고 있다. 하이쿠에서는 쓰키나미 하이카이(月並俳諧: 매월 정례적으로 여는 동료모임)의 진부성을 지적하고, 마쓰오 바쇼(松尾芭蕉, 1644, 에도전기의 하이카이시, 유희성을 강조하는 집단문예)의 시정을 높게 평가하였다. 19세기 유럽에서 유행한 자연주의 영향을 받아 사생, 사진 등에 기초한 현실 밀착형 생활시를 주장하여 하이쿠의 새로운 시정(詩情)을 개척했다.

에히메 출신으로서 대중문화활동에 참여한 인물은 매우 다양하다. 대중문화활동영역으로는 아이돌, 가수, 예능인, 배우, 밴드, 뮤지션, 락구고 등이다. 대중문화 중에서 어떤 특정영역에서 두드러지게 활동하기보다는 대체로 다양한 영역에서 활동하고 있다. 다음은 전국 또는 지역 수준에서 활동하고 있는 지역출신의 대중 문화인을 소개한 것이다.

〈표 7〉 지역출신대중문화인

구 분	문화인명
아이돌	쿠사나기 쓰요시(草彅剛, SMAP), 愛川ゆず季, 愛葉るび, 青田典子(C.C.ガールズ), 伊藤来笑(HKT48), 愛の葉ガールズ, 原田眞緒, 杏野ヒナナ, 叶美香, 近野成美(フルーツポンチ),高岡薫(AKB48), 谷本安衣, nanoCUNE, ひめキュンフルーツ缶, FRUITPOCHETTE, 眞鍋かをり, 美甘子, ラブリ, 白濱亜嵐(GENERATIONS from EXILE TRIBE), 八百城美音 등이 활약함
가수	아키카와 마사후미(秋川雅史), 井上昌己, 宇都宮さだし, 大石昌良, 大下香奈, 加藤いづみ, 河合夕子, 白濱亜嵐(GENERATIONS from EXILE TRIBE), 高見知佳, 谷本久美子, 日野てる子, 松山惠子, 水樹奈, 山口由子, YU- KI (TRF) 등이 활약함
예능인	요코야마 히로시(横山ひろし), 青野敏行, 石倉力, 出渕誠, 大木凡人, 木村耕介, シャア·乙ナブル, 武田テキサス, 武智正剛, かんちゃま, ぢゃいこ, テル, 友近, 中野聰子, 中田カウス, ノッチ, 藤岡久美子, ポカ, 本坊元児, まぁこ, 水田信二, 宮川俊二, 村上ショージ, もっち(むねもっち), 矢部たかひろ, 横山東六, 横山ひろし, 吉田千晃, らくさぶろう, 渡部大嗣 등이 활약함
배우	아야가제 사키나(彩風咲奈), 石田政博, 石丸幹二, 井上正夫, 右近健一, 大葉健二, 片岡礼子, 金子正次, 久世龍, 桑田尚樹, 近野成美, 酒井貴浩, 志賀圭二郎, 白濱亜嵐, 土居裕子, 中泉英雄, 西興一朗, 西本ひろ子, 野口貴史, 林美智子, 日向明子, 藤岡弘,帆風成海, 松沢一之, 松山容子, 眞鍋ちえみ, 丸山定夫, 宮内淳, 宮本眞希, 入船加澄實 등이 활약함

밴드	12012, ACT, BOZO, ガンジンルー, Sound Schedule(vo.大石昌良), ジャパハリネット, superfly, チャットモンチー(dr.高橋久美子), つばき, でんしれんぢ, デューン, ニッポリヒト, ランクヘッド 등이 활약함
뮤지션	Anchang(SEX MACHINEGUNS보컬과 기타), 宮脇渉(12012ヴォーカル), 酒井洋明(12012기타), 須賀憂介(12012기타), 川内亨(12012드럼), 大田紳一郎(원BAAD, 현doa), 瞬火(陰陽座보컬과 베이스), 招鬼(陰陽座기타), 狩姦(陰陽座기타), 門田晃介, 金戸覚 (GRAPEVINE), 矢野昌大(★AMAGIN★보컬), 高橋久美子, ヤノ(POLYSICS드럼), 藤田晴彦(THE COKES보컬),結生,rino(CooRie), オ- タケハヤト(ROCK'A'TRENCH드럼), 大石昌良(元Sound Schedule보컬), 大野恭子(waffles보컬), 魚海洋司, 岡田勉(재즈), 近藤等則, 友近890, レーモンド松屋, わたなべヨシコ, maki(Dizzy core기타), yuina(전Dolly기타), 大森靖子 등이 활약함
락구고가	하야시겐페이(林家源平), 一桂三幸, 立川呑志, 林家染太, 柳家花ん謝 등이 활약함
기타 예술인	川崎九淵(노악사, 能楽師), 高橋貞次(칼장인, 刀匠), 白鷹幸伯(단금장인, 鍛冶), 東野弘昭(기사), 東野政治(기사), 宝生弥一(能楽師), 森信雄(기사) 등이 활약함

아이돌 영역에서 왕성하게 활동한 쿠사나기 쓰요시(草彅 剛, 1974-)는 배우, 가수, 남성아이돌그룹 SMAP(1988- 2016)의 멤버로 활약하였고, 주식회사「CULEN」소속이다. 2012년 6월「전파의 날 정보통신 월간 기념 중앙식전」에서 지상텔레비전방송의 완전 디지털화에 지대하게 공헌하여 총무대신의 감사장을 받았다. 동년 공개된 주연영화「용감한 헬퍼」(任侠ヘルパー)에서의 연기로 무비플라스 어워드 2012 영화팬 대상, 최우수 남우주연상을 수상했다. 2015년 방영된 주연 연속드라마「전의 전쟁」(銭の戦争)으로 드라마아카데미 남우주연상을 수상하였다.

2016년에 방송된 주연 연속드라마「스페셜리스트」(スペシャリスト)에서 마이베스트TV그랑프리를 수상하였고, 그 해에 소속해서 활동하던 아이돌그룹 SMAP가 해체되었다. 2001년 한국어를 공부하고 한일교류에 공헌하기도 하였다. 주연한 작품으로는「요미가에리」(黄泉がえり),「일본침몰」(日本沈没), 텔레비전드라마「좋은 사람」(いいひと),「보쿠시리즈」(僕シリーズ3部作),「99년의 사랑」(99年の愛~JAPANESE AMERICANS~), 무대극「카마다행진곡」(蒲田行進曲),「나에게 불의 전차를」(ぼくに炎の戦車を) 등이 있다.

무대배우로서 다카라쓰카에서 활약한 인물이 아야가제 사키나(彩風 咲奈)이다. 그녀는 에히메현(大洲市) 출신으로 다카라쓰카극단(宝塚歌劇団雪組)소속으로 남성역을 담당하는 배우이다. 2007년 타카라쓰카극단 93기생으로 수석입단하고, 호시쿠미(星組)공연「사쿠라」(さくら／シークレット·ハンター)에 처음으로 출연하였다. 2010년「솔훼리노의 새벽」(ソルフェリーノの夜明け)에서 공연을 하였고, 2011「작렬의 그 남자」(灼熱の彼方), 2014년「팔무의 승원」(パルムの僧院), 2017년「CAPTAIN NEMO」등의 작품에 출연하였다.

인디즈 밴드「12012」(イチニーゼロイチニ)는 기타리스트 사카이 히로아키(酒井洋明), 보컬 미야와키 와타루(宮脇渉), 기타리스트 스가 유스케(賀憂介), 드러머 카와우치 도오루(川内亨) 등으로 구성된 5인조밴드이며,「BACK COAT」소속이다. 이들은 비주얼 계에 속하고, 독특하게 메이크업을 하며 음악을 연구하는 특징이 있고, 음악은 충동이라고 하는 신념을 갖고 있다. 사카이 히로아키(酒井洋明, 1982-)는 에히메 출신으로「12012」(イチニーゼロイチニ) 멤버로 그룹의 기타리스트이다.

2003년 결성한 밴드「12012」는 컨셉을 '인간내면에 있는 광기'로 정하고 음악활동을 하고 있다.「12012」밴드명은 로스 엔젤레스 시경의 암호「범인흉기소지」(犯人凶器所持)를 의미한다. 2007년「CYCLONE」을 냈고, 작사는 미야와키 와타루가 담당하고, 작곡은 사카이 히로아키가 주로 담당한다. 「12012」 팬은 「가즈코」(数子), 「가즈오」(数男)라 불리고 그 앞에 좋아하는 멤버의 성을 붙여 부른다. 3번째 싱글 「MERRY GO WORLD」가 있다. 일본뿐 아니라 미국 등 해외에서 활동하는 국제적인 인디밴드 중의 하나다.

아키카와 마사후미(秋川 雅史, 1967-)는 일본의 테너가수(tenore, テノール歌手)이다. 이탈리아에서 유학하고, 클래식 음악공부를 하였다. 1998년 칸초네콩쿠르 1위를 하였다. 지금은 주로 클래식 음악관련 활동을 하고 있다. 2001년 「일본코로무비아」(日本コロムビア)에서 테너 가수로서 CD를 발표하면서 데뷰하였다. 2006년에는 「천의 바람이 되어」(千の風になって)로 NHK홍백전에 참가하였다. 2008년 일본텔레비전 개국 55주년에서 스페셜드라마 「도쿄대공습」(東京大空襲)의 주제가를 담당하였고, 「X JAPAN」의 요시키가 작곡한 「사랑하는 사람이여」(愛する人よ)을 불렀다. 센다이시(仙台市) 부흥을 기원하기 위한 「내일이라는 날이」(あすという日が)를 연주하고 CD로 제작하여 발매하였다. 에히메현 우와시출생 하야시 겐페이(林家源平, 1950-)는 일본 라쿠고가, 배우, 탤런트 등으로 활약하며 전통예술을 피로하는 인물이다.

2. 지역특색문화

에히메현에는 다양한 지역특산물과 지역관광지가 있다. 에히메현의 지역특산물은 향토요리로서 보리된장이나 고무마를 이용한 된장이 유명하고, 도미 밥, 오색국수, 우동, 복어전, 새우덥밥 등 먹거리가 풍부하다. 전통공예로는 도자기와 일본종이인 와제지가 유명하다. 지리적 특성 때문에 생산되는 다양한 특산물을 보면 다음의 표와 같다.

〈표 8〉 지역특산문화

구 분	내 용
향토요리	- 에히메현의 향토요리는 보리된장(麦味噌)이다. 에히메현은 전국 보리 생산의 40%를 차지하고, 마쓰야마평야에서 쌀을 거둔 뒤 보리를 생산하는 방식이다. 보리를 이용해 된장을 만드는 공장이 30여개소가 있다. 이요 고구마를 이용한 된장을 만드는 향토요리도 있다. - 간장이 유명하며, 단맛이 나는 특징이 있어 설탕간장(砂糖醤油)이라고 불리어 진다.
특산물	도미밥(鯛めし), 오색국수(五色そうめん), 우동, 복어전골(ふぐざく), 새우덮밥(えび天), 철판닭구이, 잡어덮밥(じゃこ天), 물고기 오뎅(かまぼこ), 폰쥬스(ポンジュース), 감자찜(いもたき), 타르트(タルト), 양갱(薄墨羊羹), 간즈(ガンス), 오봇짱 단고(坊っちゃん団子), 떡 간장(醤油餅), 제과(母惠夢), 벳시엿(別子飴), 우메니시키 술(梅錦), 쇠고기(伊予牛絹の味), 귤(みかん), 이요귤(いよかん), 어묵(削りかまぼこ) 등이 있음
전통공예	경제산업장관 지정 전통공예품 도자기(砥部焼), 오즈와지(大洲和紙) 등이 유명함

에히메현의 국보로는 이시테지와 타이호지가 있고, 중요전통건조물 군 등으로는 우와지성, 오야마쓰미진자배전, 반스이소 등이 있다. 명소로는 벳시 동산, 히로세 역사기념관, 이마바리성, 도고온천, 마사오카시키 기념관, 마쓰야마성 등 다양한 유적지와 기념장소가 있다. 국립 및 현립 공원, 관광지 및 테마파크, 박물관, 미술관 등이 있다. 다음의 표는 에히메현의 관광문화자원을 소개한 것이다.

〈표 9〉 에히메현의 관광문화자원

구 분	내용
유형문화재 건조물	- 국보: 이시테지(石手寺-二王門), 오타이산지(太山寺), 타이호지(大宝寺) - 중요 전통건조물 군 보존지구: 요카이치고코쿠(八日市護国: 内子町), 우와쵸우노마치(宇和町卯之町, 西予市)

	- 문화재: 이시테지(石手寺), 오타이산지(太山寺), 타이호지(大宝寺)
중요문화재 및 사적	- 중요문화재: 우와지마성(重要文化財宇和島城), 오야마쓰미진자배전(大山祇神社拝殿), 반스이소(萬翠荘) - 국가사적: 이요고쿠분지(伊予国分寺)
명소	- 도요(東予): 벳시동산(別子銅山), 히로세역사기념관(広瀬), 마인드피어벳시(マイントピア別子), 니이하마마리나(新居浜マリーナ), 니이하마북마쓰리(新居浜太鼓祭り) - 사이조(西条): 이시즈치산(石鎚山), 철도역사파크 in SAIJO, 이시쓰치스키장 - 이마바리(今治): 명승오미시마(名勝大三島), 구루시마(来島)해협, 오야마기신사(大山祇神社), 유노우리(湯ノ浦)온천, 아마바리성(今治城) - 추요(中予): 도고온천(道後温泉), 나쓰메소세키(夏目漱石), 마사오카시키(正岡子規), 마쓰야마성(松山城), 유쓰키조(湯築城), 에히메현청사(愛媛県庁舎), 시주시마(四十島: ターナー島), 구마코겐(久万高原), 시코쿠카루스트(四国カルスト) - 미나미요(南予): 오즈성(大洲城), 우와지마성(宇和島城), 텐샤엔(天赦園), 나메도코(滑床)계곡, 우와지마투우(宇和島闘牛), 후나코시엔가(船越運河), 유스미즈우라노단바(遊子水荷浦の段畑: 중요문화적경관) 요카이치고코쿠(八日市護国: 内子町: 중요전통적건조물군보존지구) - 니시요(西予): 우와쵸우노마치(宇和町卯之町: 중요전통적건조물군보존지구), 오즈성(大洲城,목조복원)
공원	- 국립공원: 아시즈리우와(足摺宇和)해상, 세도나이카이(瀬戸内海)국립공원 - 현립자연공원, 시코쿠카루스트, 사라가미네(皿ヶ嶺), 사다미사키(佐田岬)반도우와해, 히지카와(肱川), 킨샤코(金砂湖), 오쿠도고타마카와(奥道後玉川), 사사야마(篠山), 오가타(大型)공원 및 식물원, 난라크엔(南楽園), 마쓰야마(松山)총합공원, 시로야마(城山)공원, 마쓰야마(松山)중앙공원
관광지 및 테마파크	에히메현립도베동물원(愛媛県立とべ), 에히메어린이성(えひめこどもの城), 반스이소(萬翠荘: 久松伯爵家別邸), 구다부쓰안(愚陀仏庵: 夏目漱石旧居跡), 마인트피어벳시(マイントピア別子), 니이하마마리나(新居浜マリーナ), 노마우마하이랜드(野間馬ハイランド)

박물관 및 미술관	- 박물관 : 시덴카이(紫電改)전시히메현총합과학, 철도역사파크in SAIJO, 에히메현역사문화, 마쓰야마시립시키기념관, 사카노우에노구모 뮤지움(坂の上の雲ミュージアム) - 기념관: 히로세(広瀬)역사기념관, 이다미주조(伊丹十三)기념관 - 에히메현미술관, 도고기야만가라스미술관(道後ぎやまんガラス美術館), 타오루미술관이치히로(タオル美術館ICHIHIRO), 세키미술관(セキ美術館), 미우라미술관(三浦美術館, 에리엘미술관(エリエール美術館), 시덴카이전시관(紫電改展示館)

출처 : 자세한 내용은 「愛媛県の観光地」을 참조 바람.

그 중에서 도고온천(道後温泉)은 일본에서 가장 오래된 3대 온천으로 3,000년 이상의 역사를 가지고 있는 명소이자 중요문화재이다. 우아지마성(宇和島城 : 국가사적 및 중요문화재지정)이 있고, 도요토미 히데요시가 조선출병 시 수군 장수였던 가토 요시아키(加藤嘉明)가 1602년에 축성을 시작한 마쓰야마성(松山城)은 국가 사적이며 건조물 21개동이 국가 중요문화재로 지정되어 있고, 일본100대 성지 중의 하나이다.

3. 지역마쓰리문화와 지역문화예술

에히메현에는 지역마쓰리와 지역문화예술이 풍부하다. 에히메현의 마쓰리는 각 지역에 따라 다양하게 시행되고 있다. 마쓰야마 봄마쓰리는 매년 4월 첫 주 금토일에 벚꽃이 만개한 성 주변에서 열린다. 혼케야큐겐 전국대회, 도고온천 마쓰리가 매년 4월에 열리고, 니이하마 북마쓰리는 매년 10월 50대의 북을 들고 돌아다니며 거리를 부흥시키는 마쓰리로 일본3대 오봉 마쓰리이다. 그리고 도이북마쓰리, 사이조 마쓰리, 우와지마규오니 마쓰리 등이 있다. 다음은 에히메현에서 매년 정기적으로 실시되는 마쓰리를 소개한 것이다.

〈표 10〉 에히메현의 마쓰리

구 분	내 용
마쓰야마봄마쓰리 (松山春まつり)	- 마쓰야마성마쓰리: 매년 4월 첫 주 금토일 벚꽃이 만개하는 계절에 마쓰야마 성 주변에서 열림. 다이묘행렬 및 차회, 마쓰야마에서 혼케야큐겐(本家野球拳)전국대회 열림 - 도고온천마쓰리(道後溫泉まつり): 매년 4월 19, 20, 21일. 도고온천 춤, 시대그림(時代繪卷)퍼레이드 - 마쓰야마마쓰리: 매년 8월 11,12, 13, 야쿠겐을 기초로 야쿠겐 춤, 야쿠겐 삼바를 추며 마쓰야마성을 돎. 야쿠켄은 샤미센과 북의 반주에 맞춰 노래와 춤을 추며, 가위바위보로 승패를 정하는 유희
니이하마북마쓰리 (新居浜太鼓祭り)	- 니이하마북마쓰리(新居浜太鼓祭り): 매년 10월 16, 17, 18일 총 50대 북을 들고 거리를 걸으면서 돌아다니는 마쓰리. 메이지시대 거리 부흥을 위해 시작함 - 아와오토리(阿波踊り): 400년 역사를 가진 전통 예능, 일본 3대 오봉 마쓰리, 요사코이(よさこい, 밤에 오너라, 전통민요)피로함
도이북마쓰리 (土居太鼓祭り)	- 매년 10월 13·14·15일 - 총 14대 북마차가 행진
사이조마쓰리 (西条祭り)	- 개최일은 신사에 따라 다름 - 가모진자(嘉母神社)에서는 10월 체육의 날 전후 - 이시오카진자(石岡神社)에서는 10월 14, 15일 - 이소노진자(伊曽乃神社)에서는 10월 15, 16일, 수레(だんじり), 북마차, 미코시(神輿) 등이 행진함
우와지마규오니마쓰리(うわじま牛鬼)	- 매년 7월 22. 23. 24일 - 소 도깨비 퍼레이드(牛鬼パレード)가 열림

에히메현의 지역문화예술은 지역문화인에 의해서 만들어지거나 전해지는 특징이 있고, 지역을 기반으로 해서 만들어진 예술품을 포함하고 있다. 문예로는 나쓰메 소세키의 작품「도련님」이 탄생하게 된 무대가 되었고, 그 이외에 영화, 드라마, 애니메이션, 만화 등 다양한 영역의 예술무대와 소재가 되었다. 다음은 에히메현을 무대나 소재로

한 작품을 소개한 것이다.

〈표 11〉 에히메현을 무대로 한 작품

구분	내 용
문예	도련님(坊っちゃん,1906년, 夏目漱石), 텐야완야(てんやわんや, 1948-49년, 시시분로쿠, 獅子文六), 풀의 음각(草の陰刻, 1964- 65년, 松本清張), 언덕위의 구름(坂の上の雲, 1968-72년, 司馬遼太郎), 다운타운영웅들(ダウンタウンヒーローズ, 1986년, 早坂曉), 유전의 바다(流轉の海 第二部「地の星」, 1990년, 宮本輝), 힘내 갑시다(がんばっていきまっしょい, 1996년,敷村良子), 영원의 자(永遠の仔, 1999년, 天童荒太), 세상중심에서 사랑을 외치다(世界の中心で, 愛をさけぶ, 2001년, 片山恭一), 네가 모르는 곳에서 세계는 움직인다(きみの知らないところで世界は動く, 片山恭一)
영화	도락쿠야로(トラック野郎·天下御免, 1976년), 부화장(薄化粧, 1985년), 다운타운영웅들(ダウンタウン·ヒーローズ, 1988년), 힘내 갑시다(がんばっていきまっしょい, 1998년), 배에서 내리면 그녀 섬(船を降りたら彼女の島, 2003년), 홈스위트홈2(ホーム·スイートホーム2 日傘の来た道, 2003년), 세상중심에서 사랑을 외치다(世界の中心で,愛をさけぶ(2004년), 로드88(ロード88 出会い路, 四国へ, 2004년), 사랑은 오칠오(戀は五·七·五!, 2005년), 사랑이야기(戀まち物語, 2005년), 여자아이이야기(女の子ものがたり, 2009년), 서도걸즈(書道ガールズ!! わたしたちの甲子園, 2010년)
드라마	도쿄러브스토리(東京ラブストーリ , 1991년,후지텔레비전), 네가 있던 여름(君といた夏, 1994년,후지텔레비전), 힘내 갑시다(がんばっていきまっしょい, 2005년, 칸사이 텔레비전), 네가 모르는 곳에서 세계는 움직인다(きみの知らないところで世界は動く, 2005년,NHK마쓰야마)
아니메	마이 히메(舞- HiME, 마쓰야마시)
만화	시덴카이 다카(紫電改のタカ, 원작: ちばてつや 1963년, 1965년), 아팟치야구단(アパッチ野球軍, 원작: 花登筐, 1970년-1972년), 도카벤 슈퍼스타들(ドカベン スーパースターズ, 원작: 水島新司), 방과 후 민코후스키(放課後ミンコフスキー, 원작 : 青柳碧人)

Ⅳ. 에히메현의 문화정책과 문화비전

1. 문화정책법와 문화담당조직

에히메현의 문화정책은 문화정책법에 기초하여 추진되고 있다. 문화정책법은 에히메헌장을 규정한 개청관련법, 문화예술진흥을 위한 포상관련조례, 전통문화예술을 보호하기 위한 문화재보호조례, 문화예술진흥을 실제로 추진하기 위한 현청조직조례, 시정촌 조례, 현의회조례 등이 대표적이다. 현의 문화정책을 직접적으로 추진하기 위하여 문화예술진흥, 문화정책방향과 내용, 지원 등을 규정한 에히메문화진흥지침이 있다. 에히메현이 추진하여 제정한 문화정책법 현황을 보면 다음과 같다.

〈표 12〉 에히메현의 문화정책법 현황

구 분	내 용
개청관련법	에히메헌장 제정(1989년), 에히메헌장 및 에히메노래 제정(1973년)
포상관련조례	에히메현현민상조례 제정(1957년), 에히메현현민상장제식 및 현상(1964년)
	에히메현소방공로자표창 규칙(1951년), 에히메현공로상 규칙(1979년)
문화재보호조례	에히메현문화재보호조례(1957년), 매장문화재 취급에 관한 규칙(2010년)
	에히메현문화재보호조례 시행 규칙(1957년)
현청조직조례	에히메현행정조직조례(2005년), 에히메현행정조직 규칙(1980년)
	에히메현정책추진반 규칙(2011년), 에히메현행정개혁 지방분권전략본부 규정(2011년)
시정촌(市町村)조례	시 요건에 관한 조례(1954년), 정 요건에 관한 조례(2011년)

현의회조례	현의회의결사항에 관한 조례(1949년), 에히메현의회원회조례(1954년)
	에히메현의회기본조례(2011년)
에히메문화 진흥지침	에히메문화진흥지침(愛媛の文化振興指針) : 생활을 윤택하게 하고 지역에 뿌리를 두며, 세계와 연결하는 에히메 문화만들기(에히메현생활문화부문화진흥과, 1998)

에히메현의 문화담당조직은 행정기관으로서 지사와 부지사, 산하에 기획과 정책을 담당하는 총무부 총무관리국, 문화진흥과 복지를 종합적으로 기획하는 재정과와 시정진흥과, 에히메 광역문화교류 기반정비구성 검토위원회 등이 설치되어 있다. 입법기관으로는 의회, 산하에 관리부, 교육위원회, 교육총무과, 종합교육센터 등이 있고 생애학습, 문화재보호, 박물관, 미술관, 도서관 등과 관련된 사무를 담당하고 있다. 지역문화단체로는 에히메 스포츠 진흥사업단과 에히메 문화진흥재단이 있다. 그런 조직이 국가의 문화정책과 현의 문화정책을 주도적으로 실천하고 있다.[6] 에히메현의 행정 및 의회 문화담당조직을 보면 다음과 같다.

---

6) 에히메 문화진흥재단은 1980년 12월 설립되어 1981년 4월 사무국을 개설하고 사업을 시작하였다. 당시 일본은 지방의 시대, 문화의 시대(地方の時代, 文化の時代)라는 슬로건이 유행하였다. 사회사상과 흐름에 맞춰 현 민의 문화생활에 도움을 주고 문화적 기여를 목적으로 설립되었다. 문화진흥재단 사업은 기본재산의 이자로 운영되고 있다. 1980년부터 3년간 15억 엔을 목표로 현 시정촌, 민간 등의 기부로 기금을 조성하였다. 기본재산은 15억 1천 7백30만 엔으로 에히메현 12억 엔, 시정촌 5천만 엔, 민간 2억6천7백35만 엔 등으로 구성되었다. 재단의 주요사업은 문화예술 및 전통문화진흥, 문화사업 기획 및 실시, 문화 활동지원 및 협동, 문화정보수집 및 발신, 히메긴홀(ひめぎんホ ル)의 관리운영, 전항과 관련된 사업에 딸린 수익사업, 이외 법인목적을 달성하기 위한 필요사업 등이다.

〈그림 2〉 에히메현 행정 및 의회문화담당조직(2015년 4월 1일 현재)

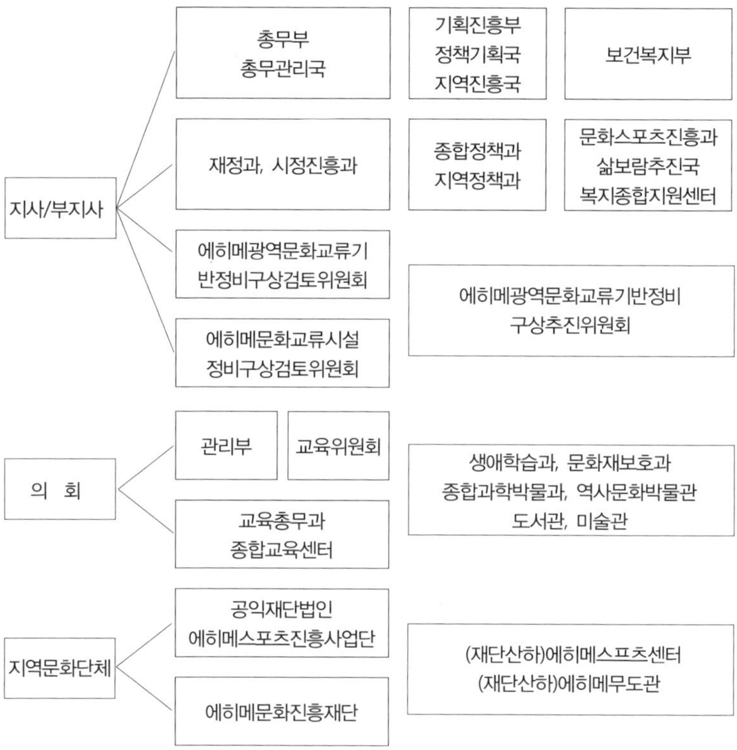

2. 문화진흥제도

지역문화진흥제도는 문화재보호법과 문화재등록제도가 대표적이다. 문화재보호법은 문화재를 보존하고, 활용을 꾀하며, 국민의 문화적 향유에 기여하고, 세계문화진보에 공헌하는 것(문화재보호법제1조)을 목적으로 하고 있다. 1953년 에히메현에서도 문화재보호 조례가 제정되었고, 문화재진흥정책으로 구체화된 것이 문화재등록제도이다. 문화재등록제도는 문화재로서 유형문화재, 유형민속문화재, 기념물 가운데 국가와 지방공공단체의 지정문화재 이외 것을 대상으로 하고 있고, 보존 및 활용을 위한 조치가 필요한 것을 폭넓게 등록하도록 하고 있다. 그리고 제출방법이나 지도, 조언, 권고 등을 기본으로 하는 유연한 보호조치를 강구하고, 소유자의 자주적 보호 제도가 1996년 10월 유형문화재 건축물에 도입되어 2005년 4월부터 건조물이외의 유형문화재, 유형민속문화재, 기념물에도 확대 적용되었다.

다음은 에히메현이나 시정촌에서 전통적인 유산으로 내려오는 문화재를 보호하고 발전시키기 위한 문화재진흥정책을 소개한 것이다.

〈표 13〉 문화재진흥정책

구 분	문화진흥정책내용
문화재 등록 제도	등록대상은 유형문화재, 유형민속문화재, 기념물(국가 및 지방공공단체 지정, 문화재제외)한 것 〈등록유형문화재〉(112건): - 건조물 : 건축물, 토목구조물 및 이외공작물 가운데 원칙적으로 건설 후 50년을 경과한 것으로 국토의 역사적 경관에 기여하는 것, 형태의 기본이 되는 것, 재현하기 어려운 것 등이 해당됨 - 건조물외는 0건 : 건조물 이외의 유형문화재 가운데 원칙적으로 제작 후 50년이 경과한 것으로 역사적으로 계통적으로 문화적 가치를 가지고 있는 것, 학술적 가치가 있는 것, 역사적 의의가 있는 것 등 〈등록기념물〉(2건): - 유적 0건. 정치, 경제, 사회, 문화 등에 관한 유적 그 이외 유적가운데 원칙적으로 근대적인 것, 일본역사를 이해하는데 중요한 것, 지역역사의 특징을 가진 것, 역사적 의의가 있는 것 - 명승지 2건 : 공원, 정원 그 이외의 명승지 가운데 인문적인 것으로 조성 후 50년을 경과한 것, 자연적인 것으로 널리 알려진 것, 조원문화(造園文化)발전에 기여한 것, 시대를 특징짓는 것, 재현이 어려운 것 - 동물, 식물 및 지질광산물관계 0건 : 동물, 식물 및 지질광산물 가운데 지역 특징 또는 사람과 자연의 관계를 알리는 중요한 것, 일본 사육동물 및 사육지, 지역에서 만들어진 재배식물 및 생육지, 동물, 식물 및 암석, 광물 및 화석 표본, 그 이외의 지역역사적인 자연물 또는 자연현상

문화재 진흥 행사	- 문화재 제62회 일본전통 공예마쓰야마 전 개최, - 2015년도 저작권세미나 - 야추두카가주택(八束家住宅主屋, 蔵, 待合)의 등록유형문화재에 관한 문화심의회답신, - 고향과 문화재의 숲 설정 - 근대화 에히메 역사유산조사보고서(2013년 간행)의 다이제스트 판 발간, 근대화 에히메 역사유산조사보고서(近代化えひめ歴史遺産調査報告書, 2014년3월), - 반스이소(萬翠荘)중요문화재지정기념사업개최 - 시고쿠88개소영장과 편로도(四国八十八箇所霊場と遍路道)을 4개현 공동으로 세계문화유산제안

문화재진흥정책은 국가나 지방공공단체가 담당하고 있다. 국가나 현에 의해 지정한 문화재로 사적명승천연기념물에 대해서 현상을 변경하고 보존에 영향을 미치는 행위를 하려고 할 때 허가가 필요하기 때문에 사전에 시정 교육위원회 및 현 교육위원회와 협의를 하도록 하고 있다. 에히메현의 지정문화의 현황을 보면 다음과 같다.

〈표 14〉 에히메현의 지정문화재(2015년 10월 1일 현재)

구 분		국가지정	현 지정	계
유형문화재	건조물	39(3)	21	60(3)
	석조미술	10	9	19
	회화	1	14	15
	조각	14	42	56
	공예품	85(9)	33	118(8)
	서적	6	11	17
	고고자료	1(1)	4	5(1)
	역사자료	1	2	3
	소계	157(12)	136	293(12)
무형문화재		1	2	3
민속문화재	유형민속문화재	1	8	9
	무형민속문화재	1	35	36

	소계	2	43	45
기념물	사적	14	49	63
	명승지	10	12	22
	천연기념물	13(2)	79	92(2)
	소계	37(2)	140	177(2)
문화적 경관		1	0	1
전통적 건조물 군 보존지구		2	0	2
합계		200(14)	321	521(14)

*( )는 국보, 특별천연기념물

3. 지역문화진흥현황

1) 국가 및 현 지정 무형문화재

에히메현은 문화진흥정책 및 제도에 따라 문화재진흥을 추진하고 있다. 현 내의 무형문화재는 국가선택 1건, 현 지정 2건이다. 선택이라는 의미는 기록 작성 등의 조치를 해야 하는 무형문화재로서 문화청 장관이 선택한 것을 의미한다. 국가 및 현 지정 무형문화재 현황을 보면 다음과 같다.

〈표 15〉 국가 및 현 지정 무형문화재

명 칭	보유자 및 보유단체	내 용	지정구분
센카시泉貨紙	-	일본전통종이	국가선택
오즈신덴류영법 大洲神伝流泳法	수메신덴류보존회主馬神伝流保存会 : 大洲市大洲	무술의 하나로 수련법	현 지정
도베야키砥部焼	사카이요시미酒井芳美, 구도쇼지工藤省治	일본전통자기	현지정무형문화재(평성17년12월 27일)

센카시는 닥나무(楮: こうぞ)를 원료로 만드는 특수한 와지(和紙)이다. 원료는 모두 천연재료이고, 두 장의 종이를 한 장으로 하는 제법이 특징이며, 내구성이 강한 종이다. 현재 일본에서는 3개 장소에서만 만들어지고 있다. 에히메현 세이요시(西予市), 기타우와군 히로미쵸(北宇和郡広見町), 코지현 다카오카군(高知県高岡郡四万十町十川)에서 제작되고 있다. 기록 작성 등의 조치를 해야 할 무형문화재로 선정되었다. 닥나무가 많이 서식하는 세이요시 노무라쵸지구에서 약 400년 전 에도시대에 고안되었다. 이것은 교토나 에도의 공가, 무가들 사이에 서화나 서적용으로 사용되었고 농가의 겨울 부업으로 번창하였다. 현재는 보존회가 전통을 계승하고 있다.

현지정 무형문화재인 도베야기(砥部焼)는 이요군 도베쵸에서 생산되는 자기를 의미한다. 기원은 알 수 없지만 에도시대 중기부터 일용적인 잡기가 만들어져 전해지고 있다. 자기생산은 오즈번의 명령으로 시작되었고, 안에이 6년(1777년) 자기 굽기에 성공하였다. 1818년 철분 함유량이 적은 가와노보리도세키(川登陶石)를 만들어 백자 도베야키로 개선되었다. 메이지기 이후 도베야키는 지장산업(地場産業)으로 크게 발전하였고, 근세 이후 전통기법이나 기술혁신을 통해 전승되고 있다. 1976년 통상산업성에 의해 전통공예품으로 6번째 지정되었다. 헤이세이 17년 12월 27일 사카이 요시미(酒井芳美), 코토우세이치(工藤省治) 씨는 현으로부터 무형문화재로 지정되었다. 다음 그림은 센카시를 만드는 모습과 도베자기 가도마쓰리(砥部陶街道文化まつり) 모습을 소개한 것이다.[7]

7) www.yahoo.co.jp

〈그림 3〉 센카시를 만드는 모습

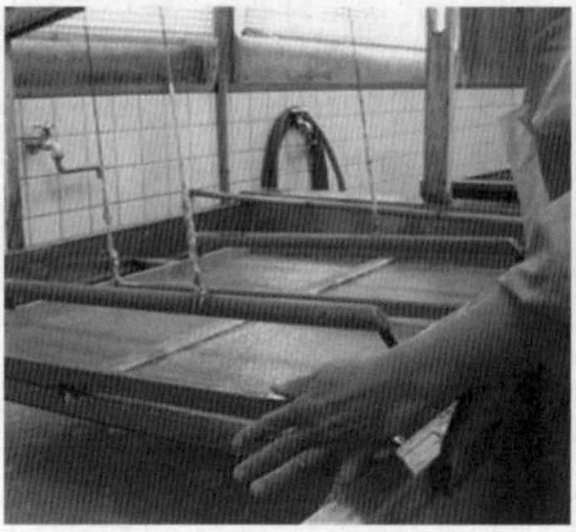

〈그림 4〉 도베자기 가도마쓰리

2) 국가 및 현 지정 무형민속 문화재

현 내의 무형 민속문화재는 36건 및 선택 9건으로 되어 있다. 가마쿠라시대부터 전해지는 이요가구라, 배춤으로 유명한 고고시만 배춤, 8가지 사슴 춤을 하는 구보노야쓰시카 춤, 꽃놀이를 하는 꽃따기 춤, 인형극으로 유명한 이요겐조조 등이 국가 및 현 지정 무형문화재로 지정되었다. 다음은 국가 및 현 지정 무형 민속문화재 현황을 나타낸 것이다.

〈표 16〉 국가 및 현 지정 무형문화재현황

명 칭	내 용	보호단체명	지정구분
이요가구라伊予神楽	가마쿠라시대부터 전해지는 신락으로 남성의 신주만을 모시는 것이 특징	이요가구라간나기회伊予神楽かんなぎ会	국가지정선택
고고시마의배춤 興居島の船踊り	배춤	고후지문화보존회 小富士文化保存会	현지정선택

구보노야쓰시카춤窪野の八つ鹿踊り	8가지 사슴 춤	구보노야쓰시카춤보존회窪野八つ鹿踊り保存会	현지정 선택
꽃따기춤はなとりおどり	꽃놀이 춤	꽃따기춤보존회花取踊り保存会	현지정 선택
이요겐조조伊予源之丞	예로부터 전해지는 인형극	이요겐조조보존회伊予源之丞保存会	현지정
후쿠미카와의 다이파춤福見川の提婆踊り	아미타당(阿弥陀堂)에서 공양 후 시작하는 춤	다이파춤보존회提婆踊り保存会	현지정
이마바리 및 오치지방사자춤今治及び越智地方の獅子舞	각 신사에서 봄 제례로 올리는 사자 춤	도리세이사자그룹生獅子連中	현지정
이사춤いさ踊り	바다에서 재난이 많은 곳의 망령 때문에 고민이 되어, 이사춤 20조를 배워 오봉춤(盆踊り)을 추자 망령이 사라졌다함	쓰노우라자치회津の浦自治会	현지정
미우라텐만진자제례의 연습三浦天満神社祭礼の練り	축제, 소귀신, 4개 북, 스모연습, 5개의 사슴 춤 등이 전통적 가을축제로 열림	미우라텐만진자총대회三浦天満神社総代会	현지정
조메이코이세춤長命講伊勢踊り	이세 춤(伊勢踊)은 민속예능으로 이세신앙이 퍼져 시작되었고, 조메이코(長命講)라 불리는 지방 노인이 춤추며 장수를 기원함	조메이코이세춤봉찬회長命講伊勢踊り奉賛会	현지정
고단다기둥축제五反田の柱祭	전국시대에 아군의 오발로 쓰러진 산신령을 위로하는 행사	고단다구(五反田区)	현지정
가와나쓰오하시라마쓰신지川名津の柱松神事	산에서 벤 큰 소나무를 바다에서 씻어 신사경내로 들여와 도깨비로 분신한 남자가 소나무정상에 올라 춤을 추는 액막이 행사	가와나쓰신라쿠보존회川名津神楽保存会	현지정
가시마의 가네리鹿島の櫂練り	수군이 출진할 때 가시마 신전에 모여 전승을 기원하고, 개선할 때 승전 춤이 가시마신사에서 이루어짐	가시마의 가네리보존회鹿島櫂練り保存会	현지정

종춤鐘踊り	오니시신사(大西神社)에서 매년 8월 1일에 봉납하는 염불 춤	종춤보존회鐘踊り保存会	현지정
하타노오 코모다춤畑野の薦田踊り	토요토미 히데요시의 시코쿠정벌 때 멸망한 고모다 성주를 위로하기 위해 민중이 춤을 시작함	하타노오 코모다춤보존회畑野薦田踊り保存会	현지정
오스춤お簾踊り	이춤은 400년 이상 전통이 있는 것으로 구로다케(黑滝神社)의 봉납 춤. 건기에 춤을 추니 많은 비가 내렸다는 데서 유래함	다타키민속예능보존회田滝民俗芸能保存会	현지정
오토모우마행사お供馬の行事	오토모우마는 행사에 참가한 말이 신여행렬에 참가해서 여행지까지 가서 제사를 마치는 것에서 이름이 유래됨	가모신사加茂神社	현지정
히도리스모一人角力	본래 두 사람이 해야 하는 스모를 혼자서 하는 것으로 오야마쓰미신사에서 가을 풍작을 감사하여 행함	오야마쓰리신사大山祇神社	현지정
오카무라지마의 활기도岡村島の弓祈禱	오곡풍요나 무병재해를 기원. 신관이 천지를 향해 활을 쏴 악마를 물리치는 의식	활기도보존회弓術保存会	현지정
가와세가부키川瀬歌舞伎	농촌가부키이며 지역 연극으로 현 내에 존재하는 유일한 가부키	가와세가부키보존회川瀬歌舞伎保存会	현지정
아오시마봉춤青島の盆踊り	매년 8월 14일은 망자를 위한 춤, 15일은 대어를 위한 춤으로 2일에 걸쳐 행하는 봉춤	아오시마봉춤보존회青島盆踊り保存会	현지정
연합전大凧合戦	가가리(ガガリ)라고도 불리고, 칼날을 실에 매달아 서로 실을 끊는 전통행사	우치코쵸内子町	현지정
오타니분가쿠大谷文楽	분가쿠는 이야기를 하며 북치는 사람, 샤미센을 켜는 사람, 이현사용자 등 3인이 연기하는 인형극으로 닌교조루리(人形曽瑠璃)라고도 함	오타니분가쿠보존회大谷文楽保存会	현지정

꽃춤花踊り	토사(土佐)에서는 전승과 풍작을 기원하기 위한 것으로 장칼 춤(太刀踊り)이라 칭하고, 이요에서는 풍작, 공양, 액막이를 기원하는 춤	소네꽃춤보존회曽根花踊り保存会	현지정
세이즈5개사슴춤清水の五つ鹿踊り	농경이전 수렵시대에 사슴이나 멧돼지 등 풍요로운 사냥을 기원함	세이즈5개사슴춤보존회清水五つ鹿踊り保存会	현지정

무형민족문화재로서 이요가구라(伊予神楽)는 1971년 4월 21일 선택되어 1981년 1월 21일 지정되었다. 보호단체는 이요가구라가나기회(伊予神楽かんなぎ会)이다. 이것은 기록 작성 등의 조치를 해야 하는 무형민속 문화재이다. 소재지는 에히메현 우와지마시(宇和島市)기타우와군(北宇和島郡)에 위치하고 있다. 우와지마시의 이부키하치반(伊吹八幡)에 1738년 가구라 대본이 남아있고, 그것에는 35번의 가구라 설명이 있다. 가구라 순서는 천지개(天地開), 어신주제(御神酒祭), 식삼번(式三番), 기요메(清目), 신송(神送) 까지 35번으로 구성되어 있다.

둘째는 고고시마 배춤(興居島の船踊り : ごごしまのふな踊り)이다. 고고시마 배춤은 에히메현 지정 무형민속 문화재로 1961년 3월 27일 지정되었다. 소재지는 마쓰야마시(松山市由良町)이다. 가을 축제에 미코시(神輿)로 바다건너기를 하며 봉공을 연출하는 예능(芸能)이다. 춤의 기원은 명백하지 않지만 섬 전승에 의하면, 옛날 나이카이(内海)에 위용을 자랑하던 이요수군(伊予水軍)용사가 멀리 있는 전선에서 개선할 때 집에 있는 가족을 위해 싸움모양을 연출한 것이 씨신의 제례행사가 되어 전승된 것으로 전해지고 있다. 다음 그림은 이요가구라(伊予神楽)의 한 장면과 고고시마의 배춤을 소개한 것이다.[8]

8) 출처 : www.yahoo.co.jp

〈그림 5〉 이요가구라(伊予神楽)의 한 장면

〈그림 6〉 고고시마의 배춤

3) 국가 및 현 등록유형문화재

현재 에히메현에 존재하는 국가 및 현의 등록유형문화재는 112건으로 그 중 건축물이 81건이다. 건축물로는 효도가주택(兵藤家住宅主屋: ひょうどうけじゅうたくしゅおく)이 대표적이며, 에도말기와 메이지초기에 건축되었다. 효도가는 중세에 미즈가미성주(水嚙(みずかみ城主)가 이곳에 거처를 정하고 집을 지은 구가이다. 1190년부터 1585년까지 도요토미 히데요시의 시코쿠 평정시 효도씨의 거성이었다. 다음은 에히메현의 유형문화재 건축물을 소개한 것이다.

〈표 17〉 유형문화재 건축물현황

명 칭	소재지	년 대
효도가주택주옥兵藤家住宅主屋	오즈시大洲市長浜町出海	에도말기/메이지초기증축
효도가주택토장兵藤家住宅土蔵	오즈시大洲市長浜町出海	메이지초기
이무라가주택사옥井村家住宅主屋	미나미우와군南宇和郡愛南町小山	쇼와13(1938)
이시즈치등대石土神社の高灯籠	사이조시西条市小松町妙口	쇼와6(1931)
에히메대학부속중학교강당愛媛大学附屬中学校講堂	마쓰야마시松山市持田町	다이쇼11(1922)

이시자키기선본사石崎汽船本社	마쓰야마시松山市三津	다이쇼13(1924)
가기야카나쇼코도鍵谷カナ頌功堂	마쓰야마시松山市西垣生町	쇼와4(1929)
에히메교육회관愛媛県教育会館	마쓰야마시松山市北持田町	쇼와12(1937)
우와지마시립역사자료관宇和島市立歴史資料館	우와지마宇和島市住吉町	메이지17(1884)
스미토모화학에히메공장역사자료관住友化学愛媛工場歴史資料館	니이하마시新居浜市惣開町	메이지34(1891)
구센주테이특별실동旧泉寿亭特別室棟	니이하마시新居浜市立川町	쇼와12(1937)/헤이세이3이축
구하데바수력발전소旧端出場水力発電所	니이하마시新居浜市立川町	메이지45(1912)
오노가주택장옥문大野家住宅長屋門	오즈시大洲市菅田町	에도말기
히도쓰야나기옥문一柳陣屋門	시코쿠추오시四国中央市川之江町	에도초기
와다의료진료동和田医院診療棟	시코쿠추오시四国中央市川之江町	메이지말기
우메니시키야마카와주옥梅錦山川主屋	시코쿠추오시四国中央市金田町	메이지중기
우메니시키야마카와시코미구라梅錦山川仕込蔵	시코쿠추오시四国中央市金田町	메이지중기
오니시내과의료진료동大西内科医院診療棟	시코쿠추오시四国中央市金生町	다이쇼초기
오치가주택점포및거택越智家住宅店舗及び居宅	사이조시西条市壬生川	에도말기
오치가주택수기옥越智家住宅数寄屋	사이조시西条市壬生川	쇼와2(1927)
오치기주택차실越智家住宅茶室	사이조시西条市壬生川	쇼와2(1927)
고향과 여행촌구이시마루주택주옥ふるさと旅行村旧石丸家住宅主屋	가미우케나군上浮穴郡久万高原町下畑野川	에도후기/쇼와52(1977)이축
고향과 여행촌구이시마루토장ふるさと旅行村土蔵	가미우케나군上浮穴郡久万高原町下畑野川	메이지3(1870)/쇼와51(1976)이축

고향과 여행촌구이시마루극락당 ふるさと旅行村極楽堂	가미우케나군上浮穴郡久万 高原町下畑野川	메이지31(1898)/ 쇼와52(1977)이축
고향과 여행촌구이시마루구와타 나베가주택주옥ふるさと旅行村 旧渡邊家住宅主屋	가미우케나군上浮穴郡久万 高原町下畑野川	메이지12(1879)/ 쇼와55(1980)이축
고향과 여행촌구이시마루은거옥 ふるさと旅行村隱居屋	가미우케나군上浮穴郡久万 高原町下畑野川	메이지38(1905)/ 쇼와55(1980)이축
쓰즈키주점점포및주옥都築酒店 店舗及び主屋	기타군喜多郡内子町小田	메이지20(1887)
나가하마정청사長浜町庁舎	오즈시大洲市長浜	쇼와11(1936)
수에나가가주택구주옥末永家住 宅旧主屋	오즈시大洲市長浜	메이지17(1884)
수에나가가주택백첩자시키末永 家住宅百帖座敷	오즈시大洲市長浜	쇼와2(1927)
오야부온천본관小藪温泉本館	오즈시大洲市肱川町宇和川	다이쇼2(1913)
에히메잠종주식회사사무실및현관 愛媛蚕種株式会社事務室·玄関	야와타하마시八幡浜市保内 町川之石	메이지후기
에히메잠종주식회사제1잠실愛媛 蚕種株式会社第1蚕室	야와타하마시八幡浜市保内 町川之石	다이쇼8(1919)
에히메잠종주식회사제2잠실愛媛 蚕種株式会社第2蚕室	야와타하마시八幡浜市保内 町川之石	다이쇼8(1919)
우치노우라공회당内之浦公会堂	야와타하마시八幡浜市保内 町川之石	쇼와12(1937)
조코가주택上甲家住宅	우와지마시宇和島市吉田町 東小路	다이쇼초기
아사히간장제조장旭醤油醸造場	우와지마시宇和島市吉田町 東小路	다이쇼초기
와라비오카가주택주옥蕨岡家住 宅主屋	미나미우와군南宇和郡愛南 町正木	메이지33(1900)
와라비오카가주택장옥문蕨岡家 住宅長屋門	미나미우와군南宇和郡愛南 町正木	메이지33(1900)
와라비오카가토장蕨岡家住宅土蔵	미나미우와군南宇和郡愛南 町正木	메이지33(1900)

이무라가주택주옥井村家住宅主屋	미나미우와군南宇和郡愛南町小山	쇼와13(1938)
시노나가주조주옥篠永酒造主屋	시코쿠추오시四国中央市具定正之森	메이지19/다이쇼6증축
시노나가주조토장篠永酒造土蔵	시코쿠추오시四国中央市具定正之森	쇼와12(1937)
시노나가주조동주장篠永酒造東酒蔵	시코쿠추오시四国中央市具定正之森	메이지19(1886)
시노나가주조남미장篠永酒造南米蔵	시코쿠추오시	메이지19(1886)
미야노세가마수차소옥宮ノ瀬窯水車小屋	이요군伊予郡砥部町川登	메이지중기
구히라이소수이센리쿠게실旧平磯水底線陸揚室	니시우와군西宇和郡伊方町平磯	쇼와2(1927)
우메미인주조사무소梅美人酒造事務所	야와타하마시八幡浜市	쇼와6(1931)
우메미인주조주택주옥梅美人酒造住宅主屋	야와타하마시八幡浜市	다이쇼5(1916)
우메미인주조정미소梅美人酒造精米所	야와타하마시八幡浜市	다이쇼5(1916)
우메미인주조가마장및굴뚝梅美人酒造釜場及び煙突	야와타하마시	쇼와3(1928)
우메미인주조장梅美人酒造醸造場	야와타하마시八幡浜市	다이쇼5(1916)
부도쿠전武徳殿	니이하마시新居浜市徳常町	쇼와13(1938)
사사키주조주옥佐々木酒造主屋	이요군伊予郡砥部町総津	메이지41(1908)
고콘소古今荘	시코쿠추오시四国中央市上分町	메이지초기30이축
후쿠덴지본당福田寺本堂	이요시伊予市上吾川	텐메이원년(1781)
후쿠덴지통현암福田寺通玄庵	이요시伊予市上吾川	에도후기
마쓰야마지방기상대청사松山地方氣象台庁舎	마쓰야마시松山市北持田町	쇼와3(1928)
구가토가주택주옥旧加藤家住宅主屋	오즈시大洲市大洲	다이쇼14(1925)

구시모하가가주택주옥旧下芳我家住宅主屋	기타군喜多郡内子町内子	메이지중기
구시모하가가주택은거실旧下芳我家住宅隱居屋	기타군喜多郡内子町内子	다이쇼말기
메이세키지본당明石寺本堂	세이요시西予市宇和町明石	메이지23(1890)
메이세키지대사당明石寺大師堂	세이요시西予市宇和町明石	메이지13(1880)
메이세키지지장당明石寺地蔵堂	세이요시西予市宇和町明石	메이지42(1909)
메이세케지인왕문明石寺仁王門	세이요시西予市宇和町明石	메이지34(1901)
메이세케지객전明石寺客殿	세이요시西予市宇和町明石	다이쇼/쇼와42(1967)개조
마쓰이가주택주옥松井家住宅主屋	오즈시大洲市柚木	다이쇼15(1926)
조코지본당曽光寺本堂	오치군越智郡上島町岩城	호레키2(1752)
조코지지장당曽光寺地蔵堂	오치군越智郡上島町岩城	텐보2(1831)
모리가주택옥森家住宅主屋	마쓰야마시松山市三津	쇼와4(1929)
야마우치가주택山内家住宅	시코쿠추오시四国中央市土居町	다이쇼15(1926)
야마우치주택창고山内家住宅倉	시코쿠추오시四国中央市土居町	메이지30(1897)/ 쇼와34이축 · 헤이세이19개수
가와우치가주택주옥河内家住宅主屋	기타군喜多郡内子町五百木	메이지27(1894) /쇼와전기 · 쇼와중기개수
가와우치주택토장河内家住宅土蔵	기타군喜多郡内子町五百木	메이지중기/헤이세이9(2007)개수
기호쿠정청사鬼北町庁舎	기타우와군北宇和郡鬼北町近永	쇼와33(1958)
이타니가주택주옥井谷家住宅主屋	기타우와군北宇和郡鬼北町下鍵山	메이지26(1893)
이타니가주택장井谷家住宅蔵	기타우와군北宇和郡鬼北町下鍵山	메이지26(1893)
묘조초암明星草庵	기타우와군北宇和郡鬼北町下鍵山	다이쇼/헤이세이2(1990)이축
아사히관旭館	기타군喜多郡内子町内子	다이쇼15(1926)/ 쇼와중기개수

기야리여관본관木屋旅館本館	우와지마시宇和島市本町追手	메이지44(1911)/헤이세이23(2011)개수
야쓰즈가주택주옥八束家住宅主屋	마쓰야마시松山市持田町	쇼와11(1936)
야쓰즈가주택장束家住宅蔵	마쓰야마시松山市持田町	메이지중기/쇼와11 (1936)이축
야쓰즈가주택대합八束家住宅待合	마쓰야마시松山市持田町	쇼와11(1936)

유형문화재 건축물 중의 하나가 이무라가주택(井村家住宅主屋: いむらけじゅうたくしゅおく)이며, 1938년 에히메현에서 건축되었고, 목조(木造平屋)2층으로, 기와, 건축면적 143㎡ 1동으로 되어 있다. 현재 소재지는 에히메현 미나미우와군(愛媛県南宇和郡愛南町小山153)이며, 2003년 03년 18일 등록된 유형문화재이다. 목조 2층으로 중앙현관을 경계로 하고 있는 전통적인 일본풍(和風)이며 1층에 응접실과 식당이 있고, 녹색기와가 서양풍의 모습을 하고 있다. 지방에서 서양풍을 절충한 주택의 전형적인 예이다. 다음의 그림은 효도가 주택과 이무라가 주택을 소개한 것이다.[9]

〈그림 7〉 효도가주택

〈그림 8〉 이무라가주택

9) 출처: www.yahoo.co.jp

에히메현의 유형문화재 공작물 21건 중에는 에히메대학 부속중학교 강당(愛媛大学附属中学校講堂), 이시즈치 등대(石土神社の高灯籠 : いしづちじんしゃのたかとうろう)가 대표적이다. 에히메대학 부속중학교 강당은 다이쇼11년 에히메 대학의 전신인 구마쓰야마 고등학교강당으로 만들어졌다. 목조2층 건물로 약 500여 명이 수용가능하다. 외벽은 르네상스풍 건축이며, 그리스로마시대의 건축양식을 사용한 특징이 있다.

유명한 공작물 중의 하나인 이시즈치 등대(石土神社の高灯籠 : いしづちじんしゃのたかとうろう)는 1931년 당시 주지가 이사즈치신사(石土神社)에 건축한 것으로 옛날에 등산로 등불로 이용되었고, 현재는 이시즈치신사 등불로 매일 밤 점등하고 있다. 다음 그림은 에히메대학 부속중학교 강당과 이시즈치 등대를 소개한 것이다.[10]

〈그림 9〉 에히메대학부속중학교강당

〈그림 10〉 이시즈치등대

10) 출처 : www.yahoo.co.jp

4) 등록기념물

에히메현의 등록기념물은 2건, 유적은 0건, 명승지는 2건이다. 그 중에서 시주시마, 효단지마 등이 유명하다. 다음은 에히메현의 등록기념물 현황을 나타낸 것이다.

〈표 18〉 등록기념물 현황

명 칭	소재지	면적 및 규모
시주시마(四十島 : ターナー島)	마쓰야마시 타카하마쵸 (松山市高浜町)	1,199평방미터, 높이 18미터, 주위 약 135미터
효단지마(瓢簞島)	이마바리시(今治市上浦町) 히로시마현(広島県尾道市瀬戸田町)	17,576평방미터, 주위 약 700미터, 표고 35.2미터

시주시마(四十島 : ターナー島)는 마쓰야마시의 중심시가지로부터 약 8킬로 서북쪽의 세도나이해상에 위치하고 있다. 시주시마는 나쓰메 소세키(夏目漱石)가 메이지 1906년에 발표한 소설 「도련님」(坊っちゃん) 가운데 영국 풍경화가 카나(ターナー)작품에 비유해서 타나시마(ターナー島)로 명명한 것이 묘사되어 있다. 그런 이유로 타나시마로 알려지고 있다.

효단시마(瓢簞島 : ひょうたんじま)는 세도나이카이(瀬戸内海)에 떠있는 표주박 모양을 한 무인도로 히로시마(広島県尾道市) 이구치지마(生口島)와 에히메현(愛媛県今治市) 오미시마(大三島) 중간에 위치하고 있다. 선내에는 히로시마현과 에히메현의 경계가 그려져 있다. 섬에는 옛날 이구치지마의 신과 오미시마 신이 섬 탈취를 목적으로 줄 당기기를 했기 때문에 쌍방의 섬사람이 염려해서 화해를 하게 되었다는 민화가 전해지고 있다. 다음 그림은 시주시마(四十島 : ターナー島)와 효단지마

(瓢簞島)를 소개한 것이다.[11]

〈그림 11〉 시주시마(四十島: ターナー島)

〈그림 12〉 효단지마(瓢簞島)

5) 매장문화재

에히메현의 매장문화재는 현재 4,063개소가 있다. 매장문화재에서 토목공사가 있을 경우 문화제보호법의 규정에 기초해 사전 신고가 필요하다. 사전에 시정 교육위원회나 현 교육위원회에 문의하도록 하고 있다. 매장문화재라고 생각되는 출토품을 발견한 경우 유실물법 및 문화재보호법은 신고하도록 규정하고 있다. 다음은 매장문화재 포장지를 소개한 것이다.

〈표 19〉 매장문화재포장지(埋蔵文化財包蔵地)

매장문화재명	발견연월
에히메현중세성관적(愛媛県中世城館跡)	1987년 3월
에히메현내고분	1992년 3월
에히메현매장문화포장지(愛媛県埋蔵文化財包蔵地)	2001년 3월
에히메현매장문화포장지분포도	2001년 3월

11) 출처 : www.yahoo.co.jp

4. 문화예술진흥정책

에히메현은 다양하게 문화진흥정책을 추진하여 일정하게 효과를 거두고 있다. 첫째는 문화예술 스포츠 진흥정책으로 웃는 얼굴 에히메 문화스포츠상, 문화사업 지원 및 육성, 문화관계자 표창, 스포츠 진흥, 레크리에이션, 현민 종합문화제 등이 추진되고 있다. 문화예술 스포츠 진흥정책은 생활인의 삶을 윤택하게하기 위해 적극적으로 추진하고 있는 특징이 있다. 다음은 문화예술스포츠 진흥정책 내용을 소개한 것이다.

〈표 20〉 문화예술스포츠 진흥정책

구 분	지역문화정책내용
문화스포츠진흥	- 웃는 얼굴 에히메문화 스포츠상 수여식(전국대회수상자등 3단체 22명개인) - 웃는 얼굴감동이야기 이벤트 - 문화 사업에 대한 지원 - 문화단체지원 및 육성 - 문화관계자표창 - 현민종합문화제 - 스포츠 확립 현 추진 - 문화사업 추진 - 프로스포츠진흥 - 스포츠진흥계획 - 레크리에이션 보급 및 진흥 - 현민종합문화제 한시 대회 - 현민종합문화제 바둑대회, 가와야나기대회 - 현민종합문화제 하이쿠 대회 - 현민종합문화제 장기대회, 단가대회 - 현민종합문화제 총프로그램 지원과 디자인선발 - 체험형오야코사업「에히메분가니아2015」(えひめブンカニア2015)개최

	- 에히메FC 에히메만다린파이레쓰 건전운영위원회 개최 - 에히메 감동 넘치는 에피소드 및 웃는 얼굴사진 모집 - 현민총합문화제 문예작품모집 - 현민총합문화제 문화사업 기획모집 - 스포츠이벤트 유치 촉진사업 - 반스이소 탑(萬翠荘の塔) 기부증정식 - 에히메 어린이를 위한 음악회 - 전 일본 에히메현 도베쵸 대회(全日本愛瓢会愛媛県砥部町大会) - 차세대 담당할 어린이 문화예술체험사업 - 현민총합문화제

둘째는 문화시설진흥정책에 의해 구축된 공립문화시설로는 홀, 박물관, 학습센터, 공회당, 운동장, 공원, 자료관, 회관, 교류관 등이 있고, 각 시설은 목적과 용도에 따라 활용되고 있다. 2013년 현재 에히메현의 문화진흥을 위한 공립문화시설 현황을 보면 다음과 같다.

〈표 21〉 공립문화시설진흥

시설명	특 징	시설개요	
		구 성	인원(명)
히메긴홀	대규모집회를 시작으로 식전, 음악회, 연극 등 다용도 회관	메인홀, 서브홀, 다목적실	4.100
에히메현생애학습센터	연극, 콘서트, 발표회 등 사용	현민소극장	505
에히메현총합과학박물관	각종 조명, 음향장치 등 구비 전시, 강연회, 피아노발표회 등 사용	다목적홀	294
에히메현역사박물관	각종조명, 음향장치정비, 강연회, 피아노발표회 등 가능	다목적홀	296
마쓰야마시민회관	음향시설정비, 콘서트 등 각종 이벤트	대홀, 중홀, 소홀(노무대)	2,500
마쓰야마시총합코뮤니센터	문화 활동 거점으로 콘서트, 연극, 강연회, 영화 등 사용	캬메리아홀	988
마쓰야마시호쿠조시민회관	시민의 문화예술 발표장으로 대홀이 있음	대홀, 집회실	700

나카지마총합문화센터	각종대회, 식전 등 사용	다목적홀	486
이마바리시공회당	각종행사, 강연회, 음악회	대홀	1,002
다마카와총합공원운동장	각종행사, 강연회, 음악회	대홀	940
이마바리시미야쿠보이시문화운동공원	체육관과 회관겸용, 각종문화이벤트, 스포츠	다목적홀	1,000
이마바리시카미우라역사문화민속자료관	강연회, 영화 등 각종행사, 전시회 등	다목적홀	600
미나미요문화회관	대규모집회, 식전, 음악회, 연극 등	대홀, 산업진흥센터	1,700
총합복지센터	회의, 식전 등	홀	250
코스모스홀	강연회, 콘서트, 집회, 결혼피로연	이벤트홀	800
야와타하마시민회관	콘서트	대홀	1,095
야와타시문화회관	음악 감상, 연극, 강연회	대홀, 서브홀	2,000
니이하마시시민문화센터	강연회, 콘서트, 연극	대홀, 중홀	1,600
니이하마시립여성총합센터	강연회, 전시회	다목적홀	312
사이조시총합문화회관	음악 등 시민의 문화 활동 시설	대홀, 소홀	1,500
사이조이하라문화회관	각종콘서트, 강연회	대홀, 소홀	1,000
오즈시민회관	강연회, 콘서트, 피아노발표회, 연극	대홀, 중홀	1,000
시코쿠추오시시민회관	각종단체 발표회장	대홀	721
카와노에문화센터	연극, 콘서트, 발표회, 전시회, 강연회, 회의 등	홀	252
시코쿠추오시복지회관	각종체육대회, 강연회	홀	500
도이문화회관	음향시설, 콘서트, 연극 등	대홀	513
세이요시문화회관	좌식이동 가능함	광역학습홀	814
아키하마쵸민회관	강연회, 연구대회, 각종발표회	대홀	500
세이요시우와문화회관	콘서트, 연극, 노가쿠, 강연회 등	대홀	1,000
세토우치교류관	이벤트, 심포지엄 등	다목적홀	300
이외조개발총합센터	체육시설 등 사용	다목적홀	400
구마코겐쵸산업문화회관	연극, 콘서트, 강연회, 영화, 가부키공연	다목적홀	500
마쓰야마 총합문화센터	음행효과, 각종콘서트	광역학습	696
도베쵸문화회관	음악회 등	다목적홀	804

우치코좌	가부키, 락구고, 시바이, 문가쿠 등 공연	홀	650
오다쵸문화교류센터	음향중시, 각종콘서트	대홀	554
이카타쵸민회관	대회의, 강연회	대홀	748
세도쵸민센터	대회의, 강연회	대홀	456
이카타쵸생애학습센터	회의, 강연회, 영화	다목적홀	200
고쇼문화센터	각종 콘서트, 강연회, 연극 등	홀	554

셋째는 교육예술문화시설진흥정책에 의해 구축된 것이 미술관, 박물관, 도서관 등이다. 이 시설은 현민, 시민, 관광객 등이 지역의 문화예술품, 지역역사, 지역인물, 지역특산물 등을 한 눈에 볼 수 있도록 하고 있는 특징이 있다. 미술관으로는 추요미술관, 오미지마 미술관, 구마미술관 등처럼 다양한 주제를 갖고 전시하고 있다. 박물관으로는 도요박물관을 시작으로 에히메 종합과학 박물관 등이 고대, 근대, 현대 예술품을 전시하고 있다. 다음은 교육예술문화시설인 미술관, 박물관, 도서관 등을 소개한 것이다.

〈표 22〉 교육예술문화시설현황

구분	내 용
미술관	추요미술관(中予美術館), 미나미요미술관(南予美術館), 도요미술관(東予美術館), 니이하마시립향토미술관(新居浜市立郷土美術館: 1951년 산재한 향토자료를 수집하고, 자연과학, 인문과학 등 총합박물관으로 설립), 이마바리시가와노미술관(今治市河野美術館), 타오루미술관(タオル美術館), 타마가와근대미술관(玉川近代美術館), 오미지마미술관(大三島美術館), 이와타겐모자뮤지움(岩田健 母と子のミュージアム), 에히메켄미술관(愛媛県美術館), 세키미술관(セキ美術館: 도고방문한 사람에게 조용함과 마음의 위안제공), 미우라토 비릿지(ミウラート·ヴィレッジ, 고 미우라(故三浦保)가 기획한 미술관, 정원에 판화와 조각전시됨), 구마미술관(久万美術館: 에히메현구만(久万高原)쵸의 산간에 있는 목조미술관, 일본근대양화가 주류), 갤러리히로카와(ギャラリーしろかわ: 요코야마(横山大観) 마리 로란산 등의 작품 350점 전시), 삼림속의 작은 미술관(森の中の小さな美術館)

박물관	도요박물관(東予博物館), 에히메현종합과학박물관(愛媛県総合科学博物館 : 에히메 자연이나 과학기술을 학습, 실물크기 공룡모형이나 세계최대 부라네타리움전시), 니이하마시히로세역사박물관(新居浜市広瀬歴史記念館 : 벳시동산(別子銅山)근대화를 추진한 히로세(広瀬宰平)의 사적을 통한 니이하마 삶과 근대화과정), 사이조시립사이조향토박물관(西条市立西条郷土博物館 : 사이조번 문물, 화석, 조몬야요이출토품전시), 사이조시도요향토관(西条市立東予郷土館 : 도요지역의 고대부터 현대까지 과정 현의 천연기념물 가부토가니(カブトガニ)도 소개), 사이조시립고마쓰도서관향토자료실(西条市立小松温芳図書館郷土資料室), 추요박물관(中予博物館), 마쓰야마시시키기념박물관(松山市子規記念博物館 : 마사오카 시키(正岡子規)의 세계를 통한 마쓰야마나 문학이해유도), 이타미주조기념관(伊丹十三記念館 : 이타미 주조 고교시절, 영화감독, 배우, 에세이 등 소개), 미나미요박물관(南予博物館), 에히메현역사문화박물관(愛媛県歴史文化博物館 : 에히메 역사이해), 오즈시립박물관(大洲市立博物館), 우와문화의 고향 개명학교(서양풍요소를 수집, 메이지학교건축 등 서일본최고의 학교교정), 우와쌀박물관(宇和米博物館)
도서관	도요도서관(東予図書館), 추요도서관(中予図書館), 미나미요도서관(南予図書館), 시코쿠중앙시립도서관(四国中央市立 · 三島 · 川之江 · おやこ · 土居図書館), 니이하마도서관(新居浜市立図書館 · 角野分館), 사이조시립도서관(西条市立西条 · 東予 · 丹原 · 小松温芳図書館), 이마바리시립중앙도서관(今治市立中央 · 波方 · 大西 · 大三島図書館), 에히메현립도서관(愛媛県立図書館 : 향토자료, 일반도서, 아동서적 등 48만권), 마쓰야마시립중앙도서관(松山市立中央図書館), 이요시립도서관(伊予市立図書館 : 향토자료, 이벤트), 도온시립도서관(東温市立図書館), 구마코겐쵸립도서관(久万高原町立図書館), 마쓰마에쵸후루사토와 라이브러리(松前町ふるさとライブラリー), 야하타하마시립시민도서관(八幡浜市立市民 · 保内図書館), 오즈시립도서관(大洲市立図書館 · 長浜 · 肱川 · 河辺分館), 사이조시립도서관 중앙관(西予市民図書館中央館 · 野村 · 三瓶 · 明浜 · 城川 · 遊子川 · 土居 · 高川 · 魚成分館), 우치코쵸도서관(内子町図書館／内子町図書情報館), 이카타쵸도서관(伊方町立図書館), 우와지만시립중앙도서관(宇和島市立中央図書館)

5. 에히메현의 문화비전

에히메현의 문화비전은 현재 에히메현, 현 산하시, 시정촌 등이 추진하고 있는 문화활동프로그램에서 볼 수 있다. 우선 대표적인 문화예술전시프로그램은 지역 인물, 산업, 자역환경, 문화예술, 전통문화, 성, 전통오락 등을 중심으로 전시회와 관광투어가 있다. 전통문화를 지역브랜드나 특화시키는 지역문화예술 활동은 매우 고무적이라는 점에서 지역의 문화비전을 말해주고 있다고 할 수 있다. 다음은 지역의 문화예술전시프로그램을 소개한 것이다.

〈표 23〉 문화예술활동프로그램 1

구분	문화예술프로그램명	문화예술프로그램 주최 및 내용
지역 박물관 및 전시	에히메 출신 인물자료전시	에히메인물박물관, 에히메출신을 학문, 교육, 정치행정, 산업, 사회, 예술, 문예, 스포츠 등의 관점에서 소개한 인물박문관
	석양풍경 전시	석양박물관이 운영
	산악풍경 전시	오코고산악박물관 운영
	근대산업창시자 히로세 사이헤이(広瀬宰平) 자료	니하마시 히로세역사기념관, 벳시광산 근대화자료공개
	에히메전통민예전시	에히메민예관
	구마미술품전시	구마(久万)미술관
	이와오노리마쓰기념자료 전시	이와오노리마쓰(巖乘松)기념관
	종이거리 자료 전시	종이거리자료관
	다카하라 고향 생산품 전시	다카하라(高原)고향관
	산도무라카미 기념자료 전시	산도무라카미(村上三島)기념관
	노무라쵸실크자료 전시	노무라쵸(野村町) 비단박물관
	이마바리시코노미술품 전시	이마바리시코노(今治市河野)미술관
	옛날도구의 전시	에히메현역사문화박물관
	시코쿠사이조어린이자료 전시	부라네타리움관

	이카자키연자료 및 대회	이카자키(五十崎)연박물관
	시민사진 전시	당신이 발견한 마쓰야마의 사진전
	마쓰야마성전시회	마쓰야마성의 과거, 현재, 미래 전시설명회
관광지	마쓰노 삼림공원 관광	세계양생류 공원
	안개공원 관광	안개공원운영
	야와타하마지루구니 관광	야와타하마시관광협회

출처: 에히메현에서 발행된 각종 문화프로그램 소책자에서 구성함.

에히메현에서 시행되는 문화예술활동프로그램은 교양강좌, 전문강좌, 견학, 실습, 지원, 봉사, 행사 등과 같은 활동프로그램이 활성화되어 있고, 지역 활성화와 지역인재 공동체를 구축하기 위해 각종 볼런티어를 모집하고 연수하는 지역인재육성프로그램도 활발하게 이루어지고 있다. 다음은 문화예술 활동프로그램을 소개한 것이다.

〈표 24〉 문화예술활동프로그램 2

구 분	문화예술프로그램명	문화예술프로그램 내용
강좌, 연수	향토문화 전시	향토문화전시(세도나이바다의 일출)
	역사문화강좌	에히메역사문화박물관
	위인, 현인 퀴즈 대회	위인, 현인 퀴즈 초급편, 중급편 등 수준별 퀴즈
	에히메인권계발 활동	에히메인권계발센터, 현민의 인권보호 및 확보활동
	에히메결혼지원 활동	에히메결혼지원센터의 결혼지원활동
	에히메대학우주진화연구센터강연	에히메대학우주진화연구센터, 우주는 이렇게 시작했다 등 강의
	에히메현온난화방지 활동	에히메현온난화방지 캐릭터 및 표어 대모집
	자연체험활동지도자 양성연수	문부과학성위탁사업

견학, 실습	에히메어린이 성 견학	에히메어린이 성
	중요문화재 개명학교 견학	개명(開明)학교 중요문화재지정
	도고공원 견학	유(湯)축성자료관
	오즈성 관람	오즈성(大州城)
	기와고향공원 실습	기와고향공원 실습관
	노마우마하이랜드 견학	노마우마하이랜드(野間馬 ハイランド)
	에히메도베동물원 견학	에히메도베동물원
지원, 봉사, 행사	얀보라(ヤンボラ)신문	젊은 볼런티어스텝 모집
	『문화에히메』	에히메문화진흥재단의『문화에히메』구독신청활동
	에히메생애학습정보제공	에히메생애학습정보시스템
	도전 기업총합지원사업	에히메현경제노동부산업지원국 산업창출과
	MIC통신	마쓰야마국제교류센터 교류활동
	콤즈(COMS)페스티벌	마쓰야마남녀공동참가추진센터의 콤즈축제
	시대의 물건 찾기	에히메현매장문화재조사센터
	개호를 친절하게 봉사	에히메재택개호연수센터
	에히메방재볼런티어 활동	현시정 재해구원볼런티어지원본부

출처: 에히메현에서 발행된 각종 문화프로그램 소책자에서 구성함.

에히메현이 시행하고 있는 문화예술프로그램은 지역주민이 참가, 체험, 견학, 봉사, 행사 등을 추구하는 문화정책이라는 성격을 띠고 있고, 생활문화를 강조하는 측면이 있으며, 현민과 주민이 함께 하는 문화 활동이라는 점에서 가치가 있다. 또한 문화예술의 과거, 현재, 미래 등의 관점에서, 그리고 정치, 경제, 사회 문화 등의 영역에서 추진되고 있어 지역문화정책의 문화비전을 제시하고 있다고 할 수 있다.

V. 맺는 글

일본에서 추진된 지역문화정책은 일반적으로 지역특성에 맞는 문화를 개발하고 보호하고 창조하는 방향에서 추진되고 있다. 에히메현의 문화정책은 지역이 갖고 있는 문화자산을 바탕으로 현민이 생활 속에서 문화를 느끼고 일부로 수용할 수 있도록 유도하고 있다. 에히메현은 본토와는 떨어져 있는 지역으로 전통적 예술품이 잘 보관되고 보호되고 있는 지역이고 문화정책이 활기를 띠고 있다. 뿐만 아니라 각종 예술작품을 생산해 내고 있으며 많은 문화인들이 배출되고 있어 인적 물적 문화자원이 풍부한 지역이다.

에히메현의 문화정책은 잘 정비된 문화정책주체, 문화정책법 등에 의해 전통적인 문화재를 승계하고 보호 유지하는 정책을 추진하고 있다. 대중문화정책을 통해 지역주민의 문화생활화와 문화예술 활동기회를 제공하고 있다. 그리고 이 지역에서만 생산되는 특산물이나 지역예술을 활성화하여 지역개발과 발전을 위한 특화문화재로 활용하고 있다. 더욱이 지역문화예술자료와 지역문화인들이 지역문화를 창출하고 계승하는 가운데 지역관광자료나 관광명소로 개발하여 지역문화진흥과 지역경제 활성화로 연결시키고 있다.

그러나 에히메 문화정책은 중앙정부가 추진하는 방향과 의도에 충실하게 실시하고 있어 다른 지역이 안고 있는 약점을 동일하게 노출시키고 있다. 지역문화정책이 지역축소, 지역기능마비, 지역인구유출, 지역경제위축 등을 극복하는 정책으로는 역부족이다. 따라서 앞으로 에히메 문화정책은 지역이 자주적이며 자율적으로 추진하고 민의를 반영하여 특색 있는 문화내용과 지역문화를 만들어갈 필요가 있다. 보유문화, 전승문화, 전통문화 등의 활성화와 동반해 지역주민이 만족하고 향유할 수 있는 생활과 삶 향상을 추구하는 현실 밀착형의 문화개발과 문화정책이 필요하다. 더욱이 지역문화예술을 지역에 한정하지 않고 국제교류를 통해 활성화하고 발전시킬 필요가 있다.

현재 일본에서 문화정책은 국가, 지방공공단체, 산하문화단체들이 추구하는 공공정책 중의 하나로 인식하고 있다. 문화정책은 문화예술활동의 지원적인 측면을 중시하는 한편 개인생활, 잠재능력, 문화향유 등을 위한 창조적 환경을 만드는 방향으로 진전되었다. 또한 문화적 창조환경을 정비하기 위한 공공정책, 지역사회나 도시, 기업, 산업 등의 관점에서 문화재를 문화자원으로 인식하여 지역발전과 경제발전으로 연결시키고 있다. 그런 의미에서 지역문화정책은 지방공공단체가 문화를 키워드로 인간, 개인, 지역사회, 사회단체, 지역 등에 활력을 넣고 지역 특화를 조성해 지역 주민을 행복하게 하는 공공가치와 비전을 창출하는 중요한 정책으로 실천하고 있다는데 의의가 있다.

참고문헌

青木保, 1990,『日本文化論の変容』, 中央公論社.

荒敬·内海愛子·林博史編, 2005,『国立国会図書館所蔵 GHQ/SCAP文書目錄』, 蒼天社出版.

井上純, 1986,『文化と意識：合理性の文化社会学』, 晃洋書房.

井上紀子, 1984,『文化の表層と深層』, 創元社.

梅棹忠夫, 1987,『日本』, 講談社.

江戸川区編, 1997,『江戸川区事務事業報告書』, 江戸川区.

江戸川区 区政情報室, 1999,『えどがわ』, 江戸川区 区政情報室.

江戸川区 福祉部福祉推進課, 2008,『熟年者福祉事業一覧』, 江戸川区 福祉部福祉推進課.

江藤淳著, 1995,「閉された言語空間 - 占領軍の検閲と戦後日本」,『文藝春秋 1』, 文春文庫.

愛媛県企画振興部, 2016,『愛媛県の主な構想 計画 指針等一覧』, 愛媛県企画振興部.

愛媛県企画振興部, 2016,『愛媛県行政組織一覧』, 愛媛県企画振興部.

愛媛県地球市民の会, 2000,『愛媛県地球市民の活動動記録集1997 1999』, 愛媛県地球市民の会.

愛媛県地球市民の会, 2003,『愛媛県地球市民の活動動記録集2000 2002』, 愛媛県地球市民の会.

愛媛県生涯学習センター,『愛媛人物博物館』, 愛媛県生涯学習センター, 平成18年.

太田和子, 1981,『地域時代の文化論』, 東京大学出版社.

大塚敬, 2017,「地方公共団体における行政評価の最新動向: 地方創生で役割が拡大するPDCAの仕組みの現状と課題」, 三菱UFJリサーチ&コンサルティング株式会社.

大平正芳著·福永文夫 監修, 2011,『大平正芳全著作集 5』, 講談社.

大森實, 1975,『戦後秘史』(4), 講談社.

織田直文, 2009,『文化政策の臨地まちづくり』, 水曜社.

加藤秀俊, 1971,『昭和世相史』(1945- 1970), 社会思想史.

神田文人, 2005,『戦後史年表』(1945- 2005), 小学館.

企業メセナ協議会, 1999,『メセナ白書1999』, 企業メセナ協議会.

君塚正臣, 2011,『ベーシックテキスト憲法』, 法律文化社.

구견서, 1999,『현대일본사회론』, 지문당.

구견서, 2000,『현대일본문화론』, 시사일본어사.

구견서, 2001,『현대일본사회의 이해』, 한울출판사.

구견서, 2004,『일본민족주의사』, 논형.

구견서, 2007,『일본영화와 시대성』, 제이엔씨.

구견서, 2011,『일본애니메이션과 사상』, 제이엔씨.

구견서, 1999,『일본학보』 제43집,「일본의 문화정책」, 한국일본학회.

구견서, 2013,『일본학보』 제94집,「일본에 있어서 미군점령기의 문화정책」, 한국일본학회.

구견서, 2014,『일본학보』 제98집,「일본에 있어서 지역문화정책의 기본방향」, 한국일본학회.

구견서, 2014,『일본학보』 제100집,「전후 일본에 있어서 문화정책관련법의 동향」, 한국일본학회.

구견서, 2015,『일본학보』 제102집,「일본에 있어서 지역문화정책모델과 특징」, 한국일본학회.

구견서, 2017,『일본학보』 제111집,「일본에히메현에 있어서 지역문화정책의 특징」, 한국일본학회.

구견서, 2016,『21세기 일본: 대국일본 만들기 프로젝트의 실태』, 신아사.

国立社会保障·人口問題研究所,『日本の地域別将来推計人口推計』, 国立社会保障·人口問題研究所.

国立社会保障·人口問題研究所,『日本の将来推計人口』, 平成24年1月推計.

経済財政諮問会議 専門調査会, 2014,「選択する未来」委員会 :「未来

への選択－人口急減·超高齢社会を超えて,日本発 成長·発展モデルを構築－」, 経済財政諮問会議.
佐藤俊一, 2002,『地方自治要論』, 成文堂.
自治省, 1978,『地方自治の動向』, 第一法規.
下川耿史, 2007,『性風俗史年表』(1945- 1989), 河出書房新社.
住本利男, 1965,『占領秘錄』, 毎日新聞社.
総務省 地方制度調査会, 第31次地方制度調査会, 平成28年,「人口減少社会に的確に対応する地方行政体制及びガバナンスのあり方に関する答申」, 総務省 地方制度調査会.
総務省 地方制度調査会, 平成25年,『第30次地方制度調査会』: 大都市制度の改革及び基礎自治体の行政サ ビス提供体制に関する答申, 総務省 地方制度調査会.
総務省 地方制度調査会, 平成24年,「大都市制度についての専門小委員会中間報告」, 総務省 地方制度調査会.
総務省 地方制度調査会, 平成23年,「地方自治法改正案に関する意見」, 総務省 地方制度調査会.
総務省, 平成24年,「地域におけるICT利活用の現状及び経済効果に関する調査研究」, 総務省.
総務省自治行政局, 平成24年,『平成24年度地方公共団体における人事評価制度の運用に関する研究会』, 総務省自治行政局.
総務省統計局, 平成29年,『人口統計』, 総務省統計局.
占領史研究会編著, 2005,『GHQに沒收された本 総目錄』, サワズ出版.
高橋和之·芦部信喜, 2011,『憲法』, 岩波書店.
竹前榮治, 1982,『戦後労働改革 GHQ労働政策史』, 東京大学出版会.
竹前榮治, 1983,『GHQ』, 岩波新書.
竹前榮治·中村隆英 監修, 1996- 2000,『GHQ日本占領史』全55巻·別巻1, 日本図書センタ.
中小企業庁委託, 2013,「中小企業者, 小規模企業者の經營實態及び事業承繼に関するアンケート調査」, 帝国データバンク.

内閣官房 まち·ひと·しごと創生本部事務局, 平成26年,「まち·ひと·しごと創生 長期ビジョン」, 内閣官房 まち·ひと·しごと創生本部事務局.

内閣官房 まち·ひと·しごと創生本部事務局, 平成26年,「総合戦略」パンフレット, 内閣官房 まち·ひと·しごと創生本部事務局.

内閣官房国家戦略室, 2012,『日本再生戦略: フロンティアを拓き,「共創の国へ」』, 内閣官房国家戦略室.

内閣官房 まちひとしごと創生本部事務局, 平成29年,『平成30年度予算政府案におけるまちひとしごと創生関連事業』, 内閣官房 まちひとしごと創生本部事務局.

内閣議決定, 平成26年12月27日,「まち·ひと·しごと創生長期ビジョン」, 内閣府.

内閣議決定, 平成26年12月27日,「まち·ひと·しごと創生総合戦略」, 内閣府.

内閣府経済社会総合研究所景氣統計部, 2015,『主要耐久消費財等の普及率』, 内閣府.

内閣部統計, 2015,『景氣動向指数』, 内閣部.

内閣部編集, 2000-2015,『経済財政白書』, 内閣部.

内閣部編集, 2000-2015,『少子化社会白書』, 内閣部.

内閣部編集, 2000-2015,『高齢社会白書』, 内閣部.

内閣部男女共同参画局, 2000-2015,『女共同参画白書』, 内閣部男女共同参画局.

日本学術振興会編, 1972,『日本占領文獻目錄』, 日本学術振興会.

日本大学精神文化研究所, 1995,『日本文化への接近』, 創文社.

日本都市センター, 1979,『新しい都市経営の方向』, ぎょうせい.

西田庄, 1994,『異文化と人間行動の分析』, 多賀出版株式会社.

根木昭, 1996,『文化政策概論』, 晃洋書房.

根木昭, 2001,『日本の文化政策: 文化政策学の構築に向けて』, 勁草書房.

根本昭, 2003,『文化政策の法的基盤』, 水曜社.
根本昭, 2005,『文化行政法の展開』, 水曜社.
根木昭, 2007,『文化政策の展開 : 芸術文化の振興と文化財の保護』, 放送大学教育振興会.
野中俊彦·中村睦男·高橋和之·高見勝利, 2006,『憲法Ⅱ』, 有斐閣.
平野共余子, 1998,『天皇と接吻』, 草思社.
平井和子, 1998,『日本占領を「性」で見直す』, 日本史研究.
福田義他, 1993,『日本文化論』, 新曜社.
文化庁, 1978,『文化行政の歩み』, 文化庁.
文化庁, 1988,『我が国の文化と文化行政』, 文化庁.
文化庁, 1999,『新しい文化立国の創造をめざして』, ぎょうせい.
文化庁編集, 2003,『文化庁月報』(No. 414), 3月號.
文化庁, 2003,『地方文化行政状況調査報告書』, 文化庁.
文化庁, 2009,『文化藝術立国の實現をめざして』, ぎょうせい.
文化庁, 2016,『地方における文化行政の状況について』, 文化庁.
正村公宏, 1990,『戦後史』(上·下), 筑摩書房.
升味準之輔, 1983,『戦後政治 1945-55年』, 東京大学出版会.
増島宏一, 1982,『現代日本の思想構造』, 法律文化社.
見田宗介, 1985,『文化と社会意識』, 東京大学出版社.
森こう, 1988,『異文化への理解』, 東京大学出版社.
森好夫, 1982,『文化と社会的役割』, 恒星社厚生閣.
安江良介, 1991,『近代日本総合年表』, 岩波書店.
山口啓二, 1993,『鎖国と開国』, 岩波書店.
山崎正和, 1987,『文化開国への情報挑戦』, 中央公論社.
http : //www.yahoo.co.jp.

Aberle, D. F. 1950, "The Functional Prerequisites of a Society". Ethics. p.60.
Biesanz, M. H., 1973, Introduction to Sociology. N.J. : Prentice- Hall.
Davis, Kingsley. 1959, "The Myth of Functional Analysis as a Special

Method in Sociology and Anthropology". ln American Sociology Review, p.24.

GHQ/SCAP Records, Civil Information and Education Section(CIE), 国立国会図書館.

James, William. 1950, The Principles of Psychology. New York.

Kaplan, D. and Manners, 1972, Culture Theory. Englewood Cliffs. New Jersey.

Marinovsky, K. 1970, 青山道夫訳,『未開社会における犯罪と慣習 文化論』, 新泉社.

Parsons, Tacott. 1951, Social System, New York Free Press.

Tomlinson, John. 1991, Cultural Imperialism : A Critical Introduction, 片岡信訳, 1993,『文化帝国主義』, 青土社.

Tylor, E.B. 1871. Primitive Culture. London : Murray.

White, Leslie. 1959. The Evolution of Culture. New York McGraw- Hill.

구견서(具見書)

일본 東京大学에서 사회학박사를 받고 현재 평택대학교 국제지역학부 일본학전공 교수로 재직하고 있다. 저서로는『현대일본사회론』(1999),『현대일본문화론』(2000),『일본 知識人의 사상』(2001),『현대일본사회의 이해』(2001),『일본문화총서』(2003, 공저),『일본민족주의사』(2004),『일본영화와 시대성』(2007),『일본애니메이션과 사상』(2011),『나, 사랑, 세상을 피우고』(2011, 시집),『일본연구의 성과와 과제』(2013, 공저),『국가의 희생』(2013),『유토피아사회』(2015),『21세기 일본』(2016) 등이 있다.

일본의 지역문화정책

1판 1쇄 발행 _ 2018년 8월 20일

저　자 · 구 견 서
발행인 · 정 현 걸
발　행 · 신 아 사
인　쇄 · 대명프린팅
주　소 · 서울특별시 은평구 통일로 59길 4 2층(122-826)
전　화 · (02) 382-6411 팩스 · (02) 382-6401
홈페이지 · www.shinasa.co.kr
E-mail · shinasa@daum.net
출판등록 · 1956년 1월 5일(제9-52호)

ISBN: 978-89-8396-285-0 (93300)

정가 15,000원